Anke Elisabeth Ballmann

Satt und sauber reicht nicht!

Anke Elisabeth Ballmann

SATT UND SAUBER REICHT NICHT!

Sofortmaßnahmen
für Kitas und Eltern
gegen den Notstand
in der frühen Bildung

KÖSEL

MIX
Papier | Fördert gute Waldnutzung
FSC® C014496

Penguin Random House Verlagsgruppe FSC® N001967

Neumarkter Str. 28, 81673 München
Redaktion: Dr. Daniela Gasteiger
Umschlag: FAVORITBUERO, München
Umschlagmotiv: Jamen Percy Shutterstock.com
Satz: Satzwerk Huber, Germering
Druck und Bindung: GGP Media GmbH, Pößneck
Printed in Germany
ISBN 978-3-466-31209-2
www.koesel.de

Inhaltsverzeichnis

Einleitung

Der Wert, den Kinder in einer Gesellschaft haben, bemisst sich auch an den Investitionen in frühkindliche Bildung.

Immer mehr zeigt es sich, dass Kitas an ihre Grenzen kommen – das System der frühen institutionellen Bildung ist in Gefahr zu kollabieren. Es gelingt noch, die Kinder zu beaufsichtigen und dafür zu sorgen, dass sie am späten Nachmittag satt und sauber von ihren Eltern in die Arme geschlossen werden können. Aber das reicht nicht und hat mit früher Bildung wenig zu tun. Im Gegenteil, wir nähern uns mit Siebenmeilenstiefeln Kitas, die zu reinen Aufbewahrungsstätten werden. Wir sollten entscheiden, wie lange wir das noch verantworten können und wollen.

Kinder lernen gerne. Sie tun nichts anderes, wenn man sie nicht aktiv davon abhält oder sie Bedingungen aussetzt, in denen es ihnen nicht gut geht. Je weniger Kinder sich wohlfühlen, desto mehr reduzieren sich ihre Bildungsmöglichkeiten.

Dabei hat kindgerechte frühkindliche Bildung nichts mit Ausbildung zu tun. Weder geht es darum, Fakten und Wissen zu vermitteln, noch, die Kinder didaktisch ausgeklügelt auf die Schule vorzubereiten – oder sie gar für den Arbeitsmarkt von morgen »fitzumachen«, von dem ohnehin keiner weiß, wie er aussehen wird und wie man junge Menschen darauf vorbereiten müsste, sollte oder gar könnte. Frühe Bildung ist in erster Linie Persönlichkeitsentwicklung. Die Bildung von Kindern beruht auf ihrem kreativen und fantasievollen Tatendrang, der angeboren ist und nicht von außen erzeugt oder motiviert werden kann. Kinder bilden sich selbst, indem sie sich, die Dinge um sich herum, andere Menschen und Lebewesen beobachten und erforschen. Sukzessiv eignen sie sich mit all ihren angeborenen Sinnen unzählige Fertigkeiten, Fähigkeiten und Wissen an. Ihre natürliche Neugier dient dabei als Antrieb. Kinder reagieren auf alles, was ihnen unbekannt ist. Sie untersuchen die Dinge bis ins kleinste Detail, die winzigste Veränderung erzeugt wie auf Knopfdruck ihre Aufmerksamkeit.

Kinder brauchen deshalb viele Möglichkeiten und viel Zeit, sich intensiv mit ihrer Umwelt auseinanderzusetzen. Sie sehen, hören, schmecken und entdecken mit ihrem ganzen Körper und verbinden einzelne Eindrücke zu einem großen Ganzen. Nie wieder lernen Kinder so viel wie in den ersten sechs Lebensjahren. Alles, was sie dafür benötigen, ist eine reichhaltige und anregungsreiche Umgebung. Sie brauchen keinen Unterricht, keine Programme und keine Lernspielzeuge. Sie brauchen vorrangig Zeit und die Möglichkeit, sich mit alldem zu beschäftigen, was ihr Interesse weckt. Und sie brauchen feinfühlige, liebevolle Bildungsbegleitung von Menschen, die ihnen Sicherheit geben. Im Idealfall finden Kinder diese guten Bedingungen zu Hause und in Kitas.

Gute Bedingungen in den Kitas sind derzeit leider Mangelware, denn Aushänge wie »Heute nur Notbetreuung« oder »Aufgrund des Personalmangels schließen wir leider schon um 13 Uhr« bis zu »Die Schneckengruppe muss heute zu Hause bleiben« sind in Kinderkrippen und Kindergärten Normalität geworden. Kurzfristige Kitaschließungen nehmen zu, weil die Aufsichtspflicht nicht mehr gewährleistet werden kann. Das geschieht zum Schutz der Kinder und des Personals, doch damit häufen sich die Notlagen vieler Eltern. Auch nach der Pandemie leiden Kitas unter dem hohen Krankenstand von Fachkräften. Sie leiden aber vor allem darunter, dass die Kinderbetreuung seit Jahren auf Kante genäht ist. Personalausfall ist nicht vorgesehen. Kommt es dennoch häufig dazu, wie oft in den vergangenen Jahren, beginnt ein fataler Dominoeffekt. Eltern müssen die Betreuung ihrer Kinder anderweitig organisieren und wissen oft nicht, wie sie das leisten können. Wer keine willigen Großeltern oder Freunde zur Verfügung hat, sitzt mit seinen Kindern im Homeoffice oder muss Urlaub nehmen. Zuverlässige außerfamiliäre Kinderbetreuung ist ein wachsendes Problem, und qualitativ hochwertige Bildungsumgebungen in Kitas sind nur in Ausnahmefällen vorhanden.

Ich berate seit dreißig Jahren Eltern und Fachkräfte rund um die Themen Lernen, Begabung, frühe Bildung und kindgerechte Pädagogik. Ich coache Kita-Teams, toure als Weiterbildnerin durch den deutschsprachigen Raum und suche bei alldem immer nach einer Lobby für Kinder. Ich kann sie nicht finden. Mir scheint, Kinder haben keine Lobby, auch wenn sie angeblich das Wichtigste sind, was wir haben. Allein wenn es um die Gewährleistung der Kinderrechte geht, ist das zu erkennen. Das Recht auf Bildung ist nur eines von vielen, das nicht erfüllt wird. Warum das so ist, erfahren Sie im ersten Kapitel.

Gerade angesichts der aktuellen Notlage in den Kitas erkenne ich keine Lobby für Kinder. In der Politik ist das Problem seit Jahrzehnten bekannt. Verändert hat sich wenig, Lösungen sind keine in Sicht. Es gibt nur viele Versprechen, viele Pläne und ein paar klitzekleine Initiativen. Ein paar Millionen für Sprachförderung, Programme für gesunde Ernährung und einige Schnellqualifikationen für zukünftige Fachkräfte. Je nach Bundesland wird mehr oder weniger Geld in die Hand genommen, doch angesichts der katastrophalen Lage sind all das nur wenige Tröpfchen Wasser in die vertrockneten Bildungsbeete der Kindergärten. Hinzu kommt: Mehr Geld allein reicht nicht. Wir brauchen andere Arbeitsbedingungen in den Kitas, wir brauchen reformierte Ausbildungen für Fachkräfte. Die Arbeit in Kitas muss insgesamt attraktiver werden und wesentlich mehr hoch qualifizierte Fachkräfte müssen eingesetzt werden, wenn wir uns für Kinder mehr als Aufbewahrung wünschen. Satt und sauber gelingt vielleicht gerade noch, doch mehr ist kaum möglich und das reicht nicht!

Derzeit fehlen 384.000 Betreuungsplätze[1] und 308.000 Fachkräfte, wenn man den kindgerechten, von ausnahmslos allen namhaften Wissenschaftlern[2] empfohlenen Personalschlüssel gewährleisten will. Schnell wird klar – das Betreuungs- und Bildungsversprechen der Regierung wird wesentlich teurer als die zusätzlichen vier Milliarden, die in den kommenden zwei Jahren durch das Kita-Qualitätsgesetz von 2022 bewilligt sind. Ich behaupte, das Versprechen, allen Eltern, die sich einen Kitaplatz für ihre Kinder wünschen, einen Betreuungsplatz zu gewährleisten, kann jetzt und auch in der Zukunft nicht gehalten werden. Und wie soll das erst funktionieren, wenn ab 2026 zusätzlich noch eine bundesweite Ganztagsbetreuung für Grundschulkinder[3] garantiert wird? Allein die zusätzlichen Personalkosten für das aktuell noch zu qualifizierende Kita-Personal liegen laut der im Jahr 2022 publizierten Bertelsmann-Studie[4] bei 13,8 Milliarden. Es weiß auch noch niemand, wo die vielen Menschen zu finden sind, die sich für eine Aus- oder Weiterbildung zur Fachkraft interessieren. Nicht zu vergessen: Eine Ausbildung, die sich an den derzeitigen Standards staatlich anerkannter Erzieherinnen orientiert, dauert je nach Bundesland zwischen drei und vier Jahren. Es geht auch schneller, doch wie alles im Leben haben Schnellqualifikationen ihren Preis, und den zahlen in erster Linie die Kinder. Davon wird im zweiten Teil dieses Buches ausführlich die Rede sein.

Fakt ist: Es fehlt an allen Lernecken und Bildungsenden. Einerseits werden Familien, die kitafrei leben wollen, viel zu wenig finanziell und beratend unterstützt. Die Rolle der Familie als erster und damit wichtigster Bildungsort[5] ist wissenschaftlich gut belegt. Institutionen spielen überraschenderweise für die Bildung der meisten Kinder eine eher untergeordnete Rolle. Im Kapitel 7 zur Betreuung inner- und außerhalb der Familie werde ich das ausführlich darlegen. Wenn man familiäre Bildungsorte finanziell berücksichtigte, würden aus den vom Staat zugesicherten vier Milliarden Euro innerhalb zwei Jahren, die für die Qualitätssteigerung von Kitas gedacht sind, vermutlich schnell vierzig Milliarden für Familien und für Kitas. Ein schöner Gedanke, wie ich finde.

Andererseits fehlen Kitas, es fehlen Betreuungsplätze, es fehlt Personal in den Kitas, es fehlen Ausbildungsplätze für Fachkräfte, für Ergänzungskräfte, es fehlen Studienplätze für Kindheitspädagoginnen, es fehlen qualitativ hochwertige Weiterbildungskonzepte für den Quereinstieg. Man muss nicht hellsehen können, um zu wissen, dass die Kombination alles Fehlenden zu Personalmangel führt – und letztlich zu mangelhaftem Personal. Einfach deshalb, weil die Fachkräfte, die in Kitas arbeiten, auch nur Menschen sind, obwohl sie seit Jahren Übermenschliches leisten. Viele leisten viel, gehen an und über ihre Grenzen. Sie brennen für ihren Beruf, und sie brennen aus.[6] Erst sind die Fachkräfte in Gefahr und mit ihnen das ganze System.

Vielen Eltern und pädagogischen Fachkräften gelingt es nicht mehr, ihren eigenen hohen Ansprüchen an gute Pädagogik und liebevolle Bildungsbegleitung gerecht zu werden. Es kann ihnen nicht gelingen, denn die Anforderungen und die Belastungen steigen seit Jahren. Die Coronapandemie hat besonders Eltern und Kita-Personal stark zugesetzt. Während Schulen geschlossen hatten, waren die meisten Kitas offen, mit allen unerwünschten Konsequenzen, in erster Linie für die Kinder. Eltern war der Zutritt verboten, dem Virus auch. Die Eltern hielten sich daran, die Virenvarianten erwartungsgemäß nicht. Vielen Kindern ging es schlecht, weil sie sich am Morgen nicht wie gewohnt verabschieden konnten, stetiger Personalwechsel zur Normalität wurde und sicherheitsgebende Routinen kaum vorhanden waren. In den Kitas war der Notstand ausgebrochen. Er ist geblieben – und die Not ist größer denn je.

Können Sie sich vorstellen, wie es Kindern geht, wenn sie von allen Seiten Anspannung spüren? Ständiger Personalwechsel durch Krankheiten und Kündigungswellen in den Kitas. Eltern, die sich um ihre Jobs, ihre Gesundheit und ihre Kinder Sorgen machen. Malen Sie sich einmal aus, Sie sind ständig von Menschen umgeben, deren Nerven blank liegen, die keine Geduld haben, die permanent innerlich rotieren. All das ist zu viel für

Kinder, das belastet sie. Wenn sie belastet sind, suchen sie nach Zuwendung und hören auf, neugierig zu sein. Und wenn Kinder nicht neugierig sind, entsteht keine Motivation, sie wirken uninteressiert und lernen nichts dazu. Kinder brauchen, damit sie sich bilden können und zu forschenden Weltentdeckern werden, Sicherheit, Zuwendung, Trost und Ermutigung von ihren Bindungspersonen. Das können Eltern und Fachkräfte sein. Aber was, wenn niemand da ist?

Leider können jedoch die meisten Kitas Kindern schon seit Jahren keine stabilen Bezugspersonen mehr garantieren. Das bedeutet, die psychischen Grundbedürfnisse der Kinder werden auf Staatskosten vernachlässigt. Grundrechte ebenso wie passgenaue, individuelle Bildungsbegleitung. Wie sollen Fachkräfte es schaffen, auf die Interessen jedes Kindes einzugehen, wenn eine von ihnen allein mit 25 Kindern ist? Das ist schlicht und ergreifend nicht möglich. Selbst eine begnadete Frühpädagogin, gesegnet mit himmlischer Engelsgeduld, reich an Erfahrung und angefüllt mit Wissen, kann das nicht leisten. Was also ist zu tun? Wenn unser Anspruch der ist, dass der Kita-Bereich mehr sein soll als Aufbewahrung unserer angeblich so wertvollen Nachkommen, und wenn Bildung tatsächlich die Grundvoraussetzung für ein erfülltes Leben, eine friedliche Gesellschaft und Chancengerechtigkeit ist, dann bleibt politisch und in den Strukturen viel Arbeit.

Es bleibt die Frage: Was tun wir jetzt? Im Titel verspreche ich Ihnen Sofortmaßnahmen. Deshalb finden Sie viele Tipps für Eltern und Tipps für Kitas, die Ihnen und damit den Kindern sofort helfen. Denn es geht nicht nur um die Gestaltung der Zukunft, es geht auch und ganz besonders um die Kinder, die *jetzt* klein sind, *jetzt* lernen, die *jetzt* darauf angewiesen sind, dass wir ihnen eine Welt kreieren, in der es ihnen gut geht und in der sie gut begleitet werden. Es geht mir jetzt, während ich diese Zeilen schreibe, bei allem Idealismus um die Kinder, die heute Kinder, morgen Jugendliche und übermorgen Erwachsene sind.

Damit das Hauptaugenmerk in Kitas den Kindern gilt, ist der wichtigste Schritt, den Eltern und Kitas zusammen gehen sollten, ein pragmatischer. Zum Wohle der Kinder brauchen wir Erwachsene, die zusammenarbeiten und nicht gegeneinander. Eltern und Fachkräfte sollten einander unterstützen, wertschätzen und versuchen, die jeweilige Lebenssituation des anderen zu verstehen. Es geht um ein Zusammenwirken für Kinder, nicht um ein Gegeneinander und auf keinen Fall um Schuld, Scham oder gegenseitige Versagensvorwürfe.

Lassen Sie uns eine Lobby für Kinder bilden und gemeinsam den Teufelskreis der schlechten Gewissen, der unausgesprochenen Feindschaften und der gegenseitigen Vorwürfe durchbrechen, die den Alltag in so vielen Kitas dominieren. Wenn noch viel mehr Eltern anerkennen, dass Kitas keine Dienstleistungsunternehmen, keine Aufbewahrungsanstalten und schon gar keine Babysitter-Zentren, sondern Bildungseinrichtungen sind, ist ein wichtiges Ziel erreicht. Und wenn Fachkräfte das Recht der Eltern anerkennen, Kinder – aus welchen Gründen auch immer – in Kitas zu bringen und sie nicht zu diskriminieren, weil beispielsweise sehr junge Kinder für viele Stunden in Krippen sind, ist ein weiteres Ziel erreicht. Eltern und Fachkräfte haben immer gute Gründe, warum sie tun, was sie tun. Was alle zusammen schaffen könnten, damit Kinder eine gute Bildungsumgebung haben, steht im Fokus dieses Buches. Die Prämisse, von der ich dabei ausgehe, ist, dass alle Eltern sich für das Wohl ihrer Kinder einsetzen. Welche Rolle Kitas für das Wohl der Kinder spielen, was sie leisten können, leisten wollen, leisten sollten und welche Bedeutung die Anlagen eines Kindes, die Bindungsqualität, die Entwicklung, das Spielverhalten und letztlich die gesamte Umwelt für die Bildung haben, auch darum soll es auf den folgenden Seiten gehen.

Wir sind uns vermutlich einig, dass es unfassbar ist, im derzeit viertreichsten Land der Welt[7] keine qualitativ hochwertigen Bildungsmöglichkeiten für Familien und keine entsprechende außerfamiliäre Kinderbetreuung zu haben. Und vielleicht stimmen Sie mir zu, dass der unstillbare Hunger der Wirtschaft nach Arbeitskräften, der auf der Gier des Kapitalismus nach stetigem Wachstum basiert, eine große Rolle bei der Bildungsmisere spielt. Und nicht zuletzt die Idee, dass Kinder exklusiv die Angelegenheit von Eltern sind, die sich zu 100 Prozent kümmern müssen. Zuweilen könnte man denken, Kinder seien das Privatvergnügen ihrer Eltern, gewissermaßen eine Freizeitbeschäftigung, und Kitas der Ort, an dem man sie abgibt, wenn man gerade keine Zeit hat, sich um die lieben Kleinen zu kümmern. Kinder sind meines Erachtens eine gesamtgesellschaftliche Aufgabe, und wir alle sind für die Bildung unserer Kinder zuständig.

Die Revolution, die das System der frühkindlichen Bildung verändert, findet seit Jahren statt, aber sie geht noch, und das Noch sei betont, in eine falsche Richtung. Es ist derzeit eine stille Revolution, eine, die Eltern und Fachkräfte erstickt und besonders Frauen benachteiligt. Es kümmern sich nämlich nicht Eltern, es kümmern sich fast immer Mütter um Kinder, und in den Kitas sind 95 Prozent Frauen beschäftigt. Sie erinnern sich an die Coronakrise? Wer war bei den Kindern, als Schulen geschlossen hatten? Wer ist mit Kleinkindern zu Hause im Homeoffice monatelang am Rand der Belastungsgrenze entlangbalanciert?

Leider sind frühkindliche Bildung und die gesamte Carearbeit noch immer frauendominiert und mütterzentriert. Was mich an dieser Stelle aufregt, ist, dass niemand sich darüber offiziell aufregt. Es passiert nichts im Außen, was in Richtung Veränderung weist, und gleichzeitig passiert so viel im Inneren der Menschen, die oft verzweifelt sind. Kaum jemand geht auf die Straße und demonstriert für bessere Bildungsbedingungen und für Gleichberechtigung. Abgesehen von halbherzigen kleinen Kita-Streiks mit frühzeitig angekündigter Notbetreuung passiert seit Jahren nichts.

Durch zu viele fehlende Kita-Plätze wissen Eltern oft nicht, wie sie Familie und Arbeit vereinbaren können. Da die Lebenshaltungskosten steigen, müssen vielfach beide arbeiten, um Geld zu verdienen. Ich werde in diesem Buch keine Klischees bedienen und nicht bewerten, ob und warum Eltern arbeiten müssen oder wollen. Ich zeige auf, dass alle Entscheidungen, die wir im Laufe unseres Lebens treffen, Konsequenzen und damit einen Preis haben. Ich beschwöre in diesem Buch auch nicht das Ende des wirtschaftlichen Wachstums, das ist weder mein Kompetenzbereich noch meine Aufgabe. Ich halte es für wichtig, einige Zusammenhänge zu benennen, die zur aktuellen Kita-Katastrophe und damit zu einer Bildungskatastrophe geführt haben. Wenn nämlich die Formel heißt: Carearbeit und insgesamt die Arbeit von Frauen sind wenig wert, und junge Kinder sind allein der Job der Mütter, dann ist die logische Folge, dass junge Kinder wenig wert sind, was sich in politischen Lippenbekenntnissen, Sparsamkeit am falschen Ende und der allgemeinen Misere in der frühkindlichen Bildung und Betreuung deutlich zeigt. Es ist nicht genug, wenn Kinder nur beaufsichtigt werden – satt und sauber reicht nicht!

Wie befreien wir Kinder nun aus der aktuellen Bildungsmisere, welche Umgebungen brauchen Kinder zum Lernen, was können wir sofort für Kinder tun, damit Bildung gelingt? Ich schreibe über Chancengerechtigkeit in der frühen Bildung, über den Einfluss der Anlagen und die Bedeutung der Umwelten. Es geht um die Magie des freien Spielens, die Bewältigung von Entwicklungsaufgaben, verschiedene pädagogische Ansätze und Chancen, die Kinder in Kitas und Familien haben. Sie lesen von Risiken und Nebenwirkungen außerfamiliärer Betreuung, von den Möglichkeiten, die Kinder in institutionellen Bildungseinrichtungen haben können, und wie die Liebe zu lebenslangem Lernen wächst.

Mit diesem Buch lade ich Sie herzlich auf eine Bildungsreise ein und freue mich sehr, wenn Sie mich begleiten.

TEIL 1

Bildung – (K)ein Kinderspiel

1. Chancengerechtigkeit – Kitas und das Recht auf Förderung

Ein chancengerechter Zugang zu Bildung ist die Basis für Zufriedenheit, Frieden und Freiheit.

Seit August 2013 gibt es den bundesweiten Rechtsanspruch auf einen Kita-Platz. Laut § 24 SGB VIII gilt: Alle Kinder ab drei Jahren bis zur Einschulung haben Anspruch auf Förderung in einem Kindergarten, die zwischen ein und drei Jahren haben Anspruch auf frühkindliche Förderung in einer Kinderkrippe oder in der Kindertagespflege. Kinder unter einem Jahr haben einen Anspruch auf Betreuung, wenn beispielsweise beide Eltern arbeiten, arbeitssuchend sind, studieren oder sich in einer Ausbildung befinden. Das bedeutet jedoch nicht, dass Eltern sich die Kita frei aussuchen können oder automatisch einen Platz in einer Einrichtung um die Ecke bekommen. Ein Anfahrtsweg von dreißig Minuten auf dem Land oder im städtischen Raum eine Entfernung von bis zu fünf Kilometern gilt als zumutbar. Die politische Idee dahinter ist unter anderem, mehr Chancengerechtigkeit zu schaffen, doch allein durch diese Regelung wird die Chancenungerechtigkeit fixiert. Das ist leider nur der Anfang.

Heute herrscht in der Entwicklungspsychologie die Auffassung vor, dass Kinder nicht nur reaktiv, sondern proaktiv lernen. Das bedeutet, sie handeln selbst und gestalten ihre Umgebung, indem sie sich mit ihr auseinandersetzen. Die Umgebungen, in denen Kinder aufwachsen, sind aber sehr unterschiedlich und definitiv nicht chancengleich. Wie stark die Elternhäuser die Bildungschancen beeinflussen können, werde ich in diesem Kapitel ausführlich beschreiben. Für die Pädagogik in den Kitas bedeuten diese unterschiedlichen Startbedingungen: Im Mittelpunkt steht die individuelle Förderung jedes Kindes und nicht das bloße Üben verschiedener Fertigkeiten wie in früheren Ansätzen, und auch nicht nur die weitgehend unbegleitete Selbstbildung durch Eigeninitiative. Die Entwicklung eines Kindes passgenau zu fördern, ist zentrale Aufgabe nicht nur in den Familien, sondern besonders in den Einrichtungen, die frühkindliche Bildung versprechen. Die Verantwortung ist groß, denn Entwicklungsdefizite erschweren nicht nur den Anschluss an die Peergruppe, also die gleichaltrigen anderen Kinder, sondern sind auch mit einem erhöhten Risiko für Verhaltensauffälligkeiten verbunden.[1]

Auf den folgenden Seiten blicke ich zunächst auf die historischen Wurzeln des Kindergartens und seine Aufgaben im Wandel der Zeit. Heute gehört er mit seinem Bildungsauftrag fest in das Betreuungssystem von Klein- und Vorschulkindern, und auch darum wird es gehen. Doch schon vor mehr als 180 Jahren entstand der Kindergarten mit einer Idee, die heute wichtiger ist denn je: Pädagogik sollte auch damals eine ökologische Perspektive einnehmen, also alle Lebenswelten der Kinder berücksichtigen und miteinbeziehen – und auch der Gedanke der Chancengerechtigkeit war bereits in Ansätzen vorhanden.

Die ganze Welt in klein – Geschichte des Kindergartens

Der deutsche Pädagoge Friedrich Fröbel (1782–1852) prägte den Begriff des Kindergartens. Er entlehnte den Namen den bisherigen Kleinkinderschulen, die zumeist auch einen Garten aufwiesen. Die Bezeichnung »Kindergarten« wird auch damit in Verbindung gebracht, dass das Kind im Schutze dieses »Gartens« wie eine kostbare Pflanze gehegt werden sollte. Der erste Kindergarten entstand 1840 auf Fröbels Initiative hin in Thüringen.[2]

Ein Kindergarten sollte nach Fröbel die ganze Welt in vereinfachter Form beinhalten.[3] Mit anderen Worten, er sollte dem Kind die Zusammenhänge des Lebens schon von Anfang an vermitteln. Fröbels Hauptargument, warum möglichst viele Kinder einen Kindergarten besuchen sollten, war folgendes: Kinder sind neugierig und wollen ihre Umwelt erkunden. Sie agieren explorativ und verhalten sich experimentierend. Würde Fröbel noch leben, wäre er ein angesagter Wissenschaftler, der vermutlich ein begehrter Gast in Talkshows wäre. Schon zu seiner Zeit verstand er, was viele heute noch nicht verstehen – Kinder bilden sich selbst. Wir Erwachsenen bereiten die Umgebung dafür vor, sorgen für emotionale Sicherheit, begleiten und unterstützen.

Friedrich Fröbels Ansatz war deutlich vom Menschenbild der Romantik geprägt. Sein Blick unterschied sich von früheren pädagogischen Konzepten beispielsweise aus der Zeit der Aufklärung, die vom Kind als einem defizitären Erwachsenen ausgingen. Man sah im Kind ein unfertiges Wesen, das durch eine strafende Erziehung zu einem vernünftigen Menschen gemacht werden müsse. Von der Romantik beeinflusste Pädagogen hingegen erkannten Kinder als eigenständige und vollkommen reine Wesen an. Kinder galten als natürlich, unverdorben und dienten in ihrer schöpferischen Urkraft den Erwachsenen sogar als Vorbild.[4] Ansatzweise finden sich diese Gedanken auch bei Jean-Jacques Rousseau und Johann Heinrich Pestalozzi, dem Lehrer Fröbels.

Fröbel gilt nicht nur als der Erfinder des Kindergartens in Deutschland, sondern auch als Begründer der Pädagogik der frühen Kindheit weltweit. Er wünschte sich frei denkende und selbsttätige Menschen. Insofern ist er ganz klar ein Kind seiner Zeit, die durch Demokratiestreben geprägt war. Entsprechend fanden seine Schriften großen Anklang. Er begriff ein Kind in jeder Lebensphase als Individuum, das in vielfältige Umgebungen eingebettet war, und betrachtete die bewusste »Pflege« der Bildung und Erziehung aller Kinder als eine notwendige und wichtige Aufgabe.[5]

Dem Spiel räumte Fröbel eine Sonderstellung innerhalb der frühen Bildung ein. Spielen war ihm zufolge die wirksamste Selbstbildungsmethode junger Kinder. Fröbel hat in seinem ganzheitlichen Ansatz bereits im 19. Jahrhundert beschrieben, was in der Psychologie und Erziehungswissenschaft heute empirisch nachgewiesen werden kann.[6] Schon die antike Erziehung sah im Spiel ein wichtiges Mittel, das Gleichgewicht der persönlichen Kräfte im Kind zu erreichen.[7] Die spätere Pädagogik wird ebenso die Wichtigkeit des Spiels betonen, gerade wenn es um die Persönlichkeitsentwicklung von Kindern geht. Auch der Pädagoge Pestalozzi, der Arzt und Philosoph John Locke und der Aufklärer Rousseau sahen im Spiel effektive Möglichkeiten für Kinder, zu lernen und dabei für sich selbst den Grundstock für technisches Können, Wissen und die Ausbildung eines funktionierenden Moralverständnisses zu legen.

Fröbel erkannte im Spiel vor allem jenen Bildungsfaktor, durch den Kinder im Spielerleben als harmonisches Ganzes in die Welt hineinwachsen und sich selbst als Teil von ihr begreifen. Aus heutiger Sicht ging es Fröbel darum, den Kindergarten »kindgerecht« zu gestalten. Kinder sollten Zeit, Materialien und Möglichkeiten bekommen, ihre elementare Welt in Ruhe zu entdecken. Dabei war Aufgabe der Erziehenden, den Kindern zu einer inneren Konzentration durch von außen gesetzte Regeln und Strukturen zu verhelfen, damit sie Gesetzmäßigkeiten erkennen und sich darin frei bewegen. Ich denke, an dieser Stelle wird besonders deutlich, wie groß der Beitrag sein kann, den eine gute Kita zu leisten vermag. In diesem Buchteil finden Sie ein vertiefendes Kapitel über die besondere Bedeutung des Spielens, das Lebens- und Lernelixier der Kindheit.

Die von Fröbel erdachten Kindergärten unterschieden sich deutlich von den damals reichlich vorhandenen »Bewahranstalten« für Kinder. Fröbel hat seinerzeit den Kindergarten als Glied des Bildungswesens angesehen, wie wir es heute von Kitas erwarten. Im Zentrum stand jedoch die schlichte Tatsache, dass der Kindergarten ein Beitrag zur Sozialfürsorge war, damit berufstätige Mütter eine gewisse Zeit des Tages einer Erwerbsarbeit nachgehen konnten.

Fröbels Erziehungsmaximen sind heute wieder sehr aktuell, denn seine Pädagogik bezieht das Kind mit seinen Eltern, die Öffentlichkeit und das aktuelle Lebensumfeld mit in die Erziehung ein. Er verlangte eine fundierte Ausbildung der Erziehenden, die sowohl Persönlichkeit und soziale Kompetenzen wie auch Sachkompetenzen umfasst. Sprachförderung vom Säuglingsalter an, die Bedeutung von Musik und Bewegung, Rollenspiele, Zeichnen, Malen, Gestalten, Sinnesförderung, Naturbeobachtung, Forschen und Experimentieren durch Selbsttätigkeit und in Kooperation mit anderen, das alles spielte bei Fröbel schon 1840 eine zentrale Rolle. Früher wie heute werden die Ansprüche der Kinder aber nur unzureichend erfüllt. Dafür trägt die Politik die Hauptschuld, denn sie bewilligt Finanzierungen oder auch nicht. Das Problem ist nicht nur, aber meistens Geldmangel. Das betrifft die Unterstützung von Familien und Kitas, die Ausbildungsplätze für Fachkräfte und den flächendeckenden Einsatz von Familienhelferinnen.

Schon Fröbel sorgte sich um die Entwicklung der Kinder, wenn diese nicht gemäß ihrem Wesen auf den Eintritt in die Welt vorbereitet würden. Er forderte ein, dass sich ein Berufszweig zu etablieren habe, der junge Männer und Frauen dazu befähigen sollte, im Kindergarten Sorge für Kinder zu tragen. Aus diesem Grund musste er sich zu seiner Zeit mit dem Vorwurf auseinandersetzen, die frühkindliche Erziehung der Familie zu entreißen und sie in gesonderten Institutionen unterbringen zu wollen. Auch damals gab es Stimmen gegen Kindergärten, die diese als »Nothilfeeinrichtungen«[8] verdammten. Das Ideal war die ausschließliche Erziehung des Kindes innerhalb und durch die Familie. Er selbst argumentierte, dass der Kindergarten die Familien lediglich entlasten und keinesfalls entmachten sollte.

Mir kommen die Argumente beider Seiten bekannt vor. Inzwischen haben wir zwar verschiedene Berufsgruppen, die für die Bildung, Begleitung, Erziehung und Versorgung von Kindern mehr oder weniger gut ausgebildet sind, aber noch immer haben viele Menschen Kita-Ängste. Sie denken, dass die Kinder ihren Eltern weggenommen und verstaatlicht werden, andere sorgen sich um zu wenig Input für Kinder, und wieder andere haben große Not, weil sie nicht wissen, wo sie ihre Kinder betreuen lassen können, während sie den Lebensunterhalt verdienen müssen. Und wie so oft im Leben ist in jedem Argument ein Körnchen Wahrheit, wenn auch nur der eigenen. Sicher hingegen ist, dass es derzeit noch immer eine zementierte Chancenungerechtigkeit gibt, denn sowohl bei Eltern als auch bei Fachkräften sind Informationen über die kindliche Lernentwicklung und Wissen über frühe Bildung ungleich verteilt. Das aber führt Kinder oft in psychische Notlagen, wie Sie in Kapitel 7 lesen können.

Weil ich so viel über Fröbel schreibe, und weil seine Ideen jenen der modernen Bildung so sehr entsprechen, ist es mir wichtig zu betonen, dass der internationale Träger der »FRÖBEL-Gruppe« absolut nichts mit dem Pädagogen Friedrich Fröbel zu tun hat, sondern nur seinen Namen trägt. Im Gegensatz zu Montessori-, Pikler- und Waldorf-Pädagogen gibt es keine Qualifikation für eine Fröbel-Pädagogik. Im dritten Teil beschreibe ich die verschiedenen pädagogischen Konzepte, um Ihnen mehr Sicherheit bei der Wahl der richtigen Kita für Ihr Kind zu geben. Der Fokus auf Fröbel an dieser Stelle ist seiner alten und gleichzeitig so aktuellen Sicht auf Kinder und dem Auftrag von Kitas geschuldet.

Bildungsauftrag heute: Was sollen Kinder lernen?

Seit der Zeit Fröbels haben Kindergärten vielfältige Entwicklungen durchlaufen, und es haben sich unterschiedliche Ausrichtungen wie beispielsweise Montessori- und Waldorfkindergärten herausgebildet. Zudem hat sich ein allgemeiner Bedeutungswandel vollzogen: Kitas gelten heutzutage weniger als Betreuungs- und vielmehr als Bildungseinrichtung. Rechtlich sind Kitas in Deutschland den Sozialbereichen zugeordnet. Sie gehören zur Kinder- und Jugendhilfe und sind dort in einer sozialpädagogischen Ausrichtung mit Erziehungs-, Bildungs- und Betreuungsauftrag verankert. Der Begriff »Kita« bezeichnet generell vorschulische Betreuungseinrichtungen für Kinder, allerdings sind die Ansätze und Schwerpunkte unterschiedlich. Kindertageseinrichtungen sind in einer allgemeinen Definition familienergänzende, sozialpädagogische Einrichtungen, die von Kindern tagsüber oder während eines Teils des Tages regelmäßig besucht werden. Es gibt Kinderkrippen für Säuglinge und Kleinkinder bis zum Alter von drei Jahren, Kindergärten für Kinder von drei Jahren bis zur Einschulung. Der Besuch des Kindergartens ist freiwillig und je nach Bundesland, Träger und Betreuungsdauer mit unterschiedlich hohen Gebühren verbunden. Nicht zu vergessen sind die Horte, in denen Kinder bis zum zwölften Lebensjahr vor und nach der Schule betreut werden. In kombinierten Tageseinrichtungen wie »Häusern für Kinder« werden Kinder verschiedener Einrichtungsarten, wie beispielsweise Krippe, Kindergarten und Hort, auch in altersgemischten Gruppen zusammengefasst. Nicht zuletzt gibt es Sonderkindergärten, die speziell für schwer- und mehrfach behinderte Kinder, gemäß Bundessozialhilfegesetz §§ 39 ff., zuständig sind, weil deren Förderung in einem Regelkindergarten nicht ausreichend gewährleistet werden kann.

Seit gut zehn Jahren hat jedes Kind im Vorschulalter einen Rechtsanspruch auf einen Betreuungsplatz. Praktisch ist dieser Anspruch aufgrund des teilweisen erheblichen Mangels an Betreuungsplätzen besonders in den alten Bundesländern aber nicht umsetzbar – dies gilt vor allem für die Jüngsten in den Kinderkrippen. Ich stelle deshalb in Frage, dass der Rechtsanspruch aktuell kindgerecht eingelöst wird. Durch fehlendes und mangelhaft ausgebildetes Personal besteht die Gefahr, dass Kitas zu reinen Aufbewahrungseinrichtungen verkommen, die keinerlei Bildungsauftrag mehr erfüllen können. Kitas sollen aber den Aktionsradius von Kindern über das familiäre Umfeld hinaus erweitern und umfassende Erfahrungs-, Entwicklungs- und damit Lernmöglichkeiten eröffnen. Es wäre ein Verbrechen an unseren Kindern, wenn wir ihnen die frühe Bildung in den Kitas verwehren, aber genau das geschieht gerade.

Ein bedeutender Schritt für den Kindergarten als Betreuungseinrichtung wurde in den 1970er Jahren gemacht, als der Deutsche Bildungsrat den Kindergarten als einen wichtigen Teil des Bildungswesens anerkannte. Bildungspläne, auf die ich noch zurückkommen werde, hielten in den 1990er Jahren Einzug in die Kitas.[9] Sie gehen auf die gesellschaftlichen Veränderungen in dieser Zeit zurück, in der die Erwerbsquote von Frauen stieg, sodass die Nachfrage nach Kita-Plätzen stieg. Gleichzeitig wurden die Anforderungen an die frühkindliche Bildung und Erziehung höher, was eine stärkere Regulierung und eine Standardisierung der Arbeit in Kitas zur Folge hatte. 1996 schließlich wurde zunächst der Kindergartenbesuch durch einen rechtlichen Anspruch abgesichert.

Der Rechtsanspruch brachte neue Ansätze zur Qualitätsentwicklung und Qualitätssicherung mit sich.[10] Im Zuge der öffentlichen Debatte um die internationalen Schulleistungsstudien, die auf die Veröffentlichung der PISA-Studie im Jahr 2000 folgten, wurde die Bedeutung früher Bildung für die kindliche Entwicklung und das kindliche Lernen erneut hervorgehoben. Die Ergebnisse der Studie zeigten, dass die Leistungen der deutschen Schüler in Deutsch, Mathematik und in den Naturwissenschaften deutlich unterhalb des OECD-Durchschnitts lagen. Gerade die Länge des Kindergartenbesuchs scheint einen großen Einfluss auf die späteren Leistungen in Naturwissenschaft, Mathematik und Lesen zu haben. Tatsächlich gibt es Hinweise, dass ein höheres späteres Leistungsniveau stark mit der vorausgehenden Länge des Kindergartenbesuchs zusammenhängt.[11]

Die Politik hebt die bildende Funktion von Kitas zumindest theoretisch besonders hervor. Kitas werden als integraler Bestandteil der Kette von wichtigen Bildungsinstitutionen begriffen.[12] Sie sollen kognitive, mathematische und sprachliche Fähigkeiten fördern und die Lernmotivation von Kindern steigern.[13] Besonderes Augenmerk wird dabei auf den Spracherwerb gelegt. Neben der allgemeinen Sprachförderung für alle Kinder werden dabei besonders Kinder mit Förderbedarf in der deutschen Sprache in den Blick genommen. In Deutschland bestehen fast flächendeckend Initiativen zur Sprachförderung bei Kindern im Vorschulalter, und positive Effekte einer außerfamiliären Kinderbetreuung auf den Spracherwerb sind besonders bei mehrsprachigen Kindern deutlich nachweisbar.[14] Konkrete Lernziele sind für diese Sprachförderung allerdings nicht formuliert, und die Qualität der Entwicklungsbeobachtungen wird auch nicht überprüft.[15]

Jedes Bundesland hat einen eigenen Bildungsplan für die Kitas. Das gemeinsame Ziel aller dieser Pläne ist, die Qualität der frühkindlichen Bildung und Erziehung zu verbessern und dadurch gleichzeitig mehr Bildungsgerechtigkeit zu ermöglichen. Die Bildungspläne legen die Anforderungen an die Bildung und Erziehung in den Kindertagesstätten fest und geben teilweise Rahmen für die Vermittlung von Wissen und Kompetenzen vor. Die Bildungspläne enthalten in der Regel gemeinsame Strukturen und Inhalte, die sich theoretisch an den Bedürfnissen und Interessen der Kinder orientieren. Obwohl die Pläne in Deutschland inhaltlich aufeinander abgestimmt sind, gibt es dennoch Unterschiede, beispielsweise in der Gewichtung bestimmter Inhalte oder Kompetenzen. Auch die Altersstufen, für die die Bildungspläne gelten, variieren von Bundesland zu Bundesland. Einige Bundesländer haben einen gemeinsamen Bildungsplan für Kindertagesstätten und Grundschulen, während andere über getrennte Bildungspläne verfügen. Einige Bundesländer haben auch spezielle Bildungspläne für bestimmte Einrichtungen oder Zielgruppen, wie zum Beispiel inklusive Bildungspläne oder Bildungspläne für Kinder mit Migrationshintergrund. Trotz dieser Unterschiede gibt es auch viele Gemeinsamkeiten. So sind jeweils ähnliche Bildungsbereiche definiert, wie beispielsweise Sprache, Mathematik, Natur und Umwelt, Musik, Bewegung und Gesundheit sowie soziale und emotionale Bildung. Nicht zuletzt geht es in der frühen Bildung darum, die körperliche Entwicklung zu fördern und die Gesundheit der Kinder durch gute Ernährung aufrechtzuerhalten.

All das geschieht im Idealfall nicht durch vorgefertigte Programme, die einzelne Kompetenzen trainieren, sondern im gelebten Alltag, in dem Kinder gemeinsam an Projekten arbeiten. Nur dann ist es möglich, dass jedes Kind sich individuell einbringt. Was das bedeutet und wie wichtig dabei die jeweiligen Lebenswelten der Kinder sind, erfahren Sie im zweiten Teil des Buches.

Ein weiterer wichtiger Aspekt, der in allen Bildungsplänen eine besondere Rolle spielt, ist die Zusammenarbeit mit den Eltern. Kurze Gespräche zwischen Tür und Angel, Elternabende, Entwicklungsgespräche, gemeinsame Aktionen mit Eltern, wie Feste, Vorlesetage und Hospitationen, sollten in jeder Kita regelmäßig stattfinden. Meist ist das auch der Fall. Wie so oft im Leben steht und fällt aber auch diese Bildungs- und Erziehungspartnerschaft mit der jeweiligen Haltung des Kita-Teams gegenüber den Eltern und andersherum. Leider beobachte ich in der Praxis gerade in diesem Bereich viel Unverständnis füreinander und eine durchaus ausbaufähige Zusammenarbeit. Klar ist, nur wenn Eltern und Fachkräfte zusammenhalten, können sich Kinder in Kitas wohlfühlen, und nur dann werden sie sich auf die Menschen und die Angebote, die in Kitas gemacht werden, einlassen können. Tun sie das nicht, weil sie nach Hause wollen, ihre Eltern vermissen, unter- oder überfordert sind, wird Bildung nicht gelingen, und die sozial-emotionale Bildung schon gar nicht.

Alle Kitas haben eine Konzeption, die aus den Vorgaben der jeweiligen Bildungspläne individuell für jede Kita gemeinsam mit dem gesamten Team erarbeitet wird. Konzeptionen beschreiben die pädagogischen Grundsätze und Ziele der Arbeit vor Ort. Sie dienen als Leitfaden für die pädagogische Arbeit und geben Eltern, Fachkräften und anderen Interessierten einen Überblick über die gelebte Pädagogik und Schwerpunkte der jeweiligen Kita. Die Kita-Konzeption enthält in der Regel Informationen über die Bildungs- und Erziehungsbereiche sowie die Methoden und Aktivitäten, die in der Kita angewendet werden. Zudem werden in der Kita-Konzeption auch Details über die Zusammenarbeit mit den Eltern, die Betreuungszeiten sowie die Organisationsstruktur der Kita festgehalten. Eine gut ausgearbeitete Konzeption ist ein wichtiges Instrument, um die Qualität der pädagogischen Arbeit zu sichern und weiterzuentwickeln. Sie gewährleistet, dass alle Mitarbeiter der Kita ein gemeinsames Verständnis der pädagogischen Ziele und Schwerpunkte haben, und ermöglicht eine kontinuierliche Reflexion und Weiterentwicklung der pädagogischen Arbeit.

Eine Konzeption ist eine der Bedingungen dafür, dass eine Kita überhaupt eine Betriebserlaubnis bekommt, also öffnen darf. Sie muss regelmäßig überarbeitet werden, in Bayern alle zwei Jahre. So weit die Theorie. Die Aufsichtsbehörden überprüfen die schriftlich ausgearbeiteten Werke, sie überprüfen aber nicht deren Umsetzung in der Praxis. Und hier ist der Haken. Oft stehen die hübschen Ordner mit den Konzeptionen gleich neben den hübschen Ordnern, in denen die inzwischen auch verpflichtenden Gewaltschutzkonzepte abgelegt werden, die ich 2019 in meinem Buch »Seelenprügel« so dringlich gefordert habe. Es ist aber rein aus personellen Gründen nicht möglich, einen Blick auf den gelebten Alltag zu werfen.

Eltern, die auf der Suche nach einer geeigneten Kita für ihr Kind sind, sollten sich dennoch die Kita-Konzeptionen der in Frage kommenden Einrichtungen durchlesen und sich dann unbedingt ein Bild von der Arbeitsweise und den pädagogischen Angeboten und Schwerpunkten machen, damit sie sicher sein können, ihr Kind am richtigen Platz zu haben. Wenn beispielsweise in der Konzeption steht, dass überwiegend Projekte stattfinden, aber kein Projektordner mit einer aktuellen Dokumentation zu finden ist, oder Projekte wie »Das Weltall« in einer Kinderkrippe ausgestellt sind, dann würde ich mein Kind dort nicht abgeben. Oberste Priorität muss immer der Lebensbezug der pädagogischen Angebote haben, und vermutlich ist kein Kleinkind an den Namen der Planeten interessiert – genau das meine ich damit, wenn ich von unnützer Vermittlung von Faktenwissen spreche, die zu Lasten einer kindgerechten Pädagogik geht.

Für ein Umfeld, in dem Kinder sich frei entfalten können, brauchen sie vor allem Raum für ihre Persönlichkeitsentwicklung, die ebenfalls im Bildungsauftrag des Kindergartens verankert ist. Dieser sozial-emotionalen Komponente kommt zumindest in der Theorie ein besonders hoher Stellenwert zu. In der Praxis bedeutet das idealerweise: Kinder sollen ihre Persönlichkeit entfalten und eine positive Selbstwahrnehmung entwickeln. Dazu gehören die Förderung von Empathie, Respekt und Verantwortungsbewusstsein sowie die Stärkung des Selbstbewusstseins. Sie sollen lernen, in Gemeinschaften zu leben und zu agieren. Die Förderung von Teamfähigkeit, das Training der Empathie und die Entwicklung von Konfliktlösungskompetenzen zählen selbstverständlich dazu. Bei alldem ist es überaus wichtig, die sprachlichen Kompetenzen der Kinder zu unterstützen. Das wiederum beinhaltet sowohl die Beherrschung der deutschen Sprache als auch die Förderung von Mehrsprachigkeit. Geschieht all das auf eine ganzheitliche Art und Weise, werden sich automatisch die Denkfähigkeiten der Kinder erweitern, inklusive Konzentration, Aufmerksamkeit und der Entwicklung von Problemlösungsfähigkeiten.

Die Erziehungswissenschaftlerin Susanna Roux vertritt die Auffassung, dass durch die Fokussierung auf beispielsweise die sprachliche Förderung die sozial-emotionale Entwicklung aktuell einen zweitrangigen Platz einnimmt und Gefahr läuft, ganz an den Rand gedrängt zu werden. Einen der Gründe sieht sie darin, dass in den Bildungsprogrammen für Kitas keine konkreten Ziele in Bezug auf die Persönlichkeitsentwicklung formuliert werden. In keinem der Bildungspläne der Länder existiert eine differenzierte Vorstellung zur Sozial- und Emotionsentwicklung in jungen Jahren, und es fehlen Hinweise auf die Bedeutung sozial-emotionaler Kompetenzen für alle anderen Entwicklungs- und Bildungsbereiche. Roux kritisiert die aktuelle Tendenz, die Persönlichkeitsentwicklung zu vernachlässigen, zum einen, da diese einen integralen Bestandteil der klassischen Frühpädagogik darstellt, zum anderen, weil sie von erheblicher Bedeutung für die weitere Entwicklung und auch für die Bewältigung des Übergangs vom Kindergarten in die Grundschule ist[16], der ebenfalls zum Auftrag des Kindergartens gehört.[17]

Der Wechsel ins Schulsystem wird als einer der wichtigsten Übergänge in der Bildungsbiografie des Kindes angesehen, deshalb finden Sie im dritten Teil ein gesondertes Kapitel dazu. Im Sinne des Transitionsmodells[18] wird er als sozialer Prozess aufgefasst, der nicht nur Anforderungen an das Kind, sondern auch an dessen Eltern sowie die beteiligten Institutionen Schule und Kindergarten stellt. Die Art und Weise, wie Eltern diese Anforderungen bewältigen und in welchem Maße sie an der institutionellen Erziehung in Kindergarten und Schule teilhaben wollen und können, ist in den Kitas unterschiedlich geregelt – beispielsweise indem Eltern Kontakt zu den Fachkräften in den Kitas und den Lehrkräften in der Schule aufnehmen, an Elterngesprächen und Elternabenden teilnehmen oder bei Veranstaltungen mitwirken.

Bei einer Interview-Erhebung hat sich gezeigt, dass Eltern sich deutlich darin unterscheiden, wie sie sich am Alltag ihrer Kinder inner- und außerhalb der Kita beteiligen.[19] Je stärker sie das tun, desto eher gelingt der Übergang vom Kindergarten in die Schule. Und diese stärkere Teilhabe wiederum kann direkt auf die Stellung der Eltern in der Gesellschaft zurückgeführt werden – und ihre kulturellen Ressourcen, Bildungsideale, Erziehungsmuster sowie inneren Bilder und eigenen Erfahrungen.[20] Wie erfolgreich das Kind im Bildungssystem ist, hängt damit direkt von den Eltern ab. Das wiederum führt dazu, dass gesellschaftliche Ungleichheit bestehen bleibt und immer wieder reproduziert wird. Die größten Schwierigkeiten beim Übergang vom Kindergarten in die Grundschule ergeben sich demnach für Familien mit geringem ökonomischem und kulturellem Kapital sowie mit Migrationshintergrund. Mehr zu diesen Ungleichheiten im nächsten Kapitel.

Sofortmaßnahmen für Eltern

Nun sind Sie als Eltern gefragt, denn Sie haben gelesen – es gibt keinen Bildungsplan, kein pädagogisches Konzept und mit Sicherheit auch keine Einrichtungskonzeption, in der steht, was ein Kind wann lernen muss oder können soll. Sie können entspannen. Solange Ihr Kind zu Hause oder in einer Kita eine anregungsreiche Umgebung hat, ist alles in Ordnung. Ihr Kind braucht vor allem Zeit zum Spielen. Es braucht Zeit, um sich an- und auszuziehen, in seinem Tempo zu essen und selbst zu essen. Es soll Grashalme entdecken dürfen, im Sand spielen, Malen, Matschen, Kuchen backen. Sorgen Sie dafür, dass es viel in der Natur ist und mit allen Sinnen die Welt entdeckt. Zur Welt gehören Farben, Gerüche, Temperaturen, Konsistenzen, Materialien, Töne, Geschichten und Gedichte. Beteiligen Sie Ihr Kind an Ihrem Alltag, und wenn Ihr Kind in eine Kita geht, beteiligen Sie sich am Alltag in der Kita. Interessieren Sie sich für die Pädagogik in der Einrichtung, unterstützen Sie die Menschen, denen Sie das Wertvollste anvertrauen, das Sie haben, und haben Sie Verständnis, wenn mancher Plan verworfen werden muss, weil mal wieder zu wenig Personal arbeitet. Bildung in der frühen Kindheit gelingt, wenn Eltern und Fachkräfte sich unterstützen und gemeinsam mit den Kindern einen Alltag ermöglichen, der Versuch und Irrtum zulässt. Wir alle lernen aus Fehlern. Den größten Fehler, den wir machen können, ist zu versuchen, keinen zu machen, denn dann werden wir untätig. Ich denke, Pädagogik verändert sich im Außen, doch im Inneren geht es darum, dass sich Kinder möglichst störungsfrei entwickeln. Ganz ohne Störungen wird es nicht funktionieren, doch es kommt auf das Gesamtbild an. Wenn es bunt ist, stören ein paar schwarze Pünktchen nicht. Ein kunterbuntes Bildungsbild entsteht aus vielen guten Momenten, wenig Druck und sehr viel Zeit. Die ersten sechs Jahre sind die Jahre, in denen wir Erwachsene dafür Sorge tragen müssen, den Kindern eine förderliche Umgebung zu schaffen, und die förderlichste Umgebung ist die, in der ein Kind sich sicher fühlt, denn dann wird es spielen, lernen und sich bilden. Die richtige Pädagogik für Ihr Kind ist die, die ihm einen sicheren und liebevollen Rahmen gibt, die, in der es sich entfalten kann. Eine Pädagogik, in der es gesehen und anerkannt wird, genauso wie es ist. Ihr Kind ist einzigartig und soll alle Zeit der Welt bekommen, sich selbst zu entdecken, sich anzunehmen und dabei andere Menschen kennenzulernen und anzunehmen. Ihr Kind braucht keine Konzepte und keine Pläne – Ihr Kind braucht Gemeinschaften und Möglichkeiten, Sicherheit und positive Interaktionen.

Ungleiche Bildungschancen von Anfang an

Der Übergang vom Kindergarten in die Grundschule ist nicht der einzige Punkt, der stark vom Elternhaus abhängt. Die Schichtung der Gesellschaft ist nach wie vor Ursache und Folge von Unterschieden zwischen den Menschen. Je niedriger der soziale Status einer Person ist, desto geringer ist ihr kultureller Hintergrund, ihr Erfolg im Bildungswesen und ihr ökonomisches Kapital. Entsprechend besser ausgestattet sind Menschen mit höherem sozialem Status. Je höher der Status, desto bessere Möglichkeiten haben Eltern, ihr Kind beziehungsorientiert ins Leben zu begleiten, ihm Bildungsangebote zu machen sowie es in der Kita und in der Schule zu unterstützen – all das führt direkt zu besserer ganzheitlicher Bildung.[21]

Welche Bildungschancen ein Kind hat, hängt also überwiegend vom sozialen Status, der Wohngegend und dem Bildungsabschluss seiner Eltern ab. Haben Eltern einen Hochschulabschluss, sind beispielsweise die Werte von Kindergartenkindern bei Zahlen- und Wortschatztests in Spitzenbereichen. Haben sie einen niedrigeren Bildungsabschluss, schneiden Kinder, verglichen mit dem Durchschnittswert, eher schlecht ab. Diese Kinder werden nach und nach abgehängt. Erschreckend ist, dass die Unterschiede nicht erst in der Schule entstehen, sondern sie existieren schon ab der Geburt. Aus der Neurobiologie weiß man, dass im Gehirn junger Kinder mehr Nervenzellen existieren als Sandkörner an einem Sandstrand.[22] Diese Nervenzellen verbinden sich miteinander und spezialisieren sich. Wenn sie nicht gebraucht werden, weil Kinder zu wenig Anregungen haben, dann sterben viele davon auch wieder ab.

Je nachdem, ob Babys eine für sie passende Stimulation erfahren, entwickeln sich die Gehirnstrukturen, die für spätere kognitive Leistungen förderlich sind, gut, oder sie entwickeln sich weniger gut. Besonders für die sprachliche Entwicklung entstehen in den allerfrühesten Lebensmonaten die Grundlagen. Verschiedene Untersuchungen[23] zeigen, wie anders die sprachliche Bildung von Kindern in verschiedenen Familien verlaufen kann. In der bekannten »30-Million-Word-Gap«-Studie der US-amerikanischen Wissenschaftler Betty Hart und Todd Risley aus den 1990er Jahren ist belegt, dass vierjährige Kinder in armen Familien 13 Millionen Wörter und Kinder mit wohlhabenderen Eltern 45 Millionen Wörter zu hören bekommen. Infolgedessen ist der Wortschatz entsprechend unterschiedlich entwickelt. Das führt später wiederum dazu, dass es den Kindern, die schon viele Wörter kennen, leichter fällt, ihren Wortschatz zu erweitern. Pädagogen kennen dieses Phänomen unter dem Begriff »Matthäus-Effekt«[24] – wer hat, dem wird gegeben. Fachlicher ausgedrückt, je mehr ein junges Kind lernt, desto leichter und lieber wird es lernen, wenn es heranwächst. Zur Erinnerung, weil es so wichtig ist: Lernen bei jungen Kindern bedeutet in erster Linie soziales Lernen, kreatives Gestalten, Entdecken – und das Ganze verbunden mit möglichst viel Bewegung und Musik. Dabei kommt es besonders auf den Erziehungsstil der Eltern an. Die amerikanische Soziologin Annette Lareau hat Eltern verschiedener Bildungsschichten beobachtet. Unter anderem hat sie herausgefunden, dass Eltern aus der Oberschicht aus ihren Kindern »Projekte« machen. Sie sehen die Förderung der Fähigkeiten und Talente ihrer Kinder als ihre Hauptaufgabe. Sie kümmern sich hingebungsvoll um ihren Nachwuchs, organisieren dessen Leben, fördern ihn beim Spielen und sprechen viel mit ihm. Ein beziehungsstarker und dialogorientierter Erziehungsstil war für diese Eltern aus der Bildungsschicht selbstverständlich. In weniger wohlhabenden und Arbeiterfamilien hingegen, vor allem dann, wenn Mütter keinen oder einen niedrigen Schulabschluss haben, wurden die Kinder oft sich selbst überlassen, autoritär erzogen und selten gefördert.[25]

Ich wage zu behaupten: Die Chancen, die ein Kind hat, beginnen bereits mit seiner Zeugung. Wenn uns Chancengerechtigkeit für Kinder wichtig ist, müssen wir uns sehr früh und noch viel mehr um bildungsferne Familien und damit um die chancenloseren Kinder kümmern. Die gute Nachricht ist: Wir müssen nichts erfinden, es ist schon alles da. Es gibt sehr erfolgreiche Bildungsprogramme, es fehlen nur Fachkräfte, die sie umsetzen, und Geld für die Finanzierung. Ein Einwand an dieser Stelle könnte sein, dass nicht alle Abitur machen können und es ohnehin viel zu viele Akademiker gibt. Das mag sein. Gleichzeitig sind nach einer Forsa-Umfrage[26] aus dem Jahr 2022 immerhin 64 Prozent der Jugendlichen im Alter von 14 bis 21 Jahren der Ansicht, dass nicht alle Kinder die gleichen Chancen auf eine gute Schulbildung haben. Wenn schon Jugendliche wenig Hoffnung auf Gerechtigkeit haben, werden sie sich vermutlich nicht zu zufriedenen und friedliebenden Erwachsenen entwickeln. Wir haben noch viel zu tun, wenn Bildungserfolg nicht länger überwiegend herkunfts- und notenabhängig sein soll. In Deutschland dauert es immerhin bis zu sechs Generationen, um von der untersten Einkommensschicht in die Mitte der Gesellschaft zu kommen. In Dänemark vergehen nur zwei Jahre, in Österreich und in den USA fünf. Schlusslicht ist Brasilien mit bis zu neun Generationen. Laut OECD investiert Deutschland noch immer zu wenig in Bildung, besonders die frühe Bildung ist ein Stiefkind. Was die Schulleistungen angeht, haben Kinder von akademisch gebildeten Eltern bei gleichen Noten eine fünfmal höhere Chance, den Übertritt auf ein Gymnasium zu schaffen.[27] Wenn man Lebensläufe statistisch betrachtet, beginnen von hundert Kindern aus bildungsfernen Schichten nur 21 ein Studium, 15 schließen mit einem Bachelor ab, acht mit einem Master, nur ein Kind wird promoviert. Bei hundert Kindern, die Eltern mit hohen Bildungsabschlüssen haben, studieren 74 Kinder, es werden 63 Bachelor- und 45 Masterabschlüsse gemacht und zehn werden promoviert.

Ich selbst komme aus einem bildungsfernen Haushalt und bin die Erste in meiner Familie mit Abitur sowie einem abgeschlossenen Hochschulstudium. Ich erinnere mich gut an die Autofahrt, auf der ich meinen Eltern erzählt habe, dass ich promovieren will. Meine Mutter meinte: »Auch das noch – wann hörst du endlich auf zu lernen?« Mein Vater fragte mich, ob ich nicht langsam genug hätte von der ganzen Studiererei. Und ich habe beileibe nicht nur einfach studiert, mein Studium war mein Hobby. Ich hatte parallel zur Uni immer mindestens drei Jobs plus Nachtbereitschaftsdienst in einem Hotel, weil meine Eltern mich finanziell nicht unterstützen konnten und das monatliche BAFöG-Darlehen für ein Leben in München nicht ausreichte. Mein Weg war alles andere als leicht und linear. Das ist einer der Gründe, warum mir Themen rund um Lernen und Bildungsgerechtigkeit so wichtig sind. Denn ich weiß: Eine Geschichte wie meine ist die Ausnahme in Deutschland. Viele Kinder haben Eltern, die auf die Bildungsbremse treten und ihren Kindern Wege versperren. Aus Angst, aus Unwissenheit oder einfach aus traditionellen Gründen. Meine Eltern konnten mir zwar wenig helfen, dafür haben sie mir aber viel zugetraut und zugemutet. Ich hatte viel Eigenverantwortung und viel Freiheit. Sie haben mich gelehrt, mutig zu sein und mit Frustrationen umzugehen. Das erzeugt Selbstwirksamkeit und Selbstachtung, eine Kombination, die ich vielen Kindern wünsche, denn daraus entsteht Resilienz.

Was jedoch derzeit auf dem Rücken vieler Kinder, besonders derjenigen aus der Bildungsschicht, im Namen der frühkindlichen Bildung geschieht, ist gefährlich. Auch das ist ein Grund, warum mir dieses Buch sehr am Herzen liegt. Viel zu vielen Kindern wird durch angstdominierte Dauerinputschleifen ihre Kindheit genommen! Sie müssen Tag für Tag vorgekaute Inhalte lernen, sie müssen Sprechen trainieren, gelangweilt Silben klatschen, möglichst viele Lernspiele machen und möglichst früh möglichst viel wissen und können. Kinder werden getestet, kontrolliert, optimiert und viel zu oft therapiert. Wenn sie nicht funktionieren, wie man es von ihnen erwartet, wenn sie vielleicht lebhaft sind, sich gerne bewegen, beispielsweise in Morgenkreisen, bei Lernangeboten am Tisch oder einfach öfter als andere Kinder, dann könnten sie eine Aufmerksamkeitsdefizit-/Hyperaktivitätsstörung (ADHS) haben. Sie sind dann zu aktiv, zu lebendig. Ihr Verhalten passt nicht zu den Bildungsangeboten, weil sie den Erwachsenen zu unruhig sind und angeblich Konzentrationsprobleme haben.

Zu diesem Thema habe ich ein Gespräch mit Oliver Kratz geführt. Er ist Professor und stellvertretender Leiter der Kinderpsychiatrie der Universitätsklinik in Erlangen. Wir sprachen über die zunehmende Verunsicherung, die Eltern und Kita-Fachkräfte angesichts beobachteter Verhaltensauffälligkeiten und Verhaltensstörungen von Kindern oft haben. Ich habe aus erster Hand erfahren, dass hauptsächlich Eltern mit akademischem Hintergrund sich Sorgen machen und Diagnosen wünschen. Ich verstehe, warum. Ein Kind, bei dem beispielsweise ein ADHS diagnostiziert ist, bekommt einen Integrations-Status in der Kita. Die Kita bekommt durch den erhöhten Förderbedarf mehr Geld von der Kommune für mehr Personal. Das ist selbstverständlich sehr praktisch, denn mehr Personal, falls man auf dem leer gefegten Arbeitsmarkt welches findet, könnte dann mehr der sogenannten Bildungsangebote umsetzen. Eltern hätten ein besseres Gefühl, weil ihr Kind besser gebildet wird, und die Kita freut sich über zufriedene Eltern. Dann sind alle glücklich – alle außer den Kindern, die sind nämlich gestresst. Ich finde das menschenverachtend, wenig kindgerecht und unehrlich gegenüber allen Beteiligten.

Schon vor Jahren haben Bildungsverhinderungsprogramme Einzug in die Kitas gehalten. Krippen und Kindergärten werden zunehmend verschult. Kinder sind mehr und mehr unter Druck, denn ihr Alltag orientiert sich kaum an ihren kindlichen Bedürfnissen, dafür aber an falsch interpretierten Bildungsplänen und Lernprogrammen – für mich eine der größten Ungerechtigkeiten. Die Themen, mit denen Kinder sich beschäftigen, haben oft nichts mit ihren Interessen zu tun. So kann es vorkommen, dass sich Kinder in Krippen mit der Entstehung der Kontinente beschäftigen sollen, obwohl sie noch nicht einmal wissen, dass sie existieren. Erst kürzlich war ich in einer privaten Einrichtung, in der das Jahresthema »Unsere Welt ist rund und bunt« hieß und eine überdimensional große, selbst gebastelte Weltkarte an der Wand hing. Die einzelnen Kontinente waren in englischer Sprache beschriftet und »Antarctika« zudem falsch geschrieben. Was sollen Kinder unter drei mit diesem Bildungsangebot anfangen? In vielen Kitas sind die Tage minutiös durchgetaktet und allein deshalb sehr anstrengend, sowohl für die Kinder als auch für die Fachkräfte. Das muss nicht sein, damit könnte man sofort, gleich morgen, aufhören, und niemand würde Schaden nehmen. Im

Gegenteil, alle hätten weniger Stress und mehr Zeit für wirkliche Bildungsangebote.

Bildung in der frühen Kindheit bedeutet in meinem Verständnis, Raum und Zeit für die Entwicklung von Kindern zu schaffen. Es geht darum, kreatives Spiel zu ermöglichen, emotionale Sicherheit, Unbeschwertheit und Freude. Kinder brauchen die Möglichkeit, sich vertrauensvoll dem Moment hinzugeben. Sie brauchen Zeit, um ihren Interessen zu folgen, und nur dann können und werden sie ihr volles Potenzial entfalten. Fachkräfte als Begleiter der Kinder unterstützen Lernprozesse, sie geben sie nicht vor. Nur durch Bildungsbegleitung ist kindgerechtes und gewaltfreies Lernen denkbar, alles andere kann nur über Manipulation und Druck funktionieren – das gilt für alle Bevölkerungsschichten und jedes Alter.

Chancengerechte Pädagogik: Bildungsorte überall

Will man den Zugang zu Bildung gerechter machen, sollte man ihn aus einer ökologischen Perspektive betrachten, denn die einzelnen Lebenswelten der Kinder, besonders Familie und Kita, sind nicht voneinander zu trennen. Der Entwicklungspsychologe Urie Bronfenbrenner hat in den 1960er Jahren einen bedeutenden und noch immer aktuellen Beitrag darüber publiziert, welche Faktoren auf die kindliche Entwicklung einwirken. Sein ökosystemischer Ansatz – ökologisch meint hier die Umwelten des Kindes – verdeutlicht, wie unterschiedlich die Chancen der Kinder sind, indem er die verschiedenen Einflussfaktoren aufeinander bezieht.

Kitas und die darin ablaufenden Bildungs- und Erziehungsprozesse sind ein Teil im Leben von über 90 Prozent der Kinder und deshalb untrennbar mit Eltern, Geschwistersituation, Verwandtschaft, Gesundheitssituation und allen weiteren Umwelten des Kindes verbunden. Das bedeutet, dass man die Lebensbereiche eines Kindes nicht voneinander trennen kann, denn sie beeinflussen sich wechselseitig.

Bronfenbrenner beschreibt in seinem ökosystemischen Ansatz vier Ebenen. Die erste ist die Mikroebene. Sie bezieht sich auf die direkte Umgebung einer Person, ihre Familie, die Freunde und die Schule. Auf der Mesoebene geht es um die größeren Gruppen, in die eine Person eingebettet ist, wie Gemeinden, Kirchen oder Vereine. Die Exoebene nimmt noch weiter entfernte Umgebungen in den Blick, die die Person indirekt beeinflussen, wie die Arbeitsumgebung der Eltern oder die Medienlandschaft. Die Makroebene betrachtet schließlich die kulturellen, politischen und wirtschaftlichen Systeme, beispielsweise Gesetze, politische Entscheidungen und kulturelle Normen. Und schließlich gibt es noch das Chronosystem: die zeitlichen Veränderungen in der Umgebung einer Person, wie gesellschaftliche Veränderungen oder persönliche Lebensereignisse.

Zugegeben, das klingt alles etwas nach spröder Wissenschaft, aber übersetzt in ein fiktives Beispiel ist Bronfenbrenners Modell lebensnah und leicht verständlich: Stellen Sie sich Sina vor, ein fünfjähriges Mädchen mit braunen schulterlangen Haaren und großen braunen Augen. Sina ist ein aufgewecktes, temperamentvolles Mädchen, das gerne malt, in der Puppenecke Geburtstagsfeiern für ihre Freundinnen organisiert und auf dem Klettertrapez am liebsten auf dem obersten Seil steht und wild schaukelt. In letzter Zeit fällt einigen Fachkräften auf, dass sie andere Kinder stört, ungeduldig ist, sich kaum noch konzentrieren kann, sich einzelne Haare ausreißt, sich oft zurückzieht und insgesamt oft traurig wirkt. Sina zeigt Autoaggressionen - das ist die individuelle Ebene. Bei einem Entwicklungsgespräch mit Sinas Mutter erfährt Frau Krommer, Sinas Erzieherin, dass die Eltern sich kürzlich getrennt haben und zu Hause Krisenstimmung herrscht, weil der Vater auch seine Arbeit aufgrund der Finanzkrise (Chronosystem) verloren hat. Existenzangst (Exosystem) bestimmt den

Alltag (Mikrosystem), und niemand hat gerade Nerven, sich um Sina zu kümmern (Mesosystem). Die Mutter erzählt unter Tränen von Nachbarn, die sich bei Begegnungen im Treppenhaus von ihr abwenden (Makrosystem), weil Trennungen in ihrem Kulturkreis geächtet werden.

Der Weg der Frühpädagogik geht immer weiter weg von einer Sicht, die nur das losgelöste Individuum sieht. Sie will mit ökologischen Perspektiven wie der Bronfenbrenners die Umwelten des Kindes möglich umfassend einbeziehen. Die Entwicklung geht hin zu Interaktion und Kommunikation. Das soziale Umfeld eines Kindes erfährt mehr Beachtung, denn seine Bedeutung gilt es zu verstehen. Dieser Weg hängt eng mit der Verbreitung des Sozialkonstruktivismus zusammen.[28] Der Sozialkonstruktivismus ist ein Konzept aus der Sozialwissenschaft, das besagt, dass unsere Wahrnehmungen und unser Wissen über die Welt durch unsere sozialen und kulturellen Erfahrungen beeinflusst werden. Das bedeutet, dass das, was wir als »wahr« oder »richtig« betrachten, nicht unbedingt objektiv oder universell gültig ist, sondern von unseren Erfahrungen, Werten und Überzeugungen geprägt wird. Und hier spielt unser Umfeld eine bedeutende Rolle.

Wir haben schon große Schritte geschafft, denn in den letzten Jahren hat das einzelne Kind in seiner Entwicklung vermehrt Beachtung bekommen. Sinn und Ziel ist es, Kinder zu begleiten. Wir wollen Lernprozesse, insbesondere unter Berücksichtigung des Kompetenzbegriffs, besser verstehen und individueller gestalten. Der Kompetenzbegriff bezieht sich auf die Fähigkeit, bestimmte Aufgaben oder Herausforderungen erfolgreich zu bewältigen. Es geht darum, dass ein Kind nicht nur über das Wissen oder die Fertigkeiten verfügt, um eine Aufgabe auszuführen, sondern auch die Fähigkeit hat, dieses Wissen und diese Fertigkeiten in seinem Leben anzuwenden.

Bildung ist Selbstbildung und wird gerade bei jungen Kindern durch all die oben genannten Wechselwirkungen zwischen den einzelnen Umwelten gesteuert.[29] Kitas können Kindern den Rahmen dafür bieten und sie dabei unterstützen, sich selbst zu entwickeln. Reformpädagogische Ansätze, wie sie in der Montessori- und Reggio-Pädagogik zu finden sind, aber auch der Situationsansatz und die aktuell geforderte inklusive Pädagogik sind Fachkräften zu verdanken, die Kindern Lebens- und Erfahrungsräume eröffnen. Gute Kitas sind Orte, die sich an die Bedarfe der Kinder anpassen, und nicht umgekehrt. Dabei ist es unerlässlich, die unterschiedlichen Lernvoraussetzungen der Kinder aufzugreifen. Kinder kommen so in die Lage, sich immer selbstständiger in der Welt zu bewegen, sie lösen Probleme und führen irgendwann ein eigenverantwortliches Leben unter den Bedingungen unserer Wissensgesellschaft.[30] Dies kann nur gelingen, wenn wir Kinder stärken und sie nicht aus romantischen Beweggründen klein halten. Kitas aus ideologischen Gründen zu verschulen, ist definitiv kein Weg. Solange Institutionen wichtiger sind als Individuen, bleiben die Grenzen für eine moderne ökologische Pädagogik geschlossen. Noch sind diesem pädagogischen Traumzustand durch finanzielle Begrenzungen oft Schranken gesetzt, denn für eine Weiterentwicklung frühpädagogischer Institutionen braucht man nicht nur neue Bildungsräume, sondern vor allem gut ausgebildete und kompetente Fachkräfte. Kitas lassen zwar gelegentlich innovative Änderungen ihrer pädagogischen Konzepte zu, im Alltag ist es aber sehr schwer, pädagogisch-psychologische Erkenntnisse über die Träger, die Leitungen und Teams bis hin zu Eltern und anderen Personen vor Ort bekannt zu machen und in ihren Konsequenzen auch durchzusetzen.

Sofortmaßnahmen für Kitas

Alles hängt mit allem zusammen: Der systemische Blick auf Kinder, Entwicklung und Bildung kann nicht genug betont und gefördert werden, weil jedes einzelne Kind wichtig ist. Bildungsbegleitung von

Kindern gelingt nur, wenn die ökologische Perspektive ausreichend berücksichtigt wird, und dazu gehört zwingend eine aktive Bildungs- und Erziehungspartnerschaft mit Eltern. Nur dann, wenn sich alle Kinder im jeweiligen Lernkontext, also in ihrer Kita, angenommen fühlen, kann ein harmonisches Zusammenleben und Lernen gelingen. Betrachtet man vor diesem Hintergrund den Alltag in Kitas, so wird deutlich, dass es um die individuelle Förderung jedes Kindes und seiner Familie geht, und zwar im Umfeld seiner jeweiligen Wechselbeziehungen. Im Zentrum steht hierbei zunächst die Anforderung an Sie, Informationen von Familien einzuholen und zu analysieren – die alleinige Erlebniswelt Kita und die Beobachtung des einzelnen Kindes kann nicht mehr der Maßstab von Beurteilungen und Fördervorhaben sein. Wir müssen in größeren Kontexten denken und gerade benachteiligten Kindern und ihren Familien wesentlich mehr passgenaue Angebote machen. Das Gießkannenprinzip hat ausgedient. Versuchen Sie besonders mit Familien in Kontakt zu treten, die nicht zu Elternabenden kommen. Überlegen Sie, wie Sie mit wenig Zeitaufwand und in allen in Ihrer Einrichtung vorhandenen Sprachen beispielsweise Elterninformationen, Einladungsmails und Aushänge verfassen können. Meine ultimative Soforthilfe zur Zeitersparnis ist die Ermutigung, Künstliche Intelligenz dafür zu nutzen. Sie können sich inzwischen jeden Text in fast jede Sprache übersetzen lassen oder Texte ganz schreiben lassen, beispielsweise von »ChatGPT«, »Jesper« oder »Neuroflash«, um nur drei der derzeit bekanntesten zu nennen. Diese Texte sind nicht preisverdächtig, aber das ist vermutlich auch nicht der Anspruch, den Sie bei Ihren Informationsschreiben, Einladungen oder Konzeptionen haben. Sie können für Elterngespräche und zwischen Tür und Angel Übersetzungs-Apps nutzen, auch die leisten inzwischen phänomenale Hilfe, wenn kurzfristig kein Dolmetscher zu bekommen ist. Ich verspreche Ihnen: Wenn Eltern direkt angesprochen werden, sich wertgeschätzt und angenommen fühlen, öffnen sie sich Ihnen gegenüber und der erste, vermutlich auch wichtigste Schritt in Richtung Chancengerechtigkeit ist getan.

Das Recht auf Freiheit

Der Kinderarzt Herbert Renz-Polster beschreibt in seinem Buch »Erziehung prägt Gesinnung« die Auswirkungen von harten, einengenden Kindheiten auf versteinerte Weltbilder und wie sich daraus rechtsradikal handelnde Menschen entwickeln. Sven Fuchs, ein renommierter Psychohistoriker und Gewaltforscher, zeigt in seinem Werk »Die Kindheit ist politisch« sehr deutlich, wie dramatisch sich Vernachlässigungen und Gewalt in der Kindheit auf erwachsene Menschen auswirken. Destruktive Kindheiten sind erwiesenermaßen die größte Gefahr für den Weltfrieden. Genau deshalb ist es von so großer Bedeutung, wie wir mit Kindern umgehen und was junge Menschen in ihren ersten Lebensjahren erleben. Wir können nicht auf große Reformen warten, das dauert einfach zu lange. Kinder lernen schnell, und deshalb müssen wir handeln. Heute, zu Hause und in Kitas – wir alle!

Sicher ist, dass wir alle werden lernen müssen, mit einer veränderten Welt umzugehen. Exakt hier sitzt der Stachel. Je nachdem, wie unsere eigene Kindheit war, ob und wenn ja, welche Verletzungen wir noch mit uns herumtragen, trauen wir uns den Umgang mit neuen Situationen mehr oder weniger zu. Wir können besser oder schlechter mit Veränderungen umgehen, haben mehr oder weniger Ambiguitätstoleranz, werden mehr oder weniger von Ängsten gebremst und vertrauen dem Fluss des Lebens mehr oder weniger. Unser Selbstvertrauen und unser Zutrauen in die Lösungsfindung für kommende Probleme hängen mit unseren frühesten Kindheitserfahrungen zusammen. Ich gehe noch einen Schritt weiter – wir können Selbstverantwortung, Verantwortung für unsere Kinder und Verantwortung für die Gesellschaft nur übernehmen, wenn wir jetzt sofort handeln und dadurch neue Bildungswege wagen.

Wenn wir uns nicht zutrauen, andere Wege zu gehen, es uns und unseren Kindern nicht zutrauen, wird immer ein anderer schuld sein. Wieder ein anderer hat angebliche Lösungen, und diesem anderen opfern wir dann unsere Freiheit und die Kindheit der Kinder, die jetzt leben. Sie haben aber ein Recht auf diese Kindheit. Und wir haben das Recht, uns selbst, unsere Haltungen, Erwartungen, Absichten und die Kitas zu verändern. Kinder haben das Recht auf kindgerechte Bildung. Gesetzlich verankert im Grundgesetz und in den UN-Kinderrechten. Diese Rechte gelten für alle Kinder, und das bedeutet Chancengerechtigkeit.

Sofortmaßnahmen für Eltern

Vertrauen Sie sich, dem Leben und Ihrem Kind! Es ist falsch, zu glauben, wir müssten junge Kinder bilden, trainieren und abhärten. Falsch, sie möglichst früh in ein System zu pressen, von dem wir denken, es währt ewig, denn das tut es nicht. Falsch, zu glauben, wir könnten Kinder auf die Zukunft vorbereiten, das können wir nicht, denn die Vorzeichen eines Systemwandels sind bereits klar zu sehen. Wirtschaft, Arbeitsmarkt und Rentensystem werden allein durch das immer schneller werdende Tempo der Digitalisierung und durch den Fachkräftemangel, der nur durch wesentlich mehr Einwanderung aufzufangen ist, in den kommenden Jahren epische Veränderungen erfahren. Niemand ist darauf vorbereitet und niemand weiß, wie man Kinder auf ein Leben vorbereiten kann, von dem man selbst keine Ahnung hat, wie es sein wird. Alles, was Ihr Kind braucht, und zwar jetzt, ist die Sicherheit, von Ihnen geliebt und beschützt zu werden. Wenn Sie der sichere Hafen sind, wenn Sie ein Vorbild für Ihr Kind sind, dann wird Ihr Kind alles, was für ein gutes Leben notwendig ist, lernen – einfach so, weil es ein Mensch ist, weil es sich an Veränderungen anpassen kann und weil es sich zutrauen wird, dass es alles schaffen kann. Geben Sie Ihrem Kind die Möglichkeit, Selbstwert zu entwickeln, und der entwickelt sich aus dem Glauben an sich selbst. Bewerten Sie Ihr Kind nicht, versuchen Sie es möglichst wenig zu vergleichen, vor allem entwerten Sie es nicht, wenn sein Verhalten nicht Ihren Erwartungen entspricht.

2. Das spielende Kind – Bildung als wertvollstes Nebenprodukt

Spielen ist das Elixier für eine glückliche Kindheit.

Spielen macht schlau. Lange Zeit klang das wie ein Widerspruch, galt Spielen doch als eine Art sinnloser Zeitvertreib für Kinder, für den sie keinesfalls zu viel Raum bekommen durften. Heute weiß man: Das genaue Gegenteil ist der Fall. Nichts ist wichtiger für Kinder als zu spielen. Spielen ist viel mehr als ein Zeitvertreib. Es ist das perfekte Training, um sich optimal zu entwickeln und grundlegende Fähigkeiten zu erwerben, von abstraktem Denken über Mengenverständnis bis hin zu Sinnkategorien, Sprache und Alltagswissen – alles das lernen wir Menschen spielerisch, indem wir uns der Welt mit der uns angeborenen Neugier nähern.

Spielen ist damit ein Allzweckwerkzeug, und doch verfolgt es keinen Zweck. Kinder spielen nicht, um bewusst und gezielt etwas zu lernen, dennoch lernen sie ständig Neues dabei. Kinder lernen immer, weil das Gehirn nicht *nicht* lernen kann.[31] Dadurch bilden sie sich selbst. Der Drang, sich spielerisch mit der Welt zu beschäftigen, ist ihnen angeboren – und er ist nicht nur auf Menschen beschränkt, sondern ein äußerst kluger Mechanismus der Natur, damit sich Nachkommen aller Lebewesen optimal an ihre Umwelt anpassen können.

Der überwältigende Einfluss des Spielens auf die menschliche Gehirn- und Persönlichkeitsentwicklung wird erst nach und nach erkannt und versetzt mich immer wieder in Erstaunen. Kinder lernen schnell und leicht, welcher Elternteil hat das nicht schon fasziniert beobachtet? Genau das gilt es zu fördern. Leider fehlt es in großen Teilen unseres Bildungs- und Betreuungssystems häufig noch am Bewusstsein dafür. Kinder brauchen Raum und Zeit, um sich in ihr Spiel zu versenken, sonst können sie das Spiel und damit auch sich selbst nicht optimal entwickeln. Spiel ist für Entwicklung ebenso wichtig wie Nahrung, Pflege und Fürsorge.[32]

Aufmerksamkeit und Neugier sind in uns angelegt, gehören zu unserer mentalen Grundausstattung. Leider macht die Pädagogik sich das bislang nur wenig zunutze, weil sie Spielen und Lernen als einen Gegensatz betrachtet. Diese willkürliche und unzutreffende Dichotomie aufzulösen, ist eine der drängendsten gesellschaftlichen Aufgaben unserer Gegenwart. Spielen ist es, was den Menschen bildet, nicht starre Lehr- und Bildungspläne. Nur was wir spielerisch erworben haben, wenden wir im Alltag auch an, weil wir den Wissenserwerb mit positiven Erfahrungen verbinden. Wenn Sie etwas mit Freude und ohne Druck entdecken und lernen, dann ist das ein vollkommen anderes Erleben, als wenn Sie unter Strafandrohung gezwungen werden, sich etwas einzuprägen, in dem Sie individuell keinen Vorteil sehen. Was wir im Spiel lernen, wird zum Teil unserer persönlichen Ressourcen, und das war besonders so, als wir noch Kinder waren.

Friedrich Schiller schrieb in seinen Briefen zur ästhetischen Erziehung des Menschen[33], dass das Menschsein eng mit dem Spiel verbunden ist. Der Mensch kann nur dann Mensch sein, wenn er spielt. In der Welt gestaltet sich dies oft paradox, denn auf der einen Seite wird gespielt und auf der anderen Seite gelernt. Spielen und Lernen sind in den Köpfen vieler Menschen ein Gegensatz. Die aktuelle Wissenschaft und die Medien sind sich darüber einig, dass das Spielen und Lernen nicht länger als Gegensätze betrachtet werden können.[34] Kinder lernen besonders die Regeln des sozialen Miteinanders sehr früh, und dafür ist die Kita der ideale Ort. Winston Churchill hat einmal gesagt, dass es ganz wichtig sei, die Fehler, aus denen man lernen kann, möglichst früh zu machen.[35] Das gilt besonders für unsere sozialen Fähigkeiten und die Art und Weise, wie wir miteinander umgehen. Wie eng Spielen und Lernen zusammenhängen und wie wir und unsere Kinder davon profitieren können, darum geht es in diesem Kapitel.

Eine Huldigung an das Spiel

Die neurobiologischen Prozesse, die im Gehirn spielender Kinder ablaufen, sind eingehend untersucht worden. Die Forschungsergebnisse deuten darauf hin, dass Spielen tiefgreifend beeinflusst, wie sich der Frontallappen im Gehirn entwickelt. Diese Region ist für eine Vielzahl von kognitiven Prozessen und Verhaltensfunktionen verantwortlich, die mit Planung, Entscheidungsfindung, Problemlösung, Arbeitsgedächtnis, Aufmerksamkeit, Emotionsregulierung und motorischer Kontrolle zusammenhängen und zu mehr Lernen und Kreativität führen.[36] Kinder verbessern beim Spielen ihr Arbeitsgedächtnis, ihre exekutiven Funktionen, also ihre Verhaltenssteuerung, und ihre Problemlösungsfähigkeiten. Studien zufolge kann Spielen Kindern außerdem helfen, neuronale Verbindungen im präfrontalen Kortex zu entwickeln, die für Denkprozesse höherer Ordnung verantwortlich sind.[37] Neuronale Verbindungen sind Verbindungen zwischen den Nervenzellen im Gehirn. Sie sind wichtig, um Informationen innerhalb des Gehirns weiterzuleiten und zu verarbeiten. Je mehr Verbindungen zwischen Neuronen vorhanden sind, desto besser ist das Gehirn in der Lage, Informationen zu verarbeiten und zu speichern. Neuronale Verbindungen ermöglichen es uns, zu lernen und uns an neue Erfahrungen anzupassen. Wenn wir zum Beispiel eine neue Fähigkeit erlernen, bilden sich neue Verbindungen zwischen den relevanten Neuronen und verstärken dadurch das Netzwerk, das mit dieser Fähigkeit verbunden ist. Eine starke Vernetzung der Neuronen ist auch wichtig für die kognitive Entwicklung, die Emotionsregulation und die Verarbeitung von Sinneseindrücken. Wenn es zu Schäden oder Störungen in den neuronalen Verbindungen kommt, kann dies zu kognitiven, emotionalen oder motorischen Beeinträchtigungen führen.

Entwicklungspsychologen befassen sich mit der Frage, wie das Spielen Kinder dabei unterstützt, ihre Emotionen zu regulieren und soziale Fähigkeiten zu entwickeln. Spielen kann Kindern helfen, ihre Gefühle besser zu verstehen und auszudrücken, was wiederum zu einer besseren Selbstregulierung führt. Schließlich wurde auch untersucht, wie sich Spielen auf das Belohnungssystem des Gehirns auswirken kann. Untersuchungen zeigen, dass Spielen das mesolimbische Dopaminsystem im Gehirn aktiviert, das mit Gefühlen wie beispielsweise Freude durch Belohnung verbunden ist.[38] Vermutlich trägt diese Aktivierung des Belohnungssystems dazu bei, dass Kinder immer effektiver lernen, indem sie motiviert werden, ihre Umgebung immer mehr zu erkunden – einfach deshalb, weil es Spaß macht. Deshalb ist es so wichtig, dass Eltern und Fachkräfte in Kitas das Spiel der Kinder unterstützen. Indem sie eine Vielzahl von verschiedenen Materialien und Spielzeugen bereitstellen, können sie Kindern helfen, ihre Umwelt zu erkunden. Durch das Spielen lernen Kinder neue Objekte kennen, sie erwerben Selbstvertrauen und können besser mit Stress umgehen. Sie haben die Möglichkeit, sich auszuprobieren und neue Rollen zu erproben, was für die Persönlichkeitsentwicklung von entscheidender Bedeutung ist. Sie erlernen und verfeinern Fähigkeiten und treffen Entscheidungen.

Was wir als Erwachsene dafür tun können, ist, den Raum zu kreieren, in dem all das möglich ist. Dazu gehört weit mehr, als ein Zimmer mit Spielmaterialien zu füllen. Zu Hause geht es um ablenkungsfreie Zeit, die nicht durch Terminstress und Freizeitverpflichtungen gestört wird. In der Kita sind es oft starre Abläufe, enge Räume, kaputte Spielzeuge und andere innere und äußere Schwierigkeiten, die ausgiebige Spielerfahrungen erschweren. Zuweilen herrscht die Ansicht vor, dass Kinder während des Spiels permanent angeleitet werden müssen, statt ihnen selbst die Gestaltung zu überlassen. Deshalb gehe ich davon aus, dass ich noch viel deutlicher und öfter über die vielfältigen Vorteile einer Kindheit sprechen muss, die durch freies Spiel geprägt ist, um ihr eine größere Wertigkeit zu verleihen – besonders in Ihren Augen als Eltern und Fachkräften.

Ein Experte, der den Zusammenhang zwischen Spiel, Bildung und Intelligenz analysiert, ist André Frank Zimpel, Professor für Psychologie und Erziehungswissenschaft an der Universität Hamburg.[39] Er schreibt, wie bedeutsam es für die Entwicklung von Kindern ist, ihnen zu zeigen, dass Anstrengungen belohnt werden. Diese Aussage ist beweisbar. Ein bekanntes Beispiel für einen psychologischen Test, der überprüft, wie Kinder mit Anstrengungen umgehen, ist der »Marshmallow-Test«.[40] Dieses berühmte Experiment zur Erforschung der kindlichen Selbstkontrolle wurde erstmals in den 1960er Jahren von Walter Mischel an der Stanford University durchgeführt. Entwickelt wurde es, um zu untersuchen, wie Kinder auf verzögerte Belohnungen reagieren und wie ihre Fähigkeit zur Impulskontrolle ihr späteres Leben beeinflussen kann.

Der Marshmallow-Test selbst ist relativ einfach. Ein Kind wird in einen Raum gebracht und auf einen Stuhl an einen Tisch gesetzt. Vor ihm steht eine Süßigkeit, damals war es ein Marshmallow. Das Kind wird gefragt, ob es das Marshmallow sofort essen oder warten möchte, bis der Forscher, der während des Versuchs den Raum verlässt, wieder zurückkommt. Zuvor wird dem Kind angeboten, dass es, wenn es warten wolle, später mit einem zweiten Marshmallow belohnt würde. Das Experiment misst also die Fähigkeit der Kinder, ihr Verlangen zu kontrollieren und in der Gegenwart eine Belohnung zu verzögern, um später eine größere zu erhalten. In allen Testreihen wurde beobachtet, wie lange die Kinder dem Marshmallow widerstehen konnten, bevor sie es aßen. Die Wartezeit variierte je nach Kind und konnte von wenigen Sekunden bis zu mehreren Minuten dauern. Mischel wollte herausfinden, ob die Fähigkeit eines Kindes, abzuwarten, ein Indikator für späteren Erfolg in Schule und Beruf ist. Sie ist es. Dies belegen auch aktuelle Studien,[41] die rund vierzig Jahre nach Mischels Erstversuch dessen Ergebnisse überwiegend bestätigen.[42] Die Forscher fanden heraus, dass Kinder, die in der Lage waren, länger zu warten, auch in späteren Jahren bessere Schulleistungen und höhere Kompetenzen aufwiesen. Ihre Anstrengung des Verzichts und die Impulskontrolle werden belohnt.[43] Diese Erfahrung bleibt den Kindern ihr Leben lang im Gedächtnis. Langzeitforschungen haben gezeigt, dass sich Kinder, die in diesem Test sehr gut abgeschnitten hatten, auch im späteren Leben mehr Berufszufriedenheit und stabilere soziale Beziehungen aufwiesen.[44] Eine Umgebung, in der sich Anstrengung lohnt, schafft in Menschen Vertrauen und Selbstwirksamkeit. Beim Spielen strengen sich Kinder an, sie warten ab, sie werden belohnt. Sie tun das immer wieder und üben dadurch, ihre Impulse zu kontrollieren. Besser als im Spiel gelingt das nirgends. Ich denke, allein das wäre ein Grund, um mehr Spielmöglichkeiten zu schaffen. Es gibt aber noch eine ganze Reihe anderer Argumente.

In der Regel ist Spielen eine freiwillige Aktivität, bei der das Kind selbst entscheidet, ob es teilnehmen möchte oder nicht. Kinder initiieren das Spiel oft von allein, ohne dass es von Erwachsenen oder anderen Kindern vorgeschlagen wird. Spielen beinhaltet oft kreative Aktivitäten wie Zeichnen, Malen, Bauen oder Rollenspiel, bei denen Kinder ihre Fantasie ausleben können. Spielen ist oft unstrukturiert und nicht immer an klare Regeln gebunden, was den Kindern Freiheit gibt, ihr Spiel nach ihren Wünschen zu gestalten. Kinder ändern Regeln in einem Regelspiel aber auch nach Absprache mit anderen Kindern während des Spiels.

Spielen ist eine Aktivität, die Freude und Vergnügen bringt. Das Ergebnis ist oft weniger wichtig als der Prozess. Spielen beinhaltet häufig soziale Interaktionen, bei denen Kinder lernen, miteinander zu kommunizieren, zusammenzuarbeiten, sich abzustimmen und Konflikte zu lösen. Obwohl Spielen und Lernen oft miteinander verbunden sind und sich gegenseitig ergänzen können, gibt es einen Unterschied. Spielen bezieht sich auf eine Aktivität, die in der Regel spontan und selbstinitiiert ist. Lernen dagegen bezieht sich auf eine bewusste Aktivität, die darauf abzielt, Wissen, Fähigkeiten oder Erfahrungen zu vermitteln oder zu erwerben. Lernen ist in der Regel strukturiert und findet in formellen Settings statt. Es konzentriert sich oft auf das Ergebnis und verfolgt Ziele, um Wissen oder Fähigkeiten zu erwerben. Allerdings können Spielen und Lernen Hand in Hand gehen, und das eine kann das andere unterstützen. Zum Beispiel können Spiele wie Puzzles, Lernspiele oder kreative Aktivitäten dazu beitragen, dass Kinder Fähigkeiten und Wissen erwerben, während sie gleichzeitig Freude am Spiel haben.

Umgekehrt kann Lernen durch spielerische Aktivitäten oder kreatives Experimentieren auch mehr Freude und Interesse wecken. In meinen Weiterbildungen, an denen überwiegend Menschen, die in Kitas arbeiten, teilnehmen, sage ich gerne: »Ein Kind kann lernen, ohne zu spielen, aber niemals kann es spielen, ohne zu lernen!« Besonders wichtig ist mir dabei, zu verdeutlichen, dass Kinder niemals spielen, um zu lernen. Sie spielen immer um des Spielens willen. Spielen ist für Kinder aus vielen Gründen wichtig, da es ihre körperliche, emotionale, kognitive und soziale Entwicklung unterstützt. Kinder verbessern durch das Spiel ihre Sprach- und Denkfähigkeiten, indem sie neue Wörter und Konzepte lernen. Sie trainieren ihr Gedächtnis und ihre Aufmerksamkeitsspanne. Sie verbessern ihre Problemlösungsfähigkeiten und finden darin einen unersetzbaren Booster für die Entwicklung ihrer Kreativität. Spielen trägt dazu bei, dass Kinder ihre motorischen Fähigkeiten und ihre Hand-Augen-Koordination verbessern. Mit Spielen können Kinder auch ihre körperliche Fitness und Gesundheit fördern, indem sie aktiv werden und Zeit im Freien verbringen.

Wie Kinder spielen

Spielen bietet Kindern die Möglichkeit, Emotionen auszudrücken und ihre sozialen Fähigkeiten zu verbessern, indem sie lernen, mit anderen zu interagieren, zusammenzuarbeiten und zu teilen. In diese soziale Seite des Spiels lohnt es sich, tiefer einzutauchen. Denn Spielen trägt maßgeblich dazu bei, Empathie und Verständnis für andere zu entwickeln, Beziehungen aufzubauen und aufrechtzuerhalten. Spielen ist gleichzeitig wichtig, um Selbstvertrauen zu generieren und Identität zu entwickeln. Diese soziale Bedeutung des Spiels und sein Aufbau hat Mildred Parten[45] in den 1930er Jahren erstmals beschrieben. Ihre Beobachtungen gelten bis heute als wichtige Grundlage für das Verständnis des sozialen Spielverhaltens von Kindern. Parten identifizierte insgesamt fünf Spielphasen, die aufeinander aufbauen.

Das *Solospiel* im Alter von 0 bis 1,5 Jahren ist die erste Phase des sozialen Spiels, in der das Kind in der Regel für sich allein spielt, ohne Interaktion mit anderen Kindern oder Erwachsenen. Während des Solospiels erkunden Kinder ihre Umgebung und experimentieren mit Spielzeugen und anderen Gegenständen. Das Solospiel ist eine wichtige Phase in der kindlichen Entwicklung, da es den Kindern hilft, ihre Sinne zu entwickeln, ihre Umgebung zu verstehen und ihre Kreativität zu fördern.

Beim *Parallelspiel*, das im Alter von etwa 1,5 bis drei Jahren stattfindet, spielen Kinder zwar in der Nähe anderer Kinder, aber jeder spielt überwiegend für sich allein und es gibt wenig direkte Interaktion zwischen den Kindern. Während des parallelen Spiels beginnen Kinder, die Handlungen der anderen Kinder zu beobachten und zu imitieren, aber es besteht noch wenig wirkliches Interesse an gemeinsamen Aktivitäten oder sozialen Beziehungen. Die Kinder können auch in der Nähe von anderen Kindern spielen, ohne dass dies ihre eigenen Spielaktivitäten beeinflusst. Parallelspiel ist bedeutend, da Kinder auf diesem Weg soziale Fähigkeiten wie Beobachtung, Nachahmung und Konzentration entwickeln.

Das *Assoziativspiel* beginnt bei Kindern im Alter von etwa drei bis vier Jahren. Während der dritten Phase des assoziativen Spiels fangen Kinder in der Nähe von anderen Kindern an, sich für deren Aktivitäten zu interessieren. Es gibt jedoch noch keine klaren Regeln oder Strukturen für das Spiel, die Interaktionen sind eher lose und spontan. Das assoziative Spiel trägt dazu bei, mit anderen Kindern zu interagieren und sich in sozialen Situationen zurechtzufinden.

Die vierte Phase ist das *Kooperativspiel*, das etwa im Alter von vier bis sechs Jahren seinen Höhepunkt findet. Jetzt erst arbeiten Kinder zusammen. Sie bestimmen und befolgen Regeln und Rollen, um ein gemeinsames Ziel zu erreichen. Kinder erfahren, wie es ist, zusammenzuarbeiten, Kompromisse einzugehen und Probleme gemeinsam zu lösen.

Die fünfte und letzte Phase des sozialen Spiels, das *Regelspiel*, findet bei Kindern ab etwa sechs Jahren statt. Nun nehmen Kinder aktiv an sozialen Interaktionen teil und nutzen das Spiel, um Beziehungen aufzubauen und aufrechtzuerhalten. Während des sozialen Spiels haben Kinder ein tiefes Interesse an der Interaktion mit anderen Kindern und suchen aktiv nach Gelegenheiten, um mit ihnen zu spielen und zu kommunizieren. Sie lernen, wie man Kompromisse eingeht, Kritik verarbeitet und Empathie und Mitgefühl entwickelt. Das soziale Interaktionsspiel ist eine wichtige Entwicklungsstufe für Kinder, da es ihnen hilft, ihre Beziehungen zu anderen Kindern zu verbessern. Es ist auch ein wichtiger Faktor, wenn es darum geht, eine positive Lernumgebung zu schaffen, da Kinder durch soziales Spiel lernen, respektvoll miteinander umzugehen und Konflikte friedlich zu lösen.

Nicht nur die Altersphasen sind von Bedeutung, sondern auch der Ablauf der Spiele, die von Kindern selbst initiiert werden.[46] Der Rhythmus der meisten Spielphasen ist ein Viervierteltakt. In der *Vorbereitungsphase* plant und organisiert das Kind sein Spiel. Es kann entscheiden, welche Spielmaterialien benötigt werden, wie das Spiel aussehen wird und wer daran teilnehmen wird. Ein zweiter Takt, die *Explorationsphase*, schließt an. In dieser Phase erkundet das Kind das Spiel näher. Es kann Regeln festlegen oder herausfinden, welche Regeln es zu befolgen gilt. Es probiert neue Spielweisen aus und macht sich mit den Spielmaterialien vertraut. In der darauffolgenden Phase beginnt das *eigentliche Spiel*, bei dem das Kind und möglicherweise auch andere Kinder ihre Rollen einnehmen und in die Aktivität eintauchen. Das Spiel kann strukturiert oder unstrukturiert sein, die Kinder können neue Regeln hinzufügen oder bestehende Regeln ändern. Im vierten Takt, der *Auflösungsphase*, nähert sich das Spiel seinem Ende, wenn die Kinder das Spiel beenden, pausieren oder die Spielmaterialien aufräumen und sich auf das nächste Spiel vorbereiten. Alle diese Phasen variieren je nach Kind und Situation. Manchmal läuft Spiel auch in einer improvisierten Weise ab, ohne dass klare Phasen oder Regeln festgelegt werden.

In meinem Arbeitsalltag verbringe ich viel Zeit in Kitas. Ich beobachte die Kinder, aber auch die Interaktion der Fachkräfte mit den Kindern und stelle immer wieder fest, dass Kinder, wenn sie ausreichend Zeit bekommen, ihr Spiel in den oben beschriebenen Phasen organisieren. Zwei typische Beispiele habe ich in letzter Zeit beobachtet.

Zwei Kinder beschlossen, ein Rollenspiel zu spielen, in dem sie Arzt und Patient spielen. Sie sammelten Spielzeugmedizin und -instrumente und legten ein paar einfache Regeln fest, wie zum Beispiel, dass der Patient den Arzt um Hilfe bitten muss und dass der Arzt dann eine Diagnose stellen und eine Behandlung empfehlen wird. Das war die Vorbereitungsphase, der sogleich die Explorationsphase folgt. Die Kinder begannen das Spiel und besprachen, wie sie ihre Rollen als Arzt und Patient darstellen. Sie überlegten, wie man einander hilft und wie man eine Diagnose stellt. Sie bereiteten Instrumente und Medizin vor, die sie im Spiel einsetzten. In der eigentlichen Spielphase nahmen sie ihre Rollen als Arzt und Patient ein und tauchten tief in ihre Aktivität ein. Der Patient beschrieb seine Bauchbeschwerden, der Arzt prüfte die Symptome und stellte die Diagnose Blinddarm. Er empfahl sogleich eine Operation. Der Patient befolgte die Anweisungen des Arztes, sich auf keinen Fall mehr zu bewegen, und ließ sich, nachdem noch zwei Krankenschwestern hinzugerufen wurden, sogleich operieren. In der Auflösungsphase wurde das Spiel beendet, als die Kinder beschlossen, dass es dem Patienten wieder gut gehe. Er wurde nach Hause geschickt, der Arzt war zufrieden.

Es gibt entsprechend viele Arten von Spielen, die Kinder selbst initiieren können. Dazu gehören neben Rollenspielen auch Brettspiele, Puzzles oder kreative Aktivitäten wie Malen oder Bauen. Ein selbst initiiertes Konstruktions- und Bau-Spiel habe ich vor Kurzem in einem Kindergarten beobachtet. Für mich waren die Selbstinstruktionen spannend, die Anton, ein fünfjähriger Junge, sich dabei gab. In der Vorbereitungsphase entschied er, dass er ein Schloss aus Bauklötzen bauen möchte. Er sammelte Bauklötze und legte sich den Plan zurecht, dass seine Burg drei Stockwerke und einen Innenhof haben soll. Während der Explorationsphase baute und experimentierte er mit verschiedenen Konstruktionstechniken und Materialien. Er stellte fest, dass manche Bauklötze besser passen als andere und dass er einen bestimmten Baustil interessanter fand. In der Spielphase vertiefte Anton sich in das Bauen der Burg und setzte seine Fantasie und Kreativität ein. Er lud zwei Freunde ein, ihm beim Bauen zu helfen, und sie versetzten sich in verschiedene Rollen hinein: König Anton und zwei Ritter. Das Spiel näherte sich dem Ende, als die Burg fertig gebaut war und alle drei beschlossen, sie abzureißen und wieder von vorne zu beginnen, weil die Burg entschieden zu klein war.

Wohlbefinden, Kreativität, Empathie

Eine Vielzahl von Untersuchungen belegt die Bedeutung des Spiels für die menschliche Entwicklung und das Wohlbefinden. Eine Studie von Burdette und Whitaker[47] aus dem Jahr 2005 zeigte, dass Kinder, die regelmäßig spielen, eine bessere kognitive Entwicklung und bessere Schulleistungen hatten als Kinder, die weniger spielen. Die Forscher beobachteten 26 Kinder im Alter von drei bis fünf Jahren und befragten ihre Eltern und Fachkräfte. Die Kinder wurden in drei Gruppen eingeteilt: eine Gruppe von Kindern, die mindestens 30 Minuten pro Tag freies Spiel hatten, eine Gruppe von Kindern, die strukturierte Aktivitäten wie Sport oder Tanz hatten, und eine Gruppe von Kindern, die weniger als 30 Minuten pro Tag spielten. Für die Untersuchung wurden standardisierte Tests verwendet, um die kognitive Entwicklung der Kinder zu bewerten, einschließlich ihrer Aufmerksamkeit, ihres Gedächtnisses und ihrer Sprachfähigkeiten. Die Ergebnisse zeigten, dass die Kinder, die mindestens 30 Minuten pro Tag frei spielten, im Vergleich zu den anderen Gruppen bessere kognitive Fähigkeiten und bessere Schulleistungen hatten.

Eine Studie von Lieberman[48] untersuchte die Rolle des Spiels bei der Entwicklung von sozialen Fähigkeiten bei Kindern. Die Forscher befragten 53 Kinder im Alter von fünf bis sieben Jahren, ihre Eltern und Lehrer, führten aber auch selbst Beobachtungen durch. Die Kinder wurden in drei Gruppen eingeteilt: eine Gruppe von Kindern, die viel spielten, eine Gruppe von Kindern, die wenig spielten, und eine Gruppe von Kindern, die nicht spielen durften. Die Forscher fanden heraus, dass die Kinder, die viel spielten, im Vergleich zu den anderen Gruppen bessere soziale Fähigkeiten hatten, einschließlich der Fähigkeit, Zusammenarbeit zu üben, Konflikte zu lösen und Empathie zu zeigen.

Spielen wirkt sich auch bei Erwachsenen positiv auf die Stressbewältigung und das Wohlbefinden aus, wie eine Studie von Wiese-Bjornstal[49] und anderen herausfand. Die Forscher befragten 210 Personen im Alter von 18 bis 65 Jahren und sammelten Daten durch Umfragen und Fragebögen. Die Ergebnisse zeigten, dass Menschen, die regelmäßig spielen, im Vergleich zu Menschen, die das weniger oft tun, eine bessere Stressbewältigung und ein besseres Wohlbefinden hatten. Die Wissenschaftler fanden auch heraus, dass das Spielen auch bei Erwachsenen dazu beitragen kann, die emotionale Regulation zu verbessern, die Kreativität zu fördern und die Bindung zu anderen Menschen zu stärken.

Besonders spannend sind die Auswirkungen des Rollenspiels auf die kreativen Fähigkeiten von Kindern im Vorschulalter. Eine Studie von Hwang und Hughes[50] aus dem Jahr 2010 ergab, dass diese besondere Form des Spiels dazu beitragen kann, die kreativen Fähigkeiten von Kindern zu verbessern und ihnen die Fähigkeit zu geben, innovative Lösungen für Probleme zu finden. Die Forscher rekrutierten 76 Kinder im Alter von drei bis fünf Jahren und teilten sie zufällig in zwei Gruppen ein: eine Gruppe von Kindern, die Rollenspiele spielen sollten, und eine Kontrollgruppe von Kindern, die eine andere Aktivität ausübten. Die Kinder in der Rollenspielgruppe wurden in Rollenspiele eingeführt und ermutigt, ihre eigene Fantasie zu nutzen, um die Rollen zu spielen. Die Forscher führten Beobachtungen und Interviews durch, um das Spielverhalten der Kinder zu bewerten, und verwendeten standardisierte Tests, um die kreativen Fähigkeiten der Kinder zu beurteilen. Die Ergebnisse der Studie belegten, dass die Kinder in der Rollenspielgruppe im Vergleich zur Kontrollgruppe signifikant höhere kreative Fähigkeiten hatten. Insbesondere zeigten die Kinder in der Rollenspielgruppe eine höhere Fähigkeit zur Ideenbildung, sie waren flexibler im Denken und fanden originellere Lösungen für Probleme. Die Fähigkeit zur Ideenbildung und Flexibilität im Denken ist bereits im frühen Alter vorhanden.

Auch Mitgefühl kann schon bei sehr jungen Kindern beobachtet werden. In der Babyforschung wurde dazu ein Experiment mehrfach durchgeführt, und verschiedene Wissenschaftler konnten die Ergebnisse replizieren, also wiederholen, was bedeutet, dass es sich nicht um Zufallsbefunde handelt. Babys wurde ein Theaterstück gezeigt, in dem eine geometrische Form, beispielsweise ein Viereck, mühsam einen Berg hinaufgeht, aber oben von einer anderen geometrischen Form, einem Kreis, heruntergestoßen wird. Am Ende des Experiments durften die Babys einen der beiden Gegenstände auswählen und entschieden sich für das Viereck, das »Opfer« des Theaterstücks. Hilft ein Dreieck, das hinzugefügt wird, dem Viereck beim Aufstieg und wirkt als Unterstützer, wählen die Babys das Dreieck aus. Klar zu erkennen ist, dass die Helfer die meiste Sympathie erhalten, zumindest bei Kindern unter einem Jahr. Möglicherweise werden Menschen mit einem moralischen Bewusstsein geboren, das im Laufe des Lebens wieder verloren geht. Denn wenn man diesen Versuch mit Kindern macht, die älter als zwei Jahre sind, entscheiden sich nur noch 50 Prozent der Kinder für den dreieckigen Helfer. Es stellt sich die Frage, warum das so ist, denn Kinder in diesem Alter spielen noch nicht miteinander. Sie beobachten aber das Spiel der anderen und lernen. Von Lerntheorien werde ich im zweiten Teil ausführlich sprechen. Hier schon mal so viel: Bereits Aristoteles wusste, dass unser menschliches Handeln zu einem großen Teil auf Nachahmung basiert. Auf diese Weise lernen Kinder Neues hinzu. Durch Beobachtung entstehen innere Geschichten bei Kindern. Es werden sogar ganze Theaterstücke, weil wir Kindern vorleben, wie wir denken und handeln. Kinder beobachten uns und ahmen unser Verhalten nach, sie gehen in Resonanz und lernen nach und nach Gefühle kennen. Erst die der anderen, dann mehr und mehr ihre eigenen.

Die Studien mit den Babys zeigen, dass Menschen von Anfang an ein moralisches Bewusstsein haben und sich für das Opfer in einer Situation einsetzen. Es scheint jedoch, dass dieses Bewusstsein im Laufe des Lebens abnehmen kann, wenn Kinder älter werden, weniger von anderen lernen und stattdessen mehr von kulturellen Einflüssen beeinflusst werden. Gerade deshalb ist es wichtig,

Kindern ein gutes Vorbild zu sein und sie durch unsere Handlungen und Verhaltensweisen zu lehren, wie man mitfühlend und empathisch handelt. Eine Möglichkeit, Kinder das zu lehren, besteht darin, die Entwicklung des präfrontalen Kortex durch entsprechende Erziehung und Verhaltensweisen zu fördern. Unser Gehirn hat verschiedene Bereiche, die für unterschiedliche Verhaltensweisen zuständig sind, und diese können durch äußere Einflüsse wie Erziehung und Vorbilder beeinflusst werden.

Der präfrontale Kortex, also das Stirnhirn, reguliert die Gefühlskontrolle, die Steuerung der Aufmerksamkeit und der Gedanken, die Hemmung konfliktträchtiger Handlungen, die Wirklichkeitsprüfung und die Fehlerkontrolle.[51] Kinder lernen bereits früh und besonders während des Spielens, dass die Impulse des Gehirns stärker sind als ihre Reflexe. Sie lernen, manchmal funktioniert alles nicht so, wie sie es sich ausgedacht haben. Dann reagieren sie, je nach angeborenem Temperament, mehr oder weniger impulsiv. Menschen können Impulse nicht kontrollieren, wenn sie unter Stress stehen, weil das Stirnhirn unter Stress nicht gut arbeiten kann. Funktioniert bei extremem Stress schließlich auch das limbische System, das unsere Gefühle macht, nicht mehr, sondern nur noch das Stammhirn, dann können Kinder nur noch erstarren, weglaufen oder angreifen.[52] Werden Kinder also wütend und zeigen aggressives Verhalten, ist es wenig sinnvoll, sie zusätzlich durch Befehle oder Ermahnungen unter Druck zu setzen. Vielmehr ist es laut aktuellen psychologischen Erkenntnissen wichtig, Kinder in diesen Momenten zu begleiten und ihnen zu zeigen, wie sie ihr Stirnhirn wieder aktivieren können. Und genau das üben Kinder, wenn wir es ihnen mehrmals gezeigt haben, am besten selbst, indem sie mit anderen spielen und sich immer wieder selbst regulieren, indem sie »im Spiel« alle möglichen Umgangsformen mit Wut, Streiten und Versöhnen ausprobieren. So lernen beispielsweise schon einjährige Kinder, dass sie ihren Greifreflex überwinden können, und werfen deshalb Gegenstände aus dem Kinderwagen hinaus. Sie tun das immer wieder und zwar genau so lange, bis sie sich ganz sicher sind, dass alles, was sie werfen, auch garantiert nach unten fällt. Sie prüfen eine intuitive physikalische These. Wir nennen das Spiel oder – je nach Wissensstand, Stresslevel und individueller Geduldausprägung – leider auch manchmal Provokation, was es niemals ist. Sondern lernen.

Sofortmaßnahmen für Eltern

Lassen Sie Kinder spielen, spielen und noch einmal spielen, zu Hause und in der Kita. In einer guten Kita kommen Kinder an einen für das freie Spiel vorbereiteten Ort und können wählen, was sie mit wem wo und wie lange spielen. Die Fachkräfte stellen verschiedene Umgebungen und Materialien zur Verfügung, begleiten die Kinder beim Spiel und beobachten sie dabei. Spielen ist ein wichtiger Bestandteil des pädagogischen Konzepts in allen Kitas, denn Kinder haben ein Recht auf Spiel. Das ist in Artikel 31 der Kinderrechtskonvention der Vereinten Nationen verankert. Zudem trägt dieses Recht dazu bei, Benachteiligung zu beseitigen, indem es Kinder in die Lage versetzt, ihre Potenziale vollständig zu entfalten. Wichtig ist, dass Kinder das Recht auf Spiel in vollem Umfang genießen können, ohne dass ihre Sicherheit oder Gesundheit gefährdet werden.

Kitas und die Gesellschaft insgesamt haben eine Verantwortung, dafür zu sorgen, dass Kinder ihr Recht auf Spiel ausüben können, indem sie sichere und geeignete Spielumgebungen bereitstellen und Kinder vor Gewalt und Ausbeutung schützen. Das hört sich selbstverständlich an, ist es aber leider nicht. Eltern machen sich oft Sorgen, dass das Lernen zu kurz kommt, wenn Kinder viel spielen. In der derzeitigen Situation in Kitas, in der es kaum möglich ist, Kinder individuell zu fördern, ist es definitiv das Beste, was Ihrem Kind passieren kann, wenn es seine Zeit spielend in einer reichhaltigen Umgebung verbringt und ein möglichst stressfreies Leben hat.

Insgesamt ist Spielen ein unverzichtbarer Teil im Leben aller Kinder und nimmt eine dementsprechend tragende Rolle ein, wenn es darum geht, die gesamte Entwicklung zu fördern. Legen Sie großen Wert auf eine vielfältige Auswahl an Materialien und Aktivitäten, die Ihr Kind jeden Tag genießen kann, und verzichten Sie auf einen Vergleich mit verschulten Kitas. Lassen Sie Ihr Kind matschen und klettern. Lassen Sie es viele musische, fantasievolle, kreative und soziale Erfahrungen machen und vertrauen Sie erfahrenen Fachkräften, die ihr Bestes geben, um Ihrem Kind eine gute Zeit in der Kita zu ermöglichen.

Spielzeuge und Lebenskunst

Im Umgang mit Dingen, auch mit Spielsachen, lernen Kinder, dass Fantasie- und Modellwelten entstehen können. Sie lernen, wie die Welt funktioniert, dass Legosteine verstauben, wenn sie nicht benutzt werden, oder Puppen kaputtgehen können. Sie lernen, wie man eine Tür öffnet, ein Brot mit Butter bestreicht oder seine Schnürsenkel bindet. Anders ausgedrückt: Sie erkunden die Welt der Dinge. Das Beste, was wir tun können, ist, ihnen einen möglichst großen Erfahrungshorizont dafür zu bieten. Kinder lernen durch Objekte auch Vertrauen. Ein Objekt ist ein widerständiger Gegenstand, der nicht plötzlich in tausend Stücke zerfällt, sondern auch noch morgen und übermorgen existiert – ein Stück verlässliche Gegenwart und Zukunft, wie der Schmusebär, an den sich das Kind abends kuscheln kann. Spielzeug hat also eine wichtige Funktion, wenn es darum geht, dass sich ein Kind aufgehoben fühlt. Leider ist der Lebenszyklus von Spielwaren unglaublich kurz. Auf Spielwaren-Messen fällt auf, dass sich die Industrie dauernd Neues ausdenkt und die Qualität zunehmend schlechter wird. Kindern wird, weil sie ständig lernen, schnell langweilig. Sie wollen immer wieder etwas Neues kennenlernen, ausprobieren und haben – kaum eine Branche hat daher so schnelle Lebenszyklen wie die Spielwarenindustrie. Dies erschwert die Arbeit von Menschen, die Spielwaren entwickeln.

Überall schießen immer wieder neue Produkte wie Pilze aus dem Boden, die meines Erachtens nicht immer in die richtige Richtung gehen. Bälle, die Kindern sagen, in welche Richtung man sie werfen soll, rauben jedem Ballspiel den letzten Funken Planung. Der Sinn des Ballspielens ist, dass Kinder nicht nur ihre Muskeln bewegen, sondern sich überlegen, was sie tun und wem sie den Ball zuwerfen. Spielen bedeutet, dass Kinder ausprobieren, wie man miteinander spielt. Wenn Spielzeug so gebaut ist, dass es das Denken einschränkt, dann ist es möglicherweise nur eine technische Neuheit in Kombination mit einem alten Ball, aber kein besseres Spielzeug.

Eltern sind täglich mit der Frage nach altersentsprechendem Spielzeug konfrontiert. Konsens ist, dass sehr junge Kinder keine Bildschirme benötigen. Die Welt, mit der Kinder spielen sollen, muss die richtige Welt sein, sie muss widerständig sein, sie muss erfahrbar, greifbar sein, ganzheitlich erlebt werden können. Kleine Kinder brauchen alle Sinneskanäle, nicht nur Sehen und Hören, sondern auch Tasten, Riechen und Schmecken.[53] Einige Methoden der Gehirnforschung zeigen, was das Spielen in Gehirnen von Säugetieren auslöst. Wenn man beispielsweise Mäuse beobachtet, die spielend miteinander im Käfig interagieren, und untersucht, was im Gehirn der Tiere passiert, dann lässt sich nachweisen, dass während des Spiels Neuronenwachstum stattfindet.[54] Wissenschaftler messen optisch, wie dicht das gesamte Gewebe vor und nach dem Spielen ist. Das trifft entgegen vieler elterlicher Befürchtungen sogar für Videospiele zu. Eine aktuelle Studie konnte zeigen, dass der IQ jugendlicher Fans von Computerspielen im Durchschnitt höher ist als der ihrer weniger Gaming-affinen Altersgenossen.[55] Zudem ist es möglich, die Messenger-RNA des *Brain Derived Neurotrophic Factor* zu untersuchen.[56] Diese Substanz, die aus dem Gehirn kommt und für das Neuronenwachstum sorgt, wird mithilfe von Nukleinsäuren erzeugt, die aus dem Zellkern kommen. Sie übersetzt die genetische Nachricht und bringt sie in die Zelle, um dann den Eiweißkörper für die RNA, die Ribonukleinsäure, zu bilden. Bei der Analyse dieser Messenger-RNA zeigt sich, dass das Neuronenwachstum beim Spielen ansteigt. Ein klares Ergebnis dafür, dass im Spiel nicht nur kognitive Funktionen, sondern auch emotionale und soziale Funktionen eingeübt werden. Dieses Üben führt dazu, dass das Gehirn sich immer besser vernetzt. Je öfter wir etwas tun, umso stärker wird das neuronale Netzwerk, das diese Fähigkeiten abbildet, und umso leichter und effektiver können wir diese Handlung abrufen. Nichts anderes steckt hinter dem Sprichwort »Übung macht den Meister«.

Spielen lässt Kinder Abläufe immer wieder ausüben, ohne dass sie sich dessen bewusst sind. Durch Spielen erschaffen sich Kinder und Erwachsene mit ihrer Fantasie beflügelnde Erfahrungen. Spielzeuge sind nichts anderes als Hilfsmittel für diese Erfahrungen. Die Inspiration für ihr Spiel finden Kinder in der Beobachtung der Welt und der Erwachsenen. Nachahmung, ich wiederhole mich, weil dieses Faktum von so großer Bedeutung ist, ist ein wichtiges Element beim spielerischen Erwerb von Wissen, ebenso wie die Fähigkeit, an dieser Nachahmung bestimmte Veränderungen vorzunehmen, um sie an eigene Bedürfnisse und Ressourcen anzupassen. Kinder schauen sich bestimmte Verhaltensweisen ab und erproben sie dann. Anhand der Ergebnisse verändern sie einige Bestandteile oder verwerfen Strategien ganz, wenn sie sich nicht als nützlich erweisen.[57] Spielen ist ein wichtiger Teil unseres Menschseins und eine wichtige Eigenschaft, die uns auszeichnet.

Daher ist es sehr wichtig, dass wir die Bedeutung des Spiels noch viel mehr in den Fokus der Bildung bringen, dass wir Kinder spielen lassen und dafür sorgen, dass sie die richtige Spielumgebung und das richtige Spielzeug haben.[58]

Einige Menschen mit pädagogischem Fachverstand sehen es als sinnvoll an, Kinder einfach spielen zu lassen, anstatt ihre Entwicklung durch Fördermaßnahmen zu beeinflussen. Junge Kinder brauchen keinen Unterricht und keine Förderprogramme.

Das zeigt das Beispiel von André Stern. Er ist ein sehr erfolgreicher Buchautor, Musiker und Gitarrenbauer. In seinem Bestseller »Ich war nie in der Schule« betont er, so erfolgreich geworden zu sein, weil er sein Leben lang gespielt hat.[59] Er weist darauf hin, dass er eine Ausnahme bildet, obwohl das, was er erlebt hat, das Natürlichste ist, was überhaupt geschehen kann. Stern berichtet über eine neue Haltung, die überall umsetzbar ist, zu Hause, in der Kita, in der Schule, im Krankenhaus oder auf der Straße, wenn man Kindern nur volles Vertrauen schenken würde und sie nicht verwundet, indem man sie in Formen presst, in die sie nicht passen. Stern zufolge tragen wir alle ein verletztes Kind in uns, ein Kind, dem eines Tages gesagt worden ist, und zwar recht früh im Leben: »So wie du bist, bist du nicht okay, so wie du bist, bist du nicht in Ordnung. Du musst dich erst verändern, um zu gefallen und den Erwartungen zu entsprechen, die ich und die Gesellschaft an dich richten.«[60] Diese verletzenden Diskriminierungen fangen bereits an, wenn wir Kindern nonverbal das Gefühl geben, dass wir es mehr lieb hätten, wenn es früher schlafen gehen würde. Stern ist der Ansicht, diese Diskriminierungen würden ein Leben lang fortgesetzt, weil Eltern und Fachkräfte in Kitas Kindern immer wieder aufzeigen, dass sie so, wie sie sind, nicht ok sind.

Kinder beherrschen die nonverbale Kommunikation sehr gut und prägen sich ihre Erfahrungen ins Gedächtnis ein. Jean Piaget und Bärbel Inhelder haben in ihrem Buch »Gedächtnis und Intelligenz«[61] gezeigt, dass die Erfahrungswelt bei der Verbesserung der Erinnerung eine wichtige Rolle spielt. Das logische Gedächtnis, das etwas erkennen kann, das bereits früher wahrgenommen wurde, verdeutlicht den Zusammenhang von Gedächtnis und Intelligenz.[62] Unsere Erfahrungen prägen unsere Erinnerung. Auch wir Erwachsenen hören jeden Tag mehrere Male, was wir alles verändern müssten, um den Erwartungen, woher sie auch stammen mögen, zu entsprechen. Als ob das nicht schlimm genug wäre, sehen sich viele von uns heute noch immer mit den Augen, mit denen wir im Kindesalter angesehen wurden. Unsere Vorstellung und unser Selbstverständnis werden durch den Blick bestimmt, mit dem wir beurteilt wurden, als wir Kinder waren. Diese Kritik schleppen viele von uns als Kindheitserbe mit sich herum. Ich denke, das darf sich ändern. Wir können das ändern, indem wir Kinder spielen lassen und das Spiel nicht bewerten mit Aufforderungen wie »Spiel schön!«, was oft bedeutet, »Spiel anders«, beispielsweise leiser, ohne zu toben oder ohne vermeintliche Unordnung zu machen.

Die Diskrepanz zwischen dem, was Kinder über sich denken, und dem Gefühl, das ihnen von der Gesellschaft oft vermittelt wird, ist sehr groß. Kinder glauben von sich, dass sie neugierig sind, dass sie alles wissen und erreichen können. Sie haben Selbstvertrauen und das Gefühl, dass sie vollständig existieren. Die Gesellschaft sagt Kindern aber kontinuierlich, dass sie noch nichts sind und erst noch etwas werden müssen, sich durch die Erziehung und den Unterricht entwickeln und größer werden. Der Gedanke, dass wir im Hier und Jetzt noch gar nichts sind, zerreißt uns innerlich. Wir müssen eine Lösung finden, weil wir zu sehr leiden. Die einzige Lösung, die wir sehen können, ist die Balance zu suchen, indem wir uns selbst auch sagen, dass wir erst noch etwas werden müssen. Dieses »Werden-Müssen« wird laut Stern zu einer Obsession – wir sind die ganze Zeit damit beschäftigt, etwas zu werden, haben aber keine Zeit mehr, etwas zu sein.[63] Was passiert dadurch mit unseren Kindern? Sie haben keine Zeit mehr, sie selbst zu sein, weil wir von ihnen erwarten, dass sie »größer« werden. Wenn wir an unsere Kinder den Anspruch haben, ständig Fortschritte zu machen, dann beschäftigen wir sie mit dem »Werden« und unterbrechen ihren momentanen Zustand. Der Blick, wie wir uns selbst sehen, bestimmt zudem, wie wir unsere Kinder sehen, denn wir kennen nichts anderes. So wie wir behandelt wurden, behandeln wir auch unsere Kinder. In unserer Gesellschaft haben wir Spielen und Lernen voneinander getrennt und das Spiel dem Lernen untergeordnet, obwohl es für alle Menschen eine große Bedeutung hat. Oft ist noch immer zu hören, dass Kinder vor allem Grenzen, Regeln und Disziplin benötigen – obwohl die Wissenschaft längst bewiesen hat, wie unvollständig diese Sichtweise ist. Was es für eine kindgerechte Entwicklung braucht, ist ausreichend Gelegenheit zum freien, nicht angeleiteten Spiel.

Sowohl in der Familie als auch in Kitas wird das Spiel häufig und beliebig unterbrochen. Da dies zur Normalität gehört, wirkt es auf Kinder wie eine Regel, die ein fester Bestandteil des Zusammenlebens ist. Sie lernen, dass Spielen unwichtig ist, dass ihre Interessen unwichtig sind. Doch es geht noch schlimmer – Eltern und Fachkräfte zweifeln an Kindern, ob sie bei einem langen Spiel nicht doch irgendwann Grenzen und Regeln benötigen, ob sie nicht schon lange genug gespielt haben und jetzt was »Richtiges« tun sollen oder wenigstens was anderes spielen. Oft ist es uns nicht möglich, uns selbst Zeit zum Spielen zu nehmen, aber wir sollten sie wenigstens unseren Kindern lassen. Spielen sollte nicht länger mit Müßiggang, Disziplinlosigkeit, fehlender Ernsthaftigkeit oder sogar mit Zeitverschwendung gleichgesetzt werden, denn solange wir als Gesellschaft auf diese Weise über das Spielen denken, wird es uns schwerfallen, Kindern die optimale Spielerfahrung zu ermöglichen.

Fantasie ist uns angeboren. Ein Kind ist fähig, in einem Stück Holz ein Motorrad zu sehen. Pädagogisch wertvolle Spielzeuge sind meines Erachtens eher das Ende des Spiels, weil eine Absicht dahintersteht, dass das Kind etwas Bestimmtes damit tun soll.

Kinder spielen jedoch nicht, wie es vorgesehen ist, sondern haben mehrere Verwendungen für ein Spielzeug. Sie brauchen keine kindgerechten Spielsachen, sondern möglichst naturgetreue Nachahmungen dessen, was sie im realen Leben sehen. Diese Nachahmungen lassen sie in ihre Welt einfließen.[64] In einer Haltung des Vertrauens können wir uns mit dem Kind über das Spiel freuen und der Spielzeugindustrie gelegentlich eine Absage erteilen, weil Kinder ihre Spielzeuge selbst kreieren, aus Dingen, die sie in der Natur finden, oder einfach mithilfe der eigenen Fantasie. Spielen ist für Kinder wie Atmen, eine Notwendigkeit. Ein Kind, das durch ein Spiel gepackt wurde, ist ein Vorbild in Sachen Ausdauer, denn es kann sich stundenlang mit etwas beschäftigen und ist dabei fähig, über die eigenen Grenzen hinauszuwachsen wie kein Erwachsener.[65]

Kinder wissen erst dann, wie es ist, auf einen Baum zu klettern, oder ob sie eine besondere Begabung haben, wenn sie es spielerisch ausprobiert haben. Wenn wir ihnen jedoch erklären, dass sie auf den Baum klettern müssen, um zu sehen, ob sie es können, dann wird das Spiel zur Pflicht.[66] Das Besondere am Spiel ist eben, dass niemand jemanden zu etwas zwingt. Durch das Spiel entfernen wir uns von unserer rationalen Sichtweise als Subjekt, schlüpfen in eine Rolle und lassen das Leben passieren.

Genetische Programme sorgen dafür, dass beim Kind ein Übermaß an Neuronen hergestellt wird, die sich in rasender Geschwindigkeit verknüpfen. Diejenigen Verknüpfungen, die sich bewähren und Bedeutung erhalten, werden stabilisiert und immer größer, die anderen lösen sich auf. Ein Beispiel dafür sind lebenswichtige Bewegungsmuster. Bereits vor dem Laufenlernen erkundet ein Kind Bewegungsmuster und findet heraus, wie Bewegungen am besten funktionieren. Es ahmt schließlich nach, sich wie andere Menschen auf die Beine zu stellen. Laufen zu lernen ist für jedes Kind ein individueller Prozess, der nicht unterrichtet, sondern nur erkundet werden kann. Die Erkundung des Potenzials bildet die Basis des Lernens – auf diese Weise lernen wir alles: Laufen, Sprechen, Singen, Tanzen und Kaffee kochen.

Viele Menschen versuchen unentwegt zu funktionieren, und arbeiten ihre täglichen Aufgaben ab. Sie arbeiten auch ihren täglichen Plan an ihren Kindern ab. Deren Leben hat dann nichts Spielerisches mehr, sondern das Kind wird als Objekt der eigenen Absichten und Ziele benutzt und kann sein Leben nicht aus sich selbst heraus gestalten. Durch Ausprobieren und Spielen sind Kinder in der Lage, Stärken und Begabungen zu erkennen, die nicht im musischen, intellektuellen oder sportlichen Bereich liegen, wie Eltern sich das oft vorstellen. Es verletzt die Seelen der

Kinder, wenn sie realisieren, dass sie etwas werden sollen, was sie nicht sind und nicht sein möchten. Kinder haben unterschiedliche Begabungen, einige können auf besondere Weise pfeifen, andere können gut klettern oder haben eine ausgeprägte soziale Kompetenz, weil sie beispielsweise in einer Großfamilie aufgewachsen sind. Ich beschreibe im zweiten Teil des Buches näher die neun Intelligenzen von Gardner – es ist doch seltsam, dass die einen mehr wert zu sein scheinen als die anderen. Wir sollten also die Prämissen hinterfragen, die uns durch die Gesellschaft gesetzt werden und nach denen wir so schnell und effizient wie möglich funktionieren. Der Veränderungsprozess, in dem wir uns seit einigen Jahrzehnten befinden, wird immer deutlicher erkennbar – es gibt jedoch auch immer wieder Rückschritte, denn es ist zunächst eine Herausforderung für eine Gesellschaft, auf eine neue Art miteinander zu leben und umzugehen. Gesellschaftsmitglieder, die sich selbst mit Würde und Toleranz betrachten, haben es geschafft, traditionelle und hierarchische Ordnungsprinzipien zu überwinden. Aktuelle Entwicklungen auf der Erde zeigen deutlich, wir benötigen einen inneren Kompass, der uns hilft, unser Menschsein nicht zu verlieren und verträgliche Wesen zu bleiben.

Eine sozialverträgliche Gemeinschaft mit den besten Entwicklungs- und Entfaltungschancen für alle kann nur funktionieren, wenn Menschen sich nicht gegenseitig zum Objekt machen und auch sich selbst nicht zum Objekt machen lassen. Mit Teamgeist und durch spielerisches Ausprobieren können wir von Kindern lernen, unsere Potenziale in einem höheren Maß zu nutzen, weil wir auf spielerische Art schneller bessere Möglichkeiten finden, die bisher für unmöglich gehalten wurden. Dadurch kann zudem der Erfolg von Kita-Teams gesteigert werden. Die Freude am Lernen ist die Freude am spielerischen Entdecken.[67]

Sofortmaßnahmen für Kitas

Spielerisches Entdecken ist das Stichwort auch für Kita-Teams. Gerade wenn der Stress groß ist und die Fluktuation in Teams an der Tagesordnung, sind Teambuilding und Teambindung mit Freude bedeutungsvolle Aspekte für den Erfolg. Eine gute Teamdynamik kann die Motivation, Kommunikation und Zusammenarbeit verbessern und dazu beitragen, dass die Mitglieder ein starkes Gefühl der Verbundenheit und Zusammengehörigkeit entwickeln.[68] Um das zu fördern, sollten Teams auf spielerische, witzige und unterhaltsame Aktivitäten zurückgreifen, die ihnen die Gelegenheit geben, sich besser kennenzulernen und vom anstrengenden Alltag zu entspannen.

Hier sind ein paar Ideen für Sie: Organisieren Sie einen gemeinsamen Ausflug, z. B. eine Wanderung, einen Paintball-Tag oder eine Bootstour. Veranstalten Sie ein gemeinsames Kochevent, bei dem das Team gemeinsam kocht und isst. Spielen Sie Teambuilding-Spiele, die darauf abzielen, dass Sie zusammenarbeiten müssen, um eine Aufgabe zu lösen – kennen Sie Escape Rooms? Veranstalten Sie eine gemeinsame Kunst- oder Handwerksaktivität, bei der das Team kreativ sein und etwas produzieren kann. Planen Sie gemeinsame Freizeitaktivitäten wie Kino- oder Restaurantbesuche.

Gemeinsame und freudvolle Teamaktivitäten sind wichtige Konzepte in der Organisationspsychologie und im Human Ressources Management.[69] Sie beziehen sich auf die Fähigkeit eines Teams, effektiv zu kooperieren und starke Beziehungen aufzubauen, um gemeinsame Ziele zu erreichen. Eine gute Teamdynamik kann zu einer Verbesserung der Kommunikation, Koordination und Zusammenarbeit führen, was wiederum zu einer höheren Motivation, besseren Leistungen und einer besseren psychischen Gesundheit der Teammitglieder beitragen kann. Gemeinsame Aktivitäten helfen, dass Sie ein besseres Verständnis für die Stärken und Schwächen Ihrer Kolleginnen und Kollegen entwickeln und lernen, wie diese besser miteinander arbeiten können, um gemeinsame Ziele zu erreichen. Es gibt eine Vielzahl von wissenschaftlichen Studien, die die Bedeutung von Teambuilding und

Teambindung unterstützen und zeigen, dass Spiel und Spaß die Ernsthaftigkeit professioneller Arbeit fördern.

Sind Smartphone-Kinder smart?

Neue Technologien machen rasante Fortschritte und bringen Kinder mit verschiedenen Gadgets und Smartphones in Berührung, die eine Vielzahl von leicht zugänglichen Spielanwendungen bieten.[70] Kinder wachsen als Digital Natives mit digitaler Technologie auf und beziehen sie selbstverständlich in ihre Spielerfahrungen mit ein. Die Fähigkeiten, die sie dabei in kürzester Zeit erwerben, sind erstaunlich. Mehrere Studien belegen, dass ein Kind in jungem Alter von etwa zwei Jahren bereits in der Lage ist, ein Tablet, Smartphone oder ein anderes Gadget zu bedienen. Die meisten Familien in Deutschland und anderen Ländern haben Tablets, Computer und Smartphones in ihrem Haushalt. Zahlreiche zweijährige Kinder nutzen das Internet jeden Tag. Das bedeutet, die unendlichen Fortschritte der Technologie müssen richtig genutzt werden. Kinder mögen Tablets und Gadgets, denn es gibt viele Spiele, die bei Kindern sehr beliebt sind. Allein durch die Installation einer Anwendung kann das Kind dann alles spielen – viele Kleinkinder laden sich Spiele-Apps bereits selbstständig aus dem Internet herunter, weil sie herausgefunden haben, wie es funktioniert und dass das Internet ein unendliches Angebot an Spielen bietet.

Wenn man Kindern jedoch ungeeignete Spiele gibt, kann das fatale Folgen haben und süchtig machen, insbesondere wenn elterliche Kontrolle fehlt oder wenn das Spielen als Flucht vor dem Alltag genutzt wird. Viele Eltern nutzen Gadgets als Lösung, wenn ihr Kind unglücklich ist und weint. Ich denke, es ist keine besonders gute Idee, Kinder mit dem Smartphone zu trösten, aber vielleicht bin ich auch aus einer anderen Generation und sehe so manche Entwicklung zu kritisch. Computerspiele allerdings können die Konzentration von Kindern zentrieren, die kognitive Arbeit anregen und sich positiv auf Kinder mit ADHS auswirken[71], wie eine Studie an der Universität von Queensland zeigt. Deshalb versuchen die beiden Forscher Qaulan Raniyah und Amir Syamsudin, ein Lernspiel zu entwickeln, das ADHS-Kindern regelmäßig zur Verfügung gestellt wird, um zu sehen, wie es sich auf die Konzentration der Kinder auswirkt und wie wirksam der Einsatz dieser besonderen Lernspiele bei Kindern mit ADHS-Symptomen ist.[72]

Beim Lernen von Buchstaben und Zahlen nutzen schon jetzt viele Kita-Kinder begeistert Tablets und Smartphones, weil sie sich vertraut anfühlen und sie aufbauend auf ihren Erfahrungen schnelle Erfolge haben. Die Wiederholungen aus dem Gedächtnis, das Wiedererkennen und die Erfolgserlebnisse wecken das Interesse bei Kindern und steigern ihre Aufmerksamkeit.[73] Kinder staunen über die vielen bunten und beweglichen Bilder. Die Gefahr ist groß, dass das freie, ursprüngliche Spielen zu einer Nebenbeschäftigung verkommt, weil es auf den ersten Blick weniger erstaunlich ist. Der Philosoph Ludwig Wittgenstein verglich die philosophische Praxis des Staunens über die Welt und die Suche nach Antworten mit dem Spielen von Kindern. Beides ist von Neugier getrieben.[74] Philosophische Erkenntnisse und wissenschaftliche Studien zeigen, dass es uns Freude bereitet, selbstständig, aus eigener Neugier heraus, Erfahrungen zu sammeln. Unsere Gedankenwelt ist nichts Feststehendes oder Regelgeleitetes, sondern entwickelt sich entsprechend unserer Erfahrungen und unserer Möglichkeiten. Kinder und Erwachsene erfahren und erleben gerne Neues. Dabei gibt es viele verschiedene Wege, Erfahrungen zu sammeln. Entscheidend ist der Rahmen, in dem diese Erfahrungen gemacht werden. Wir als Gesellschaft müssen uns der unbequemen Frage stellen, ob die Betreuung in Kitas und in den Tagespflegen diesen Anforderungen gerecht wird und wie wir das System der außerfamiliären Betreuung im Sinne unserer Kinder verbessern können.

TEIL 2

Bildung – Lernen und aufblühen

3. Wie funktioniert Entwicklung? – Theoretische Hintergründe und frühpädagogische Konsequenzen

Alles im Leben hat seine Zeit –
diese Weisheit gilt insbesondere für die Kindheit,
denn jedes Kind hat das Recht auf sein
individuelles Entwicklungstempo.

Vermutungen darüber, wie Kinder lernen und sich entwickeln, sind untrennbar mit bestimmten Menschenbildern verbunden. Lange glaubte man, dass lehrende Erwachsene immer mehr wissen als Kinder. Deren Aufgabe es war, passiv aufzunehmen und zu verarbeiten, was ihnen die Großen anboten.[1] Dieses Menschenbild sieht ein Kind als Tabula rasa, als eine leere Fläche, die es gewissermaßen zu »beschreiben« gilt.

Im 20. Jahrhundert standen sich zwei Menschenbilder gegenüber – zum einen das mechanistische und zum anderen das organismische. Mechanistische Menschenbilder gehen davon aus, dass der Mensch extrinsisch, also von außen gesteuert ist. Die Meinung, Kinder würden ausschließlich durch Verstärkung lernen, sprich über Belohnungen und Bestrafungen etwa von Eltern und Fachkräften, findet sich auch heute noch, überwiegend in autoritären Strukturen.

Demgegenüber stehen organismische Sichtweisen auf das Kind, wie sie im Kognitivismus, aber auch im Sozialkonstruktivismus zu finden sind. Im Kognitivismus wird das menschliche Gehirn als ein Computer betrachtet, der Informationen aus der Umwelt aufnimmt, verarbeitet und speichert. Der Sozialkonstruktivismus hingegen sagt, dass Wissen und Bedeutung durch soziale Interaktion und Kommunikation mit engen Bezugspersonen, aber auch anderen Menschen konstruiert werden. Er untersucht die Wechselwirkungen des lernenden Kindes mit der Umwelt. Ein wichtiger Unterschied zwischen diesen beiden Theorien besteht also darin, dass der Kognitivismus die individuelle Verarbeitung von Informationen betont, während der Sozialkonstruktivismus darauf abzielt, die sozialen und kulturellen Bedingungen zu verstehen, unter denen Wissen vermittelt wird und Bedeutungen entstehen. Beide Theorien vertreten vor allem eins: Wenn Kinder lernen, nehmen sie nicht einfach passiv Informationen auf. Individuelle Faktoren und soziale Kontexte, also die Umwelt, beeinflussen die Art und Weise, wie Kinder sich Wissen aneignen. Für Sie als Eltern vor allem von Kindergartenkindern ist es wichtig, diese Theorien zu kennen, um zu verstehen, wie Ihr Kind lernt und wie Sie es am besten unterstützen. Sie können beispielsweise Spiele und Aktivitäten anbieten, die verschiedene Fähigkeiten fördern, und darauf achten, dass Ihre Kinder positive Interaktionen mit anderen Menschen haben, um ihre Sprachkenntnisse und ihr soziales Verhalten zu verbessern.

Heute wissen wir, Kinder dürfen und sollen sich selbst bilden. Erwachsene nehmen Rücksicht auf die kindlichen Bedürfnisse und respektieren die Individualität des Kindes, das sich mit dem sozialen Umfeld in einem engen Austausch befindet. Zuweilen hält sich allerdings bis heute hartnäckig die Überzeugung des Philosophen und Soziologen Arnold Gehlen (1904–1976), das Kind sei ein »Mängelwesen«, und das nicht nur in autoritären Milieus. Noch immer glauben viele Menschen, dass sich aversives Lernen, also Vermeidungslernen, bei dem psychische und physische Gewalt zum Einsatz kommt, nicht nachteilig auf die Entwicklung eines Kindes auswirkt.[2] Das ist ein Irrtum, den wir dringend aufklären müssen, und das sowohl bei Eltern als auch bei pädagogischen Fachkräften. Gewalt in der Erziehung hat immer nachteilige Auswirkungen. Dieser Fakt ist inzwischen sehr gut belegt, wenn er auch noch nicht überall verbreitet ist oder verstanden wird. Mehrere Studien ergaben, dass Bestrafungen und Beschämungen sich langfristig negativ auf das Verhalten von Kindern auswirken. Kinder, die seelischen Verletzungen ausgesetzt sind, haben ein höheres Risiko, antisoziales Verhalten und Aggressionen zu entwickeln.[3] Nachgewiesen ist auch, dass, wenn Eltern oder Fachkräfte Kinder anschreien, bei diesen Kindern ein höheres Risiko besteht, Verhaltensprobleme zu entwickeln und an Angststörungen zu erkranken.[4] Insgesamt möchte ich festhalten: Wenn Körper und Seelen von Kindern geprügelt werden, hat das immer Folgen! Alle diese Kinder erkranken mit einer deutlich höheren Wahrscheinlichkeit an Depressionen und zeigen wesentlich öfter aggressives Verhalten.[5]

An diesem Ort unserer gemeinsamen Bildungsreise lade ich Sie ein, mit mir verschiedene Lern- und Entwicklungstheorien zu betrachten. Ich bin mir sicher, je besser Sie die Zusammenhänge zwischen Kindern und Umgebungen verstehen, desto besser können Sie das Lernen zu Hause, in der Tagespflege und in Kitas begleiten und fördern.

Historisch begann die Lern- und Entwicklungsforschung mit Theorien, die kaum oder nur sehr bestimmte Umwelteinflüsse zuließen, während wir jetzt ganz bei ökologischen Sichtweisen angekommen sind. Mit ökologisch ist hier die Umwelt des Kindes gemeint, in der es aufwächst. Die ökologische Systemtheorie von Urie Bronfenbrenner, die Sie bereits aus dem ersten Teil des Buches kennen, beschreibt beispielsweise genau, wie die Umwelt die Entwicklung beeinflusst. Besonders spannend sind die Wechselwirkungen zwischen den Kindern und den verschiedenen Umwelten, in denen sie sich bewegen. Zur Erinnerung: Bronfenbrenner unterscheidet zwischen der unmittelbaren Umgebung, in der Kinder leben und direkte Interaktionen mit anderen Menschen haben. Hier spielen Beziehungen eine bedeutende Rolle: Kinder lernen in der Familie und der Kita, wie das Leben funktioniert und auf was es ankommt. Die Verbindungen und Interaktionen dieser verschiedenen Mikrosysteme sind sehr wichtig: Zum Beispiel haben Beziehungen zwischen Eltern und Fachkräften oder Meinungen im Freundeskreis Einfluss darauf, wie sich Eltern ihren Kindern gegenüber verhalten. Des Weiteren wirken Aspekte wie die Arbeitsstelle der Eltern oder Gesetze auf die Entwicklung des Kindes: Wenn Eltern Kinder krank in die Kita schicken, liegt das etwa oft daran, dass Arbeitgebern das Verständnis für schwierige Situationen in der Familie fehlt. Hinzu kommen die kulturellen, sozialen und wirtschaftlichen Rahmenbedingungen, in denen wir alle leben. Dazu gehören Werte, Normen, Traditionen, politische Systeme – wir alle wissen, diese Faktoren haben einen sehr großen Einfluss auf Bildung. Denn wenn nur Faktenwissen zählt, bekommt die Persönlichkeitsbildung wenig Aufmerksamkeit. Und da alles seine Zeit hat, spielt letztlich das Chronosystem die größte Rolle. Historische Ereignisse und persönliche Entwicklungsstufen wirken sich massiv auf die gesellschaftliche und individuelle Entwicklung aus. Wenn ein Kind laufen und lesen lernt, verändert sich seine Welt, und die Künstlichen Intelligenzen werden in den kommenden Jahren auch unsere gesamte Welt verändern – auf allen Ebenen. Die Frage ist, welche Bildung brauchen Kinder, um mit diesem Quantensprung zurechtzukommen? Und welche Bildung brauchen Menschen, die mit Kindern zu tun haben, damit nicht eigene, vielleicht unbewusste Überzeugungen die persönliche Bildung unserer Kinder verhindern? Ich denke, Theorien und damit das Wissen um Entwicklung und Lernen sind unerlässlich, um zu wissen: Worauf bauen wir Beziehung, Erziehung im Sinne von Begleitung unserer Kinder auf? Erst wenn wir das verstanden haben, können Kitas und Eltern die richtigen Voraussetzungen schaffen, um Bildungswelten zu bauen, in denen die Kinder aufblühen.

Psychologische Modelle zur Erklärung der menschlichen Entwicklung lassen sich vier Kategorien zuordnen, die ich kurz skizzieren möchte: Lerntheorie, Psychoanalyse, Entwicklungstheorie und ökologische Theorie.[6] Der Weg beginnt im Inneren eines Menschen und geht mehr und mehr nach außen.

Vergangenheit formt Gegenwart

Die älteren Lerntheorien, die immer noch verbreitet sind, basieren auf einem mechanistischen Menschenbild und gehen davon aus, dass der Mensch bei seiner Geburt vollständig formbar ist. Neuere Ansätze, wie das soziale Lernen oder Lernen am Modell, gehen darüber hinaus und eignen sich deshalb, um langfristigere und höherrangige Entwicklungsprozesse zu beschreiben. Damit sind Denkvorgänge und soziale Fähigkeiten gemeint, die sich mit zunehmendem Alter und wachsender Erfahrung entwickeln und immer komplexer werden. Sie ermöglichen uns, Zusammenhänge zu verstehen, abstrakt zu denken, Pläne zu entwickeln und unser Verhalten an verschiedene Situationen anzupassen. Dafür brauchen wir die sogenannten exekutiven Funktionen des Denkens. Mit ihnen lernen Kinder, Gedanken und Emotionen zu kontrollieren, sich selbst zu regulieren und ihr Verhalten an soziale Normen und situative Anforderungen anzupassen. Höherrangig ist auch die Metakognition, durch die Kinder die Kontrolle über ihre eigenen Denkprozesse bekommen. Durch sie können wir Menschen unsere Lernstrategien und Problemlösungsansätze an bestehende Herausforderungen anpassen, um effektiver und effizienter zu arbeiten. Außerdem wäre da noch der Prozess der moralischen Entwicklung, in dem wir soziale Normen, Werte und ethische Prinzipien lernen, die uns auch dabei helfen, uns in die Gefühle und Gedanken anderer hineinzuversetzen und ihre Perspektive einzunehmen. Alle diese Fähigkeiten sind entscheidend, um gute Beziehungen aufzubauen und mit anderen zusammenzuarbeiten.

Eine der einflussreichsten Richtungen in der Lerntheorie, die bis heute nachwirkt, ist der Behaviorismus. Hier untersuchte man, meist anhand von Tierexperimenten und in Laborstudien, wie Reize sich auf die Körperfunktionen und das Reaktionsverhalten auswirkten. Der Behaviorismus war eine dominante Schule der Psychologie, die in den ersten Jahrzehnten des 20. Jahrhunderts aufkam und bis in die 1950er und 1960er Jahre weit verbreitet war. Die Anfänge des Behaviorismus werden oft auf das Jahr 1913 zurückgeführt, als der amerikanische Psychologe John B. Watson seinen Artikel »Psychology as the Behaviorist Views It« veröffentlichte. Watson war stark von den Arbeiten des russischen Physiologen Iwan Pawlow und dessen Studien zur klassischen Konditionierung beeinflusst. Lernprozesse wurden bei ihm durch Verhaltenskontrolle, also durch Lob oder Strafe, gesteuert. Sicher kennen Sie die Idee von »Zuckerbrot und Peitsche« und haben vielleicht auch die eine oder andere persönliche Erfahrung mit dieser aversiven Tier- und Menschen-Dressurmethode gemacht. Ein klassisches Beispiel aus dem Behaviorismus ist das »Little Albert«-Experiment von Watson und seiner Assistentin Rosalie Rayner aus dem Jahr 1920. Watson und Rayner experimentierten mit einem neun Monate alten Jungen namens Albert, der zunächst keine Angst vor weißen Ratten oder anderen ähnlichen Objekten zeigte. Die Forscher wollten demonstrieren, dass sie bei Albert eine Furchtreaktion auslösen konnten, indem sie die Prinzipien der klassischen Konditionierung anwandten. Zuerst präsentierten sie Albert die weiße Ratte und schlugen gleichzeitig mit einem Hammer auf ein Metallrohr hinter seinem Kopf. Der laute Schlag verursachte eine Schreckreaktion bei Albert, und er begann zu weinen. Nach mehreren Wiederholungen dieser Prozedur begann Albert, die weiße Ratte zu fürchten, auch wenn der laute Schlag nicht mehr erfolgte. Die Angst war erfolgreich konditioniert, und Albert zeigte Furchtreaktionen, wenn er die Ratte sah.[7] Das »Little Albert«-Experiment wird heute häufig als Beispiel für unethische Forschung in der Geschichte der Psychologie verwendet.

Auch Burhuss Frederic Skinner (1904–1990) erforschte die Auswirkungen von Belohnung und Bestrafung auf das Lernen und Verhalten. Skinner führte viele Versuche zur operanten Konditionierung durch, einschließlich seiner berühmten Skinner-Box. Darin trainierte er Tiere wie Ratten oder Tauben, bestimmte Verhaltensweisen auszuführen, indem er positive oder negative Verstärkung einsetzte. Ein Beispiel dafür war ein Futterbelohnungssystem, um Tiere zu ermutigen, auf einen Hebel zu drücken oder durch ein Labyrinth zu navigieren. Ein weiterer Versuch von Skinner war die »Air-Crib«, eine Kombination aus Bett und Laufstall, die er für seine eigenen Kinder entwickelte, um ihre Umgebung genau kontrollieren zu können und so ihr Verhalten und Lernen zu beeinflussen. In dieser Skinner-Box für Kinder konnte ein Baby sehen, hören und fühlen, aber es konnte sich nicht frei bewegen. Der Kasten war so konzipiert, dass er dem Kind ein Gefühl der Sicherheit und Geborgenheit geben sollte, ähnlich wie ein Nest. Skinner glaubte, dass dies dazu beitragen würde, das Kind zu beruhigen und seine Stressreaktionen zu reduzieren.

Die Air-Crib war jedoch nicht unumstritten. Einige Kritiker warfen Skinner vor, dass es unmenschlich sei, Kinder in einem solchen Kasten zu halten, und dass es ihre Entwicklung beeinträchtigen könne. Andere argumentierten jedoch, dass die Air-Crib als eine Art Vorläufer moderner Kinderbettchen und Laufställe angesehen werden könnte und dass es Skinner tatsächlich darum ging, das Wohlbefinden von Kindern zu fördern, indem er eine sichere und kontrollierte Umgebung schuf. Heute wissen wir, dass es für kindgerechtes Lernen wichtig ist, die Würde und Autonomie von Kindern zu respektieren und ihre Entwicklung nicht zu beeinträchtigen.

Grundsätzlich wird im Rahmen des Behaviorismus davon ausgegangen, dass der Mensch bei seiner Geburt keinerlei individuelle Persönlichkeitseigenschaften und Verhaltensweisen aufweist und das menschliche Verhalten vollständig durch äußere Einflüsse formbar ist.[8] Eltern und Fachkräfte meinen es vermutlich gut, wenn sie loben und strafen, sie wissen nur nicht, dass sie Kindern damit schaden können. Sie denken, Verhalten wird dann verfestigt, wenn es belohnt wird, und verschwindet, wenn es nicht verstärkt oder sogar bestraft wird. Doch so einfach ist es nicht. Der Behaviorismus stützt sich insbesondere auf Tierversuche, die Erkenntnisse konnten nie eins zu eins auf den Menschen übertragen werden.[9] Besonders die Tatsache, dass die inneren menschlichen Denkprozesse absolut vernachlässigt wurden, lässt die behavioristische Lerntheorie in Hinblick auf den Menschen fragwürdig erscheinen. Ihre Erkenntnisse wurden aber bedauerlicherweise auf die Didaktik übertragen und sind noch immer in noch viel zu vielen Bildungseinrichtungen vertreten, obwohl ihr Verfallsdatum wissenschaftlich längst geklärt ist. In der sogenannten »Programmierten Unterweisung«[10] werden auch heute noch Lernprogramme als aufeinander aufbauende Abfolge von kleinen Frage-Antwort-Sequenzen mit sich steigerndem Schwierigkeitsgrad konzipiert, auf die sofort Rückmeldungen gegeben werden. Aber schon Skinner hat 1960 die Ansicht vertreten, dass Lernen nach dieser Methode besser mit Computern als mit Kindern funktioniere. Auch heute noch ist die Mehrzahl verfügbarer Lernprogramme, die auch in Kitas eingesetzt werden, überwiegend nach behavioristischen Prinzipien gestaltet.[11] Neben digitalisierten Lerntrainings sind auch viele Morgenkreise, in denen Kinder regelrecht abgefragt werden und Antworten entsprechend korrigiert werden, exakt geplante Bildungsangebote sowie das unmotivierte und erzwungene Ausfüllen von Vorschulblättern behavioristischen Lerntheorien zuzuordnen.[12]

Der Behaviorismus verlor ab den 1950er Jahren an Einfluss, als in der Psychologie erste Ansätze aufkamen, menschliche Denkprozesse zu untersuchen. Der Fokus richtete sich damit auf Wahrnehmung und Erinnerung. Diese kognitive Wende führte zu einer Abkehr vom reinen Behaviorismus.

Die behavioristische Lernmethode schränkt interaktive Elemente wie Diskussionen, Gruppenarbeiten oder praktische Erfahrungen stark ein. Sie sind aber ein sehr wichtiger sozialer Bestandteil des Lernens. Wenn Lernen in der Regel nur daraus besteht, Materialien anzuschauen und zu betasten, nehmen Kinder Informationen zwar auf, werden aber nicht aktiv an der Konstruktion ihres Wissens beteiligt. Das wiederum bedeutet, individuelle Lernbedürfnisse und -stile vollkommen zu vernachlässigen. Kritisches Denken, Problemlösungsstrategien und kreative Kompetenzen werden nicht angesprochen. Kinder können das Wissen dann kaum praktisch umsetzen, da sie oft in einer isolierten Umgebung lernen und Erfahrungen keine Rolle spielen. Plakativ ausgedrückt: Kinder wissen, wie Fahrradfahren funktioniert, können aber keinen Meter fahren.

Der Bildungswissenschaftler Klaus Hurrelmann weist darauf hin, dass moderne lerntheoretische Ansätze die Auseinandersetzung zwischen dem Individuum und dessen Umwelt berücksichtigen, und darüber hinaus auch längerfristige Lern- und Entwicklungsprozesse. Sie können damit wichtige Erkenntnisse über die Persönlichkeitsentwicklung des Menschen bieten[13], wie beispielsweise die soziale Lerntheorie zum Modelllernen.[14] Die meisten sozialen Lerntheorien gehen mittlerweile davon aus, dass unmittelbare Bestrafung oder Verstärkung nicht notwendig sind, um das Verhalten von Kindern zu lenken, denn Kinder lernen überwiegend durch Nachahmung.

Beim Lernen am Modell spielen sozial-emotionale Aspekte eine wichtige Rolle, da sie das Wohlbefinden, die Motivation und das Selbstbewusstsein von Kindern beeinflussen. Wenn Kinder sich emotional unwohl oder unsicher fühlen, beeinflusst das ihr Lernverhalten negativ. Nehmen sie hingegen Unterstützung und Sicherheit wahr, können sie engagierter sein und besser lernen, weil Emotionen eng mit der Motivation verbunden sind. Kinder sind dann in der Lage, ihr Bestes zu geben und sich zu konzentrieren. Dabei spielt ihr Selbstbewusstsein eine bedeutende Rolle, denn nur, wenn Kinder sich kompetent fühlen, sind sie auch bereit, Herausforderungen anzunehmen und Risiken einzugehen. Ihr Wohlbefinden beeinflusst außerdem ihre Fähigkeit, Interaktionen mit anderen zu haben – und diese Interaktionen wiederum wirken sich auf ihr Modelllernen aus. Ein Engelskreis, wenn es gut läuft, ein Teufelskreis, wenn nicht.

Dieses Lernen am Modell läuft in vier Stufen ab:

1. Aufmerksamkeitsfokussierung auf das Modell
2. Erinnern des Modellverhaltens
3. Nachahmen des Modellverhaltens
4. Integration des Modellverhaltens in das eigene Verhaltensrepertoire

Damit Kinder das Modell imitieren können, müssen sie sich mit ihm identifizieren. Sie übernehmen von ihren Vorbildern besonders die Verhaltensweisen, die einen gewissen Erfolg bringen. Da der soziale Status des Modells eine erhebliche Rolle spielt, lernen Kinder am besten von anderen Kindern, weniger von Erwachsenen.[15] Sie ahmen alles nach, besonders soziale Verhaltensweisen. So vertritt George Herbert Mead, der Begründer des Sozialbehaviorismus, die Ansicht, dass die gesellschaftlichen Regeln im Modelllernen am Gegenüber verinnerlicht werden. Genau das ist Sozialisation.[16] Wenn wir wollen, dass Kinder freundlich sind, respektvoll, höflich und gerecht, können sie all das werden, und zwar genau dann, wenn sie dieses Verhalten bei Menschen, die ihnen wichtig sind, beobachten. Das ist so einfach und gleichzeitig so schwer, denn wer verhält sich schon die ganze Zeit über vorbildhaft? Doch genau das ist der Schlüssel. Dieses Modelllernen ist etwa wesentlich, wenn Kinder Geschlechterrollen übernehmen. Jungen imitieren beispielsweise die väterlichen Rollenmuster und integrieren sie später erfolgreich in das eigene Verhalten.[17]

Die Tiefen der Persönlichkeit

Sigmund Freud (1856–1939) war ein österreichischer Neurologe und Begründer der Psychoanalyse, einer Theorie und Therapieform, die sich auf das Verständnis von Kindheitserfahrungen und unbewussten Konflikten konzentriert. Freud entwickelte eine Reihe von Erklärungsansätzen, die das Verständnis der menschlichen Psyche und damit auch Lernvorgänge beeinflussten. Er glaubte, dass es eine verborgene Schicht des Geistes gibt, das Unbewusste, das Wünsche, Konflikte und Erinnerungen enthält, die unser Verhalten beeinflussen können. Er betonte, dass der Motor hinter unseren psychischen Kräften vor allem der Sexual- und der Todestrieb sei. Und er postulierte, dass Jungen in der frühkindlichen Phase des Lebens eine sexuelle Anziehung zu ihrer Mutter haben und ihren Vater als Rivalen sehen, während Mädchen eine ähnliche Anziehung zu ihrem Vater verspüren und ihre Mutter als Rivalin wahrnehmen. Weiterhin benannte er verschiedene Abwehrmechanismen wie Verdrängung, Projektion und Rationalisierung, die dazu dienen, unangenehme Gedanken und Emotionen aus dem Bewusstsein zu verbannen. Nach Freud ist das Verhalten eines Kindes noch nichts Festes, sondern formt sich stetig. Damit befindet sich das Kind in einem ständigen Konflikt zwischen seinen Lustbedürfnissen und diesen zuwiderlaufenden Forderungen der Gesellschaft, in erster Linie repräsentiert durch Eltern und Fachkräfte. Und genau an dieser Stelle entfaltet auch für Freud das Spiel, das im ersten Teil ausführlich behandelt wird, seine Bedeutung. Denn im Spiel stehen dem Kind Möglichkeiten zur Verfügung, Grundkonflikte auszugleichen und unbewusste Triebe auszuagieren. Auch wenn Freuds auf einem Triebmodell basierendes Menschenbild heute in der Kritik steht, war und ist er mit seinen Theorien, an die heute teilweise noch angeknüpft wird, sehr einflussreich.

Erik Erikson (1902–1994) entwickelte die Arbeiten Sigmund Freuds mit der neoanalytischen Ich-Psychologie weiter. Erikson beschrieb die Entwicklung der Identität beim Menschen in acht Stufen. Er ging davon aus, dass jedes Lebensalter durch eine ihm eigene stadientypische Krise gekennzeichnet ist.[18] Wird sie erfolgreich bewältigt, kommt es zur Entwicklung einer gesunden Persönlichkeit, die sich auf die nächste Phase vorbereitet. Wenn die Krise nicht erfolgreich gelöst wird, kann dies zu Problemen in der Persönlichkeitsentwicklung führen.

Die acht Phasen der psychosozialen Entwicklung von Erikson sind[19]:

1. Vertrauen vs. Misstrauen (0–1 Jahr)
2. Autonomie vs. Scham und Zweifel (1–3 Jahre)
3. Initiative vs. Schuldgefühl (3–6 Jahre)
4. Kompetenz vs. Minderwertigkeit (6–12 Jahre)
5. Identität vs. Verwirrung der Rollen (12–18 Jahre)
6. Intimität vs. Isolation (18–40 Jahre)
7. Generativität vs. Stagnation (40–65 Jahre)
8. Integrität vs. Verzweiflung (65+ Jahre)

Erikson betonte, dass die Persönlichkeitsentwicklung ein lebenslanger Prozess ist. In den kindlichen Phasen ist wichtig: Im Spannungsfeld zwischen Bedürfnissen und Wünschen ergeben sich permanent verändernde Ansprüche und damit Herausforderungen für das Kind. Zudem verändert sich seine Umwelt beständig. Der jeweilige Konflikt, beispielsweise im ersten Lebensjahr die Frage der Bindungsqualität zu den Bezugspersonen, muss gelöst werden, bevor die nächste Entwicklungsstufe bewältigt werden kann. Insofern können die Entwicklungsaufgaben eines Kindes mit Treppenstufen verglichen werden. Ein Kind kann nicht auf Stufe fünf beginnen, es muss zuerst die Stufen eins bis vier gegangen sein. Jede bewältigte Entwicklungsaufgabe ist ein tragfähiges Fundament für neue Aufgaben. Je instabiler aber das Fundament ist, desto tiefere Identitätskrisen müssen bei der Weiterentwicklung verarbeitet werden. Bleiben Entwicklungsaufgaben unbewältigt, stellt das ein ernstzunehmendes Risiko für die Persönlichkeitsentwicklung und die spätere psychische Gesundheit dar. Hinzu kommt, dass nach Erikson bestimmte Konflikte, wie beispielsweise Misstrauen, Schuldgefühle und Minderwertigkeitskomplexe, nicht lösbar sind und ein Leben lang aktuell bleiben. Allerdings sind sie umso weniger ausgeprägt, je besser die jeweiligen »Gegenspieler« Vertrauen, Initiative und Werksinn[20] ausgeglichen sind und beachtet werden.

Sofortmaßnahmen für Eltern

Liebe Eltern, bitte denken Sie daran: Jedes Kind ist anders und entwickelt sich in seinem eigenen Tempo. Jede Entwicklung hängt unmittelbar mit der Umgebung zusammen. Kinder lernen das, was sie brauchen – nicht das, was Erwachsene glauben, das Kinder brauchen. Und Kinder lernen das, was ihnen die Umwelt zur Verfügung stellt. Wenn ein Kind keine Knete hat, kann es auch keine Wurst daraus rollen.

Im Anhang finden Sie als praktische Ergänzung zu diesem Kapitel eine Überblicksdarstellung über Kompetenzen, die ein Kind im jeweiligen Alter zeigen kann, siehe auch Seite 203.[21] Eigentlich mag ich Entwicklungslisten nicht besonders, gleichzeitig weiß ich aus meinen Beratungen, dass viele Eltern sich in dieser Form Orientierung wünschen. Am liebsten welche, an die man Erledigt-Häkchen machen kann. Wichtig ist es mir dennoch zu betonen, dass die Tabelle keinen Anspruch auf Perfektion und Vollständigkeit erhebt, sie dient lediglich einem groben Überblick über mögliches, beobachtbares Verhalten. Wenn Sie Ihr Kind unterstützen möchten, und davon gehe ich aus, beobachten Sie, für was Ihr Kind sich interessiert, fördern Sie gemäß den Interessen Ihres Kindes und bitte nicht nach dieser oder einer anderen Tabelle.

Lernen durch Problemlösung

Das Modell des Schweizer Psychologen und Pädagogen Jean Piaget (1896–1980) entstand in deutlicher Abgrenzung zur psychoanalytischen Theorie Freuds, aber auch zum Behaviorismus, in dem interne Prozesse wie Denken, Wahrnehmung und Emotion völlig außer Acht gelassen werden.[22] Piagets Fokus lag auf der kognitiven Entwicklung von Kindern und wie sie ihr Wissen über die Welt aufbauen. Allerdings betonte er auch, wie entscheidend die Umgebung ist und die Interaktion der Kinder mit der Welt. In diesem Sinne können Piagets Theorien als ökologisch betrachtet werden. Bei ihm ist das Kind, im Gegensatz zum Behaviorismus, Subjekt seiner Entwicklung; der Austausch zwischen dem Kind und der Welt geht also vom Kind aus. Belehrungen spielen im von ihm vertretenen Kognitivismus keine Rolle, jegliches Lernen geschieht umweltbedingt und in individuellem Tempo. Piaget hat früh behauptet, dass Kinder sich immer schneller als ihre Eltern entwickeln. Er nannte dieses Phänomen Akzeleration der Entwicklung. Der Kognitivismus versucht, innerpsychische Lernvorgänge vor allem mit dem Fokus auf Denk- und Verstehensprozesse zu beschreiben – das Kind ist primär Problemlöser.

Zwei Vorgänge sind Piaget zufolge wesentlich für die kognitive Entwicklung des Kindes: Assimilation und Akkomodation. Assimilation meint, dass neue Informationen in bereits vorhandene kognitive Schemata eingefügt werden. Akkomodation bedeutet, dass bereits vorhandene Schemata an neue Eindrücke angepasst werden. Die beiden Prinzipien sollten in einem Gleichgewicht sein. In der Praxis sieht diese Theorie folgendermaßen aus: Emma wird geboren und weint. Sie weint immer dann, wenn sie sich nicht wohlfühlt. Das ist, wenn sie Hunger oder Durst hat, das Bäuchlein drückt und kneift, es zu laut ist, zu hell, zu neu. Emma lernt über ihren Körper die Welt kennen. Alles, was sie hat, sind Bedürfnisse und Reflexe. Wenn man ihr einen Finger in die Hand legt, schließen sich ihre kleinen Fingerchen. Sie saugt, wenn sie die Brust oder Flasche bekommt. Mit der Zeit kann sie sich immer schneller von außen beruhigen lassen und sie kann in Resonanz gehen.

Die kognitiven Fähigkeiten eines Kindes entwickeln sich in aufeinanderfolgenden Stadien, die nacheinander durchlaufen werden müssen, wobei ein Kind in verschiedenen Bereichen auf unterschiedlichen Stufen sein kann. Im ersten Stadium, in dem sich Kinder etwa im Alter von null bis zwei Jahren befinden, erwerben sie sensomotorische Koordination, indem sie ihre Sinne gebrauchen. Dabei geht es um praktische Intelligenz und Objektpermanenz. Das Verständnis, dass Objekte auch dann noch existieren, wenn sie nicht direkt wahrgenommen werden, also sichtbar sind, ist ein wichtiger Meilenstein in der kognitiven Entwicklung von Kindern. Er zeigt, dass sie in der Lage sind, mental zu repräsentieren. Das bedeutet, sich gedankliche Vorstellungen von Objekten zu machen und auch zu behalten. Kinder erlangen in der Regel bis zum 18. Monat ihres Lebens Objektpermanenz. Vorher können sie ein Objekt nur als vorhanden wahrnehmen, wenn es direkt vor ihren Augen ist. Sobald es außer Sichtweite gerät, scheint es für sie zu verschwinden. Erst wenn diese Fähigkeit komplett ausgebildet ist, kann die kleine Emma verstehen, dass ein Spielzeug, das unter einer Decke verborgen bleibt, weiterhin vorhanden ist, obwohl sie es nicht mehr sehen kann. Und so ist es auch mit Menschen. Erst wenn Emma weiß, dass ihre Eltern auch dann noch existieren, wenn sie nicht sichtbar sind, ist es sinnvoll und erstrebenswert für sie, Beziehungen außerhalb der Familie aufzubauen. Die Fähigkeit, Vertrauen und Bindungen zu anderen Menschen einzugehen, kann dann auf emotional stabilem Boden wachsen.

In ungefähr diesem Alter lassen Kinder auch den kindlichen Egozentrismus hinter sich und bewegen sich hin zum Perspektivenwechsel. Nach ungefähr 18 Monaten auf dieser Erde weiß Emma, dass es außer ihr noch andere Menschen und Dinge auf der Welt gibt. Nun will sie alles entdecken und erobert sich nach und nach ihre Welt. Sie weiß nun auch, wenn sie etwas loslässt, fällt es nach unten und fliegt nicht hinauf. Sie überprüft ihre vielen Theorien über die Welt immer wieder und dadurch lernt sie. Sie lernt sehr schnell und sehr viel. Sie hat am Ende der ersten Phase auch gelernt, dass ihre Mama wiederkommt, wenn sie mal weggeht. Manchmal dauert es volle zwei Jahre, bis ein Kind sich vorstellen kann, dass die Mama noch existiert, auch wenn sie nicht sichtbar ist. Und wenn Sie nun davon ausgehen, dass die Mama die Lebensversicherung für ein Kind ist und sie plötzlich weg ist, verstehen Sie sofort den Sinn der Bindungstheorie und einer sanften und gelingenden Eingewöhnung in eine Kita. In Teil 3 des Buches bekommen Sie Informationen über die Risiken und Nebenwirkungen außerfamiliärer Betreuung, vor allem dann, wenn die Qualität der Kita zu wünschen übrig lässt.

Kinder können erst im Laufe der zweiten Phase, dem sogenannten präoperationalen Stadium zwischen dem zweiten und siebten Lebensjahr, lernen, die Perspektiven anderer einzunehmen. In dieser Phase machen Kinder die größten Sprachfortschritte, erleben kindliche Magie und überwinden den Egozentrismus. Sie vermenschlichen leblose Objekte und denken, dass alles von Menschen gemacht ist, auch die Wolken und das Meer. Alles, was sich spontan bewegen kann, ist für Kinder lebendig. Und sie ziehen Rückschlüsse aus der Wirkung von Geschehnissen auf ihren Sinn. Ein Gedanke wie: »Wenn es regnet, regnet es, weil ich gerne in Pfützen hüpfe«, ist typisch präoperational. Pippi Langstrumpf macht sich die Welt, wie sie ihr gefällt – das ist ganz klarer Finalismus und damit typisch für das Denken in diesem Alter.

Für die kleine Emma, die mit drei in den Kindergarten kommt, bedeutet das Folgendes. Sie spielt mit ihrem Freund Paul im Garten und klemmt sich den Finger in der Gartentür ein. Sie hat Schmerzen, wird ärgerlich und schimpft mit der Tür. Sie weigert sich, durch diese »böse« Tür zu gehen, weil sie ihr unterstellt, sie absichtlich zu verletzen. Emma ist auch der Meinung, dass der Mond tagsüber schläft und die Sonne nachts. Kinder in

Emmas Alter erklären sich komplizierte Tatsachen durch ihre eigene Logik, die zu ihren Erkenntnissen passt. Es fehlt ihnen demnach nur an Erfahrung, nicht an Denkvermögen – wichtiges Wissen für all diejenigen, die Kindern ständig die Welt erklären wollen und dabei völlig überzogene Erwartungen an Kinder haben. Ein Beispiel für zu hohe Ansprüche im Kindergarten, das ich sehr häufig beobachte, ist, dass ein Kind gezwungen wird, eine bestimmte Fertigkeit zu erlernen, bevor es dafür bereit ist. Auch gibt es oft die Erwartung, dass eine bestimmte Anzahl von Aufgaben in einer bestimmten Zeit erledigt wird, ohne Rücksicht auf individuelle Bedürfnisse zu nehmen. So gibt es leider noch immer Kindergärten mit altmodischen, straffen Vorschulprogrammen, die für manche Kinder schlicht und ergreifend zu einengend und fantasielos sind. Wenn ein Kindergartenkind überfordert wird, kann das zu Angstzuständen und Frustration führen. Möglich ist auch, dass das Kind das Interesse am Lernen verliert, wenn es das Gefühl hat, den Anforderungen nicht gerecht zu werden. Aus meiner Beratungspraxis kenne ich den sechsjährigen David, der die Umrisse einer Eule in der Vorschule nicht nachmalen »konnte«, allerdings die identische Eule mit der Laubsäge aussägte und seinen Namen auf die Rückseite schrieb. Ich konnte seine Eltern beruhigen, denn feinmotorisch war alles in bester Ordnung und er war zudem hoch motiviert, in die Schule zu gehen. Mittlerweile ist er ein erfolgreicher Gymnasiast und er mag Eulen.

Jedes Kind sollte in seinem eigenen Tempo lernen und sich entwickeln dürfen, indem wir Erwachsene unterstützende und förderliche Umgebungen schaffen. Nur so können wir Kindern helfen, ihr volles Potenzial zu entfalten und eine positive Einstellung zum Lernen auszubilden. Kinder sind in der Lage, sehr schnell und effektiv zu lernen, wenn sie mit neuen Erfahrungen und Herausforderungen konfrontiert werden. Eltern und Fachkräfte können Kindern dabei helfen, indem sie ihnen die Möglichkeit geben, neue Erfahrungen zu machen und ihre Fähigkeiten und ihr Wissen aufzubauen. Wenn Kinder eine positive Umgebung haben, in der sie lernen und wachsen können, wie es ihnen individuell entspricht, werden sie in der Regel sehr erfolgreich sein.

Kinder brauchen viel Bewegung, damit sie sich gut entwickeln, und das gilt besonders für ihre Gehirnentwicklung. Bewegung ist Voraussetzung für sensorische Erfahrungen, die wiederum den Grundstein legen für mentale Repräsentationen. Das sind Bilder oder Vorstellungen, die das Gehirn verwendet, um Informationen zu speichern und abzurufen. Sie sind ein wichtiger Teil der kognitiven Prozesse und können viele verschiedene Formen annehmen. Sie ermöglichen uns Menschen, Erfahrungen und Informationen zu speichern und aufzurufen, um unser Verständnis der Welt um uns herum zu verbessern. Zum Beispiel können wir uns eine Person vorstellen, die wir kennen, und uns an ihre Eigenschaften und Merkmale erinnern, ohne dass sie tatsächlich vor uns stehen muss. Wir können uns auch mentale Karten von Orten vorstellen, die wir besucht haben, oder uns an eine Melodie oder ein Lied erinnern.

Diese Erkenntnisse werden durch moderne wissenschaftliche Untersuchungen[23] gestützt und sind insbesondere in der aktuellen Debatte um bewegungsarme Kindheit[24] von Bedeutung. Schon Piaget betonte, wie wichtig Nachahmung für das Kind ist. Wenn Eltern Sport treiben, treiben Kinder Sport. Wenn Eltern lesen, lesen Kinder oder mögen es, wenn man ihnen vorliest. Ich spreche hier von jungen Kindern und von Bildungsangeboten, die man im ganz normalen Alltag machen kann – dazu braucht es weder ausgefeilte Programme noch besondere Konzepte.

Jerome Bruner (1915–2016) hat Piagets Lerntheorie weiterentwickelt. Der US-amerikanische Psychologe und Pädagoge hat sich insbesondere mit der kognitiven Entwicklung von Kindern und der Bildungsforschung beschäftigt. Er war ein führender Vertreter der kognitiven Psychologie und gilt als einer der Pioniere des Konstruktivismus: der Theorie, die besagt, dass Lernen ein aktiver Prozess ist, bei dem Individuen aktiv Wissen konstruieren, indem sie Erfahrungen und Informationen aus ihrer Umgebung interpretieren und verarbeiten. Bruner betonte die Bedeutung der Sprache und des Dialogs in der kognitiven Entwicklung von Kindern. Er argumentierte, dass Kinder in der Lage sind, komplexe Konzepte und Ideen zu verstehen, wenn sie in einer unterstützenden Umgebung sind, in der sie ihre Gedanken und Ideen teilen und ihre Sichtweise erweitern können.

Bruner zeigte zum ersten Mal explizit die besondere Bedeutung der Umwelt für das Lernen auf.[25] Er beschrieb, dass Kinder sich Wissen spiralförmig aneignen. Sie haben eine Frage, suchen sich Antworten, aus denen sich weitere Fragen ergeben – und so geht es ein ganzes Leben lang. Je mehr Antworten man hat, desto mehr Fragen entstehen. Bruners Lerntheorie zeigt so eine erste ökologische Perspektive auf das entdeckende Lernen. Und nun stellen Sie sich ein Kind vor, das keine Antworten finden kann, weil seine Umwelt leer und karg ist. Dann können Kinder kein Wissen konstruieren, sie haben wenig förderliche Vorbilder, sie haben wenig Chancen auf eine ganzheitliche Bildung – darüber haben Sie bereits im ersten Kapitel gelesen.

Was wir aus der Vielzahl an Theorien für den Alltag mitnehmen können, ist: Wenn es um kindliche Bildung geht, hängt alles mit allem zusammen und baut aufeinander auf. Es gibt Entwicklungsstufen, Umwelteinflüsse und individuelle Anlagen. Wir können die reichhaltigen Erkenntnisse der Bildungsforschung zu Hause und in Kitas sehr gut umsetzen, wie die Sofortmaßnahmen in diesem Teil zeigen. Menschen lernen und entwickeln sich ihr ganzes Leben lang, Schritt für Schritt, und es ist nie vorbei – für mich ist das eine der größten Entdeckungen.

Wir bauen uns die Welt, wie sie uns gefällt

Kinder konstruieren ihr Wissen selbst, indem sie eigene Erfahrungen sammeln und mit ihrer Umwelt interagieren. Darin sind sich die Konstruktivisten und die Vertreter der ökologischen Modelle einig, allerdings mit unterschiedlichen Schwerpunkten. Der Konstruktivismus konzentriert sich eher auf den individuellen kognitiven Prozess im Menschen. Wissen wird nicht als passive Erkenntnis, sondern als aktive Schaffung der Umwelt verstanden.[26] Ökologische Theorien nehmen mehr die soziale und physische Komponente dieser Umwelt in den Blick und fragen, wie die emotionale und motivationale Verbindung zu ihr aussieht. In der Praxis können beide Konzepte genutzt werden, um eine Lernumgebung zu schaffen, in der Kinder ihr Wissen selbst aufbauen und durch die Interaktion mit anderen erweitern können.

Der bedeutendste Vertreter des Sozialkonstruktivismus aus dem Bereich der Entwicklungspsychologie ist Lew Wygotski (1896–1934). Er grenzte sich deutlich von Piaget ab, indem er den Entwicklungsverlauf des Kindes nicht vom »Individuellen zum Sozialisierten, sondern vom Sozialen zum Individuellen« betrachtete.[27] Wygotski ging davon aus, dass Kinder besonders dann gut lernen können, wenn sie mit Erwachsenen und Gleichaltrigen zusammen sind. Den Erwachsenen kommt nach Wygotski in diesem Zusammenhang die Aufgabe zu, Kinder anzuleiten und in ihrem Lernen zu unterstützen, indem sie Lernerfolge ermöglichen. Dabei führte er die Idee des »Scaffolding« ein.[28] Gemeint ist die Handlung des Erwachsenen, dem Kind ein »Gerüst« anzubieten. Erwachsene können Kindern durch ihre Erfahrungen eine Stütze sein, indem sie ihnen Lösungsstrategien anbieten, wenn sie merken, dass Kinder überfordert sind.

Stellen Sie sich ein vollkommen chaotisches Kinderzimmer vor, alles liegt auf dem Boden, die Spielkisten sind leer und die dreijährige Emma soll aufräumen. Vermutlich ist sie überfordert und kommt nicht ins Tun. Eine mögliche Strategie wäre, zusammen mit Emma aufzuräumen und ihr zu zeigen, dass erst alle Tücher, danach die roten Spielzeuge und nun die Puppen und Stofftiere in ihre Häuser wandern. Ganz zum Schluss, wenn alle Spielsachen wieder in ihren Kisten sind, darf Emma in der Badewanne mit den Badestiften malen. In einer solchen Situation könnten Erwachsene nicht nur das möglicherweise lästige Aufräumen sehen, sondern vor allem das Bildungspotenzial, das darin steckt. Kinder haben die Möglichkeit, ihre Erfahrungen zu erweitern, ohne Misserfolgserfahrungen zu machen. Auf diesem Wege lernen sie soziale, mathematische und kreative Kompetenzen, es macht Spaß und stärkt die Beziehung. Und wieder spielt das gemeinsame Tun dabei eine große Rolle.

Im Mittelpunkt des Lernens steht ab nun die Umwelt und das soziale Gefüge, weniger der Einzelne. Lernen funktioniert am besten gemeinsam mit Erwachsenen und anderen Kindern. Zusammen mit anderen gelingt es am besten, Kindern Kompetenzen für das Leben in der heutigen Gesellschaft zu vermitteln. Besonders aufgrund des hohen Tempos im modernen Alltag wird dabei meines Erachtens Faktenlernen immer weniger relevant, wohingegen Fähigkeiten im Umgang mit Diversität zunehmend an Bedeutung gewinnen. Unser Leben ist geprägt von vielen Faktoren wie Technologie, urbanen Lebensstilen und einem ständigen Fortschritt in Wissenschaft und Technologie. Wir können jederzeit und überall mit anderen kommunizieren, auf Informationen zugreifen und unsere Arbeit erledigen. Die sozialen Medien sind ebenfalls ein wichtiger Aspekt. Plattformen wie Instagram und Twitter haben unsere Art der Kommunikation und unser soziales Leben grundlegend verändert. Wir können mit Menschen auf der ganzen Welt in Kontakt treten und unser Leben mit anderen teilen. Immer mehr von uns leben in Städten und Metropolen, was zu einem beschleunigten Lebensstil und neuen sozialen Strukturen führt. Die rasante Entwicklung der Künstlichen Intelligenzen wird Kompetenzen von uns und unseren Kindern verlangen, die man garantiert nicht in behavioristischen Systemen, sondern ausschließlich durch entdeckendes Lernen generieren kann.

In Übereinstimmung mit der Reformpädagogik gehen Erziehungswissenschaftler heute davon aus, dass Kompetenzerwerb nur stattfinden kann, wenn Lernen in größere Handlungsfelder eingebunden ist.[29] Daher ist besonders in Kitas eigenständiges, aktiv entdeckendes und handlungsorientiertes Lernen angebracht.

Sofortmaßnahmen für Kitas

Befreien Sie sich und die Kinder von allen stressigen, einengenden Programmen und Pflichtveranstaltungen, die sich nur schwer in den Kita-Alltag integrieren lassen und viel Zeit und Nerven kosten! Für eine moderne und kindgerechte Pädagogik brauchen Sie keine Zeit in spezielle »Bildungsmaßnahmen« zu investieren, die vollkommen unnötig und überflüssig sind, vor allem dann nicht, wenn Sie keine haben.

Die Kinder brauchen Sie als Mensch – als authentisches und feinfühliges Gegenüber und nicht als didaktisch versierten Entertainer. Der Alltag ist ein einziges großes Bildungsangebot. Reichhaltiger und differenzierter, als es ein perfekt ausgearbeitetes gelenktes Angebot jemals sein könnte. Seien Sie spontan – trauen Sie sich! Bereiten Sie eine anregungsreiche Umgebung vor und lassen Sie die Kinder machen. Gehen Sie in den Garten, pflanzen Sie zusammen Blumen und bauen Sie Gemüse an. Lassen Sie die Kinder arbeiten und versuchen Sie nur zu begleiten. Unterstützen Sie, wo Sie gebraucht werden, geben Sie Impulse. Beantworten Sie Fragen nicht, sondern helfen Sie den Kindern, Antworten zu finden. Machen Sie sich auf die Suche nach scheinbaren Kleinigkeiten. Singen Sie, machen Sie Fingerspiele, haben Sie Spaß, lachen Sie mit den Kindern. Bieten Sie Bilderbücher an und vor allem – vertrauen Sie sich, Ihren wertschätzenden pädagogischen Interaktionen, Ihrem liebenden Blick. Sie sind Profi, Sie haben Erfahrung, Sie kennen »Ihre« Kinder und lernen sie jeden Tag neu kennen, wenn Sie sich und den Kindern viel zutrauen. Wagen Sie es, weniger zu tun, um damit mehr zu ermöglichen. Und schreiben Sie zusammen mit dem Team einen Elternbrief oder veranstalten einen Elternabend zum Thema »Wie lernen Kinder?« oder zum Thema »Selbstbildung und Resilienz«. Wenn Sie den Eltern Sicherheit geben und ihnen zeigen, dass Sie gemeinsam mit den Kindern in ihrem ganz normalen Alltag sämtliche Lernbereiche aller erdenklichen Bildungspläne locker umsetzen, dann machen sich Eltern weniger Sorgen und können ihrer Expertise mehr vertrauen.

In meinen Fortbildungen analysiere ich Bildungspotenziale mit Teams gerne am Beispiel »Kuchen backen«. Es beginnt schon mit dem Anziehen und dem Weg zum Laden, in dem alle Zutaten gekauft werden, die man zuvor auf einen Einkaufszettel geschrieben oder gemalt hat, nachdem man sich zusammen auf das Kuchenrezept aus dem Backbuch geeinigt hat. Im Laden lernen die Kinder zu fragen, wenn sie das Dinkelmehl nicht finden, sie lernen verschiedene Mehlsorten kennen und auch, dass Eier zerbrechlich sind, wo die Butter zu finden ist usw. An der Kasse müssen sie zahlen, und dann muss alles in die Kita getragen werden. Anschließend ziehen alle sich aus, waschen die Hände, legen sich eine Schürze um und bereiten alles für das Backen vor. Um das zu tun, ist wichtig zu wissen, was man alles dafür braucht und wo was steht. Wieder lernen die Kinder, höflich in der Küche nachzufragen, ob man eine zweite Schüssel haben könnte und ob noch irgendwo ein paar Semmelbrösel sind, die man nach dem Einfetten für die Backform braucht. Merken Sie es schon? Noch bevor das erste Gramm Mehl in der Schüssel ist, ist der halbe Vormittag rum. Es gab geschätzt hundert Sprechanlässe, abgesehen vom Lied »Backe, backe, Kuchen«, das Ihnen ganz sicher beim Lesen schon durch den Kopf ging. Nun werden Backangaben vorgelesen, es wird gewogen, geschüttet, gerührt, Verpackungen werden geöffnet, Zutaten aufgeteilt, Backformen eingefettet, die Kinder wischen auf, naschen, verschütten etwas, wischen auf. Wenn der Kuchen im Ofen ist, wird aus dem physikalischen Vorgang des Mischens ein chemischer, denn wenn die Hitze die Zutaten in ihrem Inneren verändert, sind sie nicht mehr voneinander zu trennen. Auch das ist eine Erfahrung, die kleine Forscher vollkommen ohne Programm und in jedem Haus machen können. Genau das sollten Eltern sehr detailliert erfahren – von Ihnen, liebe Fachkräfte, denn Sie sind die Expertinnen für frühe Bildung! Nun muss gespült, aufgeräumt und abgewartet werden. Man kann den Tisch decken, den anderen Kindern erzählen, dass es am Nachmittag Kuchen gibt, der dann schließlich zusammen gegessen wird. Und damit sind alle Bildungsbereiche »erledigt« – und das mit Freude, Engagement, alltagsintegriert und an Selbstwirksamkeitserfahrungen kaum zu überbieten. Immer wieder sind Fachkräfte erstaunt, wie viel Bildungspotenzial im Backen eines Marmorkuchens steckt. An diesem Tag hat noch keines der Bäckerkinder gespielt, und dabei lernen Kinder noch viel, viel mehr!

Frühe Bildung konzentriert sich, sowohl in der Kita als auch zu Hause, nicht nur auf das einzelne Kind, sondern besonders auf die Beziehung zwischen den Lernenden. Wichtig ist, wie alle beim gemeinsamen Tun miteinander interagieren. Gleichzeitig geht es um die Wertschätzung jedes einzelnen Kindes und seiner individuellen Kompetenzen sowie die Akzeptanz der Menschen, mit denen Kinder umgeben sind. Gemeinsamkeit ist der Boden, auf dem Bildung wächst, und gemeinsam schmeckt auch Kuchen am besten.

4. Lernwelten – Das Wechselspiel von Anlage und Umgebung

Gene kann man sich nicht aussuchen.
Umgebungen kann man gestalten, und das sollten
wir besonders in Kitas mit Bedacht tun.

Warum können manche Kinder schon mit vier Jahren lesen, während andere sich als Siebenjährige noch schwertun? Woran liegt es, dass manche Kinder laufen, ohne zuvor auch nur einen Meter gekrabbelt zu sein, und warum sind von den Nicht-Krabblern nur einige später legasthenisch?[30] Was ist angeboren, was erworben? Spielt die Kita für die Entwicklung eines Kindes überhaupt eine Rolle und wenn ja, wie groß ist ihr Einfluss? Auch wenn wir aus dem vorigen Teil wissen, wie wichtig die Umwelt ist, sind dennoch viele Fragen offengeblieben und wir müssen damit leben – nicht auf jede Frage gibt es eine Antwort.

Die Verhaltensgenetik liefert bedeutsame Erkenntnisse über genetische Übertragungen von Eltern auf ihre Kinder. Sie untersucht verschiedene Wechselwirkungen von Anlage und Umwelt. Dabei gehen Verhaltensforscher davon aus, dass genetische Faktoren in erster Linie bestimmen, wie die Entwicklung eines Kindes bis zur Geburt verläuft, während nach der Geburt der Einfluss der Umwelt zunimmt. Leibliche Kinder teilen mit ihren Eltern Umgebung und Anlagen. In Familien existieren geteilte Umwelten, denn Geschwisterkinder wachsen in der Regel im gleichen familiären häuslichen Umfeld auf. Es gibt aber auch nicht-geteilte Umwelten, weil Kinder beispielsweise in unterschiedliche Bildungseinrichtungen gehen. Spannend ist, dass Kinder auch in geteilten Umwelten durchaus individuelle Erfahrungen machen. So belegen Untersuchungsergebnisse aus Zwillings-, Adoptiv- und Geschwisterstudien, dass geteilte Umwelteinflüsse eher zu Unterschiedlichkeit als zur Ähnlichkeit von Kindern beitragen.[31] Ein Beispiel dafür sind Geschwister, die das Verhalten ihrer Eltern als unterschiedlich fair wahrnehmen. Zudem wissen wir durch einige Forschungen: Je älter Kinder werden, desto mehr nehmen Einflüsse der geteilten Umwelt ab und der nicht geteilten Umwelt zu, weil Kinder zunehmend mehr Zeit außerhalb der Familie verbringen.

Es gibt Kinder, die in eine Umwelt hineingeboren werden, die bis zu einem gewissen Grad zu ihren Genen passt. Und es gibt Kinder, deren Umwelt immer eine Herausforderung für sie sein wird. Kinder »erben« demnach eine Familienumwelt, in der sie mehr oder weniger gut zurechtkommen. Bildhaft gesprochen könnten die Gene der Samen sein, der ohne fruchtbaren Boden nicht keimt, und selbst wenn ein Keim entstanden ist, braucht er Schutz und Pflege, damit er gedeihen kann. Kinder, die schon als Babys sehr nervös sind, viel weinen und besonders sensibel sind, haben, genetisch betrachtet, eine niedrige Reizschwelle. Sie nehmen das, was um sie herum geschieht, weitgehend ungefiltert auf, die Umgebung dringt direkt in sie ein. Diese Schutzlosigkeit bedeutet, dass sie am ehesten von ungünstigen Umweltbedingungen in ihrer Entwicklung beeinträchtigt werden, gleichzeitig aber auch am ehesten von positiven Umwelteinflüssen profitieren.[32]

Untersucht werden diese Phänomene vor allem in Zwillingsstudien und Adoptionsstudien. Bei eineiigen Zwillingen ist das Erbgut identisch und Unterschiede in der Entwicklung sind dementsprechend umweltbedingt. Adoptionsstudien hingegen zeigen klar, wie bedeutsam der Umwelteinfluss für die Entwicklung ist. So reagierten Adoptivkinder, deren biologische Eltern eine dissoziative Persönlichkeitsstörung hatten, auf Stress in der Adoptivfamilie verstärkt mit externalisierenden Störungen, während ihre erhöhte Verletzlichkeit bei geringem Stresslevel nicht in Erscheinung getreten ist. Adoptivkinder, die genetisch nicht vorbelastet waren, blieben von Stressoren in der Adoptivfamilie vollkommen unbeeinflusst. Diese Erkenntnis lässt sich über einen Genmarker für die geringe Aktivität von Monoamin-Oxidase-A nachweisen, welche Neurotransmitter wie Norephedrin, Serotonin und Dopamin metabolisiert.[33]

Ausgehend vom verhaltensgenetischen Ansatz kann man beweisen, dass alle genetisch gesunden Kinder die für Menschen üblichen Kompetenzen wie Sprechen und Denken entwickeln werden, solange nur die Umwelt ein Mindestmaß an Anregung bietet. Ich gehe noch einen Schritt weiter, denn Untersuchungen haben gezeigt, dass der Erfolg elterlicher Erziehungsanstrengungen ebenso begrenzt ist, wie genetische Faktoren die Entwicklung eines Kindes begrenzen. Die Essenz der Verhaltensgenetik ist: Jeder Mensch hat Grenzen, und nur innerhalb der individuellen Grenzen ist Entwicklung formbar.[34] Für eine kulturell optimale Entwicklung sind wiederum Umwelteinflüsse sehr bedeutsam, und genetische Faktoren klären selten mehr als 50 Prozent der Verschiedenartigkeit bei psychologischen Variablen auf.[35]

Das bedeutet, für eine optimale Entwicklung spielen sowohl Umwelteinflüsse als auch genetische Faktoren eine Rolle, aber die genetischen Faktoren sind nur für einen Teil der Unterschiede bei den psychologischen Eigenschaften zwischen Menschen verantwortlich. Ein Beispiel dafür wäre die Entwicklung von Intelligenz. Studien haben gezeigt, dass Intelligenz zu einem gewissen Grad vererbbar ist, aber Umwelteinflüsse wie Bildung, Ernährung und Erfahrungen massiv zu ihrer Entwicklung beitragen. Obwohl genetische Faktoren also einen unbestreitbaren Beitrag zur Intelligenz haben, können Umwelteinflüsse einen größeren Anteil an der Variation der Intelligenz erklären – dazu mehr in Kapitel 6.

Das formbare Gehirn

Neurobiologen gehen davon aus, dass das menschliche Gehirn bereits in der Zeit vor der Geburt wie auch im späteren Leben durch Erfahrungen und externe Einflüsse geprägt wird. Diese Einwirkungen führen zu speziellen Verschaltungen, wodurch das neuronale Netzwerk individuell wird.[36] Es ist somit formbar, eine Eigenschaft, die als Plastizität bezeichnet wird. Grundsätzlich geht man davon aus, dass die neuronalen Strukturen durch Umwelteinflüsse geprägt und verändert werden. Die Neurobiologie schreibt der Umwelt somit eine erhebliche Bedeutung zu, wenn es um das menschliche Lernen und die Entwicklung geht. Jeder psychische oder kognitive Vorgang, jedes Lernen und jede Verhaltensänderung werden durch neurologische Prozesse begleitet. Die häufige Vorstellung, dass es eine Trennung gibt zwischen der biologischen Hardware, dem Gehirn, und einer darauf laufenden psychologischen »Software«, ist demnach unzutreffend. Beide Bereiche sind untrennbar miteinander verbunden. Stattdessen hat sich der Begriff der *Wetware* durchgesetzt, um das Nervensystem des Gehirns zu beschreiben, das gleichermaßen dessen Funktion wie auch seine Struktur ausmacht.

Dabei geht die Neurobiologie davon aus, dass Lernen und Veränderung zwar im gesamten Lebensverlauf möglich sind, dass jedoch manche Fähigkeiten nur während enger Entwicklungszeitfenster erworben werden. Diese kritischen Perioden hat die Ärztin Maria Montessori schon lange vor der Epoche der Gehirnforschung als »sensible Phasen« betitelt. Darüber werden Sie im letzten Teil dieses Buches noch mehr erfahren. Diese sensiblen und kritischen Perioden treten gehäuft in den ersten Lebensmonaten und Lebensjahren auf, weshalb die frühe Kindheit für die menschliche Entwicklung besonders entscheidend ist. Das gilt beispielsweise für den Bereich der Wahrnehmung und des Sprechens, beides Voraussetzung für spätere Lernprozesse wie das Lesenlernen.[37] Allerdings lassen sich auch Belege dafür finden, dass etwa die Fähigkeit, sich selbst zu regulieren, ihren Ausgang in der frühen Kindheit hat.[38] Die Neurobiologie betont also ebenfalls, wie bedeutend die Umwelt für kindliche Entwicklung und Lernprozesse ist. Sehen wir uns nun näher an, welche Umweltmerkmale besonders relevant sind.

Entwicklungsrelevante Umwelten

Die Entwicklungspsychologie und vor allem die Pädagogik haben verschiedene Modelle entwickelt, um den Einfluss der Umgebung auf die Entwicklung von Kindern nachzuzeichnen. Der Goodness-of-fit-Ansatz, der die psychische Anpassung von Kindern an Umweltmerkmale beschreibt, ist besonders bedeutsam.[39] Wenn Erwachsene Kinder exzessiv kritisieren und Schuldgefühle auslösen, ist das feindseliges Verhalten. Untersuchungen haben gezeigt, dass dies bei Kindern, die eine geringe Impulskontrolle hatten, zu externalisierenden Störungen führt, beispielsweise zu hyperkinetischen Störungen, Störungen des Sozialverhaltens und Aggressionsstörungen. Bei Kindern mit einer hohen Impulskontrolle trat hingegen keine derartige Wirkung ein. Neigen Kinder bei Stress zu starken negativen Gefühlen, wurden, wenn sie sich mit autoritären Verhaltensweisen konfrontiert sahen, internalisierende Störungen wie Ängste, Depressionen und körperliche Beschwerden beobachtet.[40] Es kommt also im Leben von Kindern ganz darauf an, wie die genetische Grundausstattung ist, denn von ihr hängt ab, wie sich Erziehungspraktiken und andere Umwelteinflüsse auswirken. Studienergebnisse dieser Art legen nahe, dass Forschung zu kurz greift, die nur nach allgemeinen, für alle Kinder gleichermaßen günstigen oder ungünstigen elterlichen Verhaltensweisen und pädagogischen Angeboten sucht. Wir müssen einen Schritt weitergehen und Ursachen für Erziehungspraktiken von Eltern und

Fachkräften klären, um Hilfsangebote für Erwachsene zu entwickeln und sie zu unterstützen, damit sie wiederum unterstützend mit Kindern umgehen.

Betrachtet man allgemeine Umweltdimensionen, wie die Verfügbarkeit von emotionaler Unterstützung und Sicherheit, so sind breite Auswirkungen auf die gesamte Entwicklung nachweisbar.[41] Es steht außer Frage, dass Kinder eine sichere Umgebung brauchen, um sich optimal entwickeln zu können. Diese Sicherheit entsteht durch ein gewisses Maß an Struktur, geschaffen durch ein weiches, flexibles Regelwerk, das Kindern vorgelebt und erklärt werden sollte. Interessante Untersuchungen hierzu zeigen, dass sowohl zu starre Regeln auf der einen Seite als auch Unstrukturiertheit oder gar Desorganisation auf der anderen Seite Risiken für günstige Entwicklungsverläufe bergen. Wenn Kindern keine Orientierung gegeben wird, sind sie damit permanenter Reizüberflutung und Überforderung ausgesetzt. Es fehlt die äußere Ordnung, die zu einer inneren wird. Oft lassen sich durch eine falsch verstandene Bedürfnisorientierung im Sinne der permanenten Wunscherfüllung mögliche Folgen wie Hilflosigkeit, Stresssymptomatiken oder auch wirtschaftliche Belastungen in späteren Jahren vorhersagen.[42]

Sofortmaßnahmen für Kitas

Sie wollen Kindern eine Wohlfühlumgebung bieten. Sie wollen unterstützen, begleiten und freundlich sein, doch die Nerven liegen blank, weil schon wieder viel zu viele Kinder und viel zu viele Erwachsene krank sind. Sie merken, wie Sie und Ihre Kolleginnen immer dünnhäutiger werden und es vermutlich nicht mehr lange dauert, bis Sie das erste Kind anbrüllen. Nicht, weil Sie bösartig sind, sondern einfach, weil Sie nicht mehr können. Sie fürchten sich vor Ihrer eigenen Reaktion und Sie verachten sich dafür, weil Sie wissen, Sie schaden Kindern, wenn Sie aggressiv sind. Spätestens an diesem Punkt stoppen

Sie sich bitte selbst. Machen Sie jetzt das, was Sie wütenden Eltern raten, wenn die Sie um Rat bitten. Sie sind Profi. Sie beschützen Kinder und Sie wissen, wie Sie Ihre Emotionen regulieren können. Bitten Sie eine Kollegin, die Kinder zu übernehmen, und verlassen Sie die brenzlige Situation. Schließen Sie die Augen und atmen Sie. Sie kennen die 5-3-5-Bauchatmung. Sie hilft immer!

Wenn der Alltag stressig ist, vergessen viele Menschen, dass sie längst wissen, wie sie sich selbst beruhigen und entspannen können. Daher ist es klug, sich Erinnerungsanker zu setzen, damit es erst gar nicht zu belastend wird. Vermutlich haben Sie im Rahmen Ihrer Schutzkonzepte über den Umgang mit schwierigen Emotionen gesprochen und analysiert, woher diese bei Ihnen kommen. Vielleicht hilft Ihnen dieses Tool, um Gelassenheit in Ihren Alltag zu integrieren. Die psychologische Technik des Erinnerungsankers verbessert Erinnerungen, indem man sie mit Wissen verknüpft, das bereits im Gedächtnis vorhanden ist. In Ihrem Fall wäre das die Erinnerung daran, dass schon drei tiefe 5-3-5 Atemzüge nachweislich entstressen[43] und zu mehr Gelassenheit führen.[44] Es wäre also klug, wenn Sie immer mal wieder durchatmen, auch ohne dass eine bestimmte Situation Sie dazu zwingt. Dafür können Sie sich Anker setzen, wie beispielsweise einen Wecker stellen, ein Codewort mit Ihrer Kollegin vereinbaren, die Toilette zum Ort des Durchatmens erklären. Sie können versuchen, sich ans Durchatmen zu erinnern, indem Sie es mit einer bestimmten Tageszeit verknüpfen. Zum Beispiel könnten Sie sich vornehmen, jedes Mal, wenn die Uhr Mittag schlägt, tief durchzuatmen. Sie könnten die Erinnerung mit einer körperlichen Handlung verknüpfen und sich beispielsweise vornehmen, jedes Mal, wenn Sie Ihre Hände waschen, tief durchzuatmen. Eine weitere Möglichkeit ist, das Durchatmen mit einer bestimmten Emotion zu verknüpfen, indem Sie sich beispielsweise vorstellen, wie Sie sich fühlen, wenn Sie entspannt und ausgeglichen sind, und diese Emotion mit dem Durchatmen verbinden. Jedes Mal, wenn Sie sich gestresst fühlen, können Sie versuchen, diese Emotion wiederzuerwecken, um sich ans Durchatmen zu erinnern.

Und sollten Sie unsicher sein und mehr Rat brauchen, wie Sie mit sich umgehen können, wenn Sie wütend werden, wird es höchste Zeit, genau das zu lernen. Zu diesen Themen gibt es Bücher, Kurse und Coachings wie Sand am Meer. Suchen Sie sich ein Angebot, das Sie anspricht und das zu Ihnen passt. Vermutlich wird Ihr Träger gerne in Sie investieren, denn Emotionsmanagement ist definitiv eine Fähigkeit, die Fachkräfte haben müssen.

Auf die Dosis kommt es an

Für die individuelle Entwicklung ist grundsätzlich wichtig, in welchem Alter, wie lange, mit welcher Intensität und wie konsistent ein Umweltfaktor einwirkt. In der Entwicklungspsychologie war, unter anderem durch die Arbeiten von Sigmund Freud und John Bowlby, lange Zeit die Annahme verbreitet, dass Kinder vor allem in den ersten Lebensjahren am empfänglichsten für Umwelteinflüsse sind und dass diese frühen Erfahrungen besonders weitreichende und deutliche Effekte auf die Entwicklung haben würden.[45] Neuere Untersuchungen konnten allerdings keinerlei lineare Zusammenhänge zwischen Alter und Sensitivität für Umwelteinflüsse finden.

Die wohl bedeutendste Studie hierzu ist die Waisenhausstudie. Forscher beobachteten Kinder, die unter grauenvollen Umständen in rumänischen Waisenhäusern lebten.[46] Diese Kinder waren unterernährt, es fehlte an festen Bezugspersonen und weitgehend an jeglicher sozialen Zuwendung. Die Ergebnisse belegen, dass die Kinder, die vor ihrem 7. Lebensmonat in Adoptivfamilien kamen, mit vier bis sechs Jahren keine Bindungsstörungen und keine kognitiven Defizite aufwiesen. Wurden die Kinder allerdings später in Familien aufgenommen, hatten sie ein erhöhtes Risiko, durch externale und internale Störungen beeinträchtigt zu werden. Externale Störungen könnten etwa das Umfeld oder die Lebensbedingungen sein, in denen sich das Kind befindet, wie schlechte Ernährung oder unzureichende Wohnbedingungen. Ein Beispiel dafür wäre ein Kind, das in einer Pflegefamilie aufgenommen wird, nachdem es zuvor in einer vernachlässigten oder gefährlichen Umgebung aufgewachsen ist. Internale Störungen beziehen sich auf psychologische Faktoren, die das Verhalten und die Emotionen des Kindes beeinflussen können, wie beispielsweise Traumata oder psychische Störungen. Ein Beispiel dafür wäre ein Kind, das in einer Familie aufgenommen wird, nachdem es sexuellen Missbrauch oder Vernachlässigung erlebt hat und daraufhin emotionale Probleme entwickelt hat.

Dass derartige Deprivationserfahrungen in den ersten Lebensmonaten, wie sie in den Waisenhäusern vorkamen, sich nicht auf die Entwicklung des Bindungsverhaltens auswirkten, ist damit zu erklären, dass sich die Bindung von Kindern an Bezugspersonen erst ab dem zweiten Lebenshalbjahr fix herausbildet. Das wiederum bedeutet, dass Kinder nicht per se in den ersten Lebensmonaten besonders empfänglich für Umwelteinflüsse sind, sondern in dem Alter, in dem Umwelteinflüsse und Entwicklungsaufgaben kollidieren.[47] Wie zuvor beschrieben sind Kinder je nach Reizschwelle unterschiedlich vulnerabel für Umwelteinflüsse. Zudem können ungünstige Einflüsse später modifiziert werden – allerdings nur dann, wenn die Umweltbedingungen auch neue Erfahrungen zulassen. Prinzipiell ist es so: Je länger, je mehr und je intensiver schädigende Umweltfaktoren auf ein Kind einwirken, desto weitreichender ist die ungünstige Entwicklung. Diese Zusammenhänge sind allerdings nicht immer linear. Die Dauer negativer Umwelteinflüsse ist von größter Bedeutung. Kinder, die längerfristig wirtschaftlich belastende Situationen aushalten müssen, zeigen signifikant häufiger sozial auffälliges Verhalten in Bezug auf Peerguppen, haben mehr Probleme mit sozialen Kontakten und eine geringere Selbstachtung als Kinder, die in finanziell stabilen Familien leben oder nur kurzfristig wirtschaftlichen Schwierigkeiten ausgesetzt sind.[48]

Das Leben eines Kleinkindes findet zunächst hauptsächlich in der Familie statt, später kommen Kinderkrippe, Kindergarten und noch später Schule hinzu. Kinder sind in ihren ersten Lebensjahren darauf angewiesen, dass all ihre Bedürfnisse im familiären Kontext und in frühpädagogischen Einrichtungen befriedigt werden, denn erst mit zunehmendem Alter erobern sich Menschen immer mehr Lebensräume und erfahren so immer mehr Umgebungen, Menschen und Anregungen. Nach der Bronfenbrenner'schen Terminologie aus Kapitel 1 steigt die Zahl der Mikrosysteme, denen das Individuum angehört. Mit zunehmendem Alter werden die Interaktionen des Kindes mit der Umwelt umfangreicher und dementsprechend auch komplexer. Wie weiter oben schon beschrieben, nehmen mit wachsenden Fähigkeiten aktive Genom-Umwelt-Korrelationen zu, das heißt, Umwelten werden zunehmend mehr entsprechend des genetischen Potenzials verändert oder aktiv ausgewählt. Kinder suchen sich, was sie interessiert und was zu ihnen passt. Sie haben die Anlagen, nun brauchen sie noch die für sie passende Umgebung. Das ist der Grund, warum ich davon überzeugt bin, dass jeder Mensch seine Nische findet, man muss ihn nur in einer reichhaltigen und sicheren Umgebung experimentieren lassen.

Sofortmaßnahmen für Eltern

Überlegen Sie, was Ihrem Leben Sinn gibt. Was machen Sie von Herzen gerne, welche Tätigkeiten lassen Ihre Augen leuchten und Ihre Herzen schneller schlagen? Sie als Eltern sind mit Abstand die wichtigsten Menschen für Ihr Kind und Sie bieten maßgeblich die Umgebung, die den größten Einfluss auf das Wohlergehen und die Entwicklung Ihres Kindes hat. Das ist viel Verantwortung, und genau deshalb ist es so wichtig, dass es Ihnen gut geht. In meinen Beratungen wird oft deutlich, wie sehr Eltern sich selbst vernachlässigen, wie leicht es ihnen fällt, an andere zu denken, aber nicht an sich. Das darf sich ändern! Priorisieren Sie Selbstfürsorge: Nehmen Sie sich Zeit für sich selbst, um Ihre Energie aufzuladen und sich zu entspannen. Tun Sie Dinge, die Ihnen Freude bereiten und die Sie entspannen. Versuchen Sie, eine Balance zwischen Arbeit und Familie zu finden, um Stress abzubauen. Legen Sie Prioritäten fest, delegieren Sie Aufgaben, um Ihre Last zu verringern, und sagen Sie »Nein«, wenn Sie es brauchen. Verbinden Sie sich mit anderen Eltern, die ähnliche Herausforderungen haben, um Unterstützung zu finden und sich auszutauschen. Bauen Sie ein Netzwerk von Familienmitgliedern, Freunden und Gemeinschaften auf, die Sie bei Bedarf unterstützen können. Nehmen Sie sich Zeit, um sich selbst weiterzubilden und Ihre Interessen zu verfolgen. Nehmen Sie an Online-Kursen oder Schulungen teil, lesen Sie Fachbücher oder besuchen Sie Seminare. Nutzen Sie Technologie sinnvoll, indem Sie Ihre Effizienz verbessern und Ihre Arbeitsbelastung reduzieren. Verwenden Sie Apps und Online-Tools, um Ihre täglichen Aufgaben zu organisieren. So mancher Mental Load lässt sich delegieren.

Indem Sie – mit einem guten Gewissen – auf sich selbst achten und sich Zeit für sich nehmen, Ihre eigenen Bedürfnisse zu erfüllen, werden Sie Ihrem Kind ein gutes Vorbild sein, von dem es beispielsweise lernt, dass Lernen Freude macht. Sie werden sich entlasten, indem Sie sich weiterentwickeln, und Sie werden zufriedener sein. Zufriedene Eltern sind entspanntere Eltern, entspanntere Eltern haben gute Nerven und schenken ihren Kindern Stabilität und Zuversicht. Kinder profitieren am meisten von Eltern, die mit sich selbst im Reinen sind und die sich dafür von jeglichem Perfektionismus verabschieden. Die Welt ist nicht perfekt, niemand ist es und niemand wird es jemals sein. Sie nicht, Ihre Erziehung nicht, Ihr Kind nicht.

Sage mir, wo du wohnst, und ich sage dir, wie du dich entwickelst

Die Bedeutung der Umweltdimensionen verändert sich mit zunehmendem Alter, in Abhängigkeit von Ressourcen und Entwicklungsaufgaben. Für Kinder haben beispielsweise die soziale Umwelt und der Zugang zu neuen Informationen absolute Priorität.[49] Viele entwicklungspsychologische Studien haben sich mit der Wirkung einzelner Umwelten wie Familie, Peergruppe, Wohnort, sozioökonomischer Status, Schule, Freizeitorte, Nachbarschaft und elektronische Medien beschäftigt. Ich habe einige exemplarische Befunde zu Familie, Wohnort und Nachbarschaft ausgewählt und stelle sie im Folgenden kurz vor.

Bei Kindern im Altersbereich von drei bis sieben Jahren hängt eine günstigere motorische, soziale und kognitive Entwicklung damit zusammen, wie groß das Ausmaß an Lernanregungen und Ansprechbarkeit ist, das sie in ihrer Umwelt vorfinden.[50] Kinder, die in stimulierenderen Umgebungen aufwachsen und von ihren Eltern wenig bestraft werden, zeigen weitaus weniger Verhaltensprobleme[51] als Kontrollgruppen. In einigen Untersuchungen wurde zudem nachgewiesen, dass die Qualität der Paarbeziehung der Eltern positiv mit der Entwicklung prosozialen Verhaltens bei ihren Kindern im späten Kindergartenalter zusammenhängt.[52] Diese Ergebnisse waren in Studien mit Adoptivkindern noch klarer als in Zwillingsstudien. Der größere Teil der untersuchten Zusammenhänge ist also nicht genetisch bedingt, sondern den Einflüssen der Umgebung zuzuordnen.

Die Umgebungen und damit die Lebenswelten von Kindern unterscheiden sich auf vielfältige Weise. Beispielsweise wird die klassische Familienkonstellation Vater, Mutter, Kind zunehmend durch alternative Formen wie Patchworkfamilie, Einelternfamilie und gleichgeschlechtliche Eltern ersetzt. Das wissenschaftliche Interesse an diesen neuen Umwelten nimmt seit Jahren zu. So hat eine Forschergruppe belegt, dass Scheidungskinder zwar ein geringeres Wohlbefinden und mehr Verhaltens- und Leistungsprobleme aufweisen, wobei die Scheidung selbst aber nur etwa zwei Prozent der Verhaltensmerkmale der Kinder erklärt. Man geht heute davon aus, dass sich vor allem permanente familiäre Konfliktbelastungen negativ auf Kinder auswirken, und nicht primär die Abwesenheit eines Elternteils.[53] Weitreichendere Auswirkungen auf die Entwicklung von Kindern hat das Erziehungsverhalten von Eltern, das sich gut anhand von Kerndimensionen wie Wärme und Unterstützung sowie Kontrolle und altersangemessene Forderungen analysieren lässt.[54] Beide Dimensionen sind in der autoritativen Erziehung[55] besonders ausgeprägt. Sie gilt als besonders günstig für die Entwicklung, wobei eine niedrige Ausprägung der oben genannten Kerndimensionen, also vernachlässigendes Elternverhalten, sich besonders nachteilig auswirkt. In westlichen Kulturen werden starke Gehorsamsanforderungen als unerwünschter Eingriff in die Selbstständigkeit der Kinder interpretiert, während sie in den meisten östlichen Kulturen, wie etwa Japan oder Russland, als erwünschtes Zeichen elterlicher Zuwendung und Besorgnis gelten.[56] Im Rahmen einer Längsschnittstudie stellte sich heraus, dass Kinder, die ihre Eltern als psychologisch kontrollierend erleben oder wahrnehmen, häufiger als andere Kinder über eigenes Problemverhalten berichten.[57]

Neben der Familie zeigen auch Wohnort und Nachbarschaft Auswirkungen auf die Entwicklung von Kindern. Hier werden meist drei theoretische Modelle benutzt, die sich wechselseitig ergänzen. Das Modell der Familienbeziehungen nimmt an, dass die Effekte des Wohngebiets auf die Entwicklung der Kinder über deren Eltern vermittelt werden. Zum Beispiel wirken sich Stressoren und fehlende Ressourcen in der Nachbarschaft, Lärm und sprachliche Verständigungsprobleme negativ auf die psychische und physische Gesundheit der Eltern aus. Sie bewirken so wiederum negatives Elternverhalten wie psychische und physische Gewalt gegenüber Kindern. Dieses Modell ist besonders gut für Effekte auf jüngere Kinder geeignet, die selbst noch wenig direkte Erfahrungen in und mit ihrem Wohngebiet machen.

Das Modell institutionaler Ressourcen besagt, dass das Wohngebiet über den Umfang, die Qualität und die Diversität von Ressourcen für Lernen, Erholung, Bildung, Gesundheit und Berufstätigkeit wirkt. »Gute« Wohnviertel verfügen zumeist über bessere Kitas, die eine positive Entwicklung der Kinder fördern können. Das Modell sozialer Normen und der kollektiven Effizienz schließlich steht für eine aktive Nachbarschaft, die einschreitet, wenn Werte oder Güter der Gemeinschaft bedroht werden. Im Alltag würde das bedeuten, dass ein Nachbar, der ein ihm bekanntes Kleinkind allein auf der Straße sieht, sich um das Kind kümmert und es zurück zu seinen Eltern bringt.[58] Schon länger befassen sich Forschungen mit der Rolle von Nachbarschaftsressourcen für die positive Entwicklung von Kindern. Folgende fünf entwicklungsfördernde Aspekte sollten dabei Beachtung finden:

1. Unterstützende Beziehungen zu Erwachsenen sowohl innerhalb als auch außerhalb der Familie
2. Positive Beziehungen zu Gleichaltrigen als Modelle für sozial verantwortliches Verhalten
3. Eine hohe Qualität der Bildungsinstitutionen
4. Klare soziale Normen und Regeln für das Verhalten der Kinder in der Gemeinschaft
5. Alltagsintegrierte pädagogische Programme zur Förderung von Kompetenzen der Kinder

Empirisch gut gesichert ist, dass, wenn ein Kind in einer Gegend mit vielen der oben angeführten Ressourcen aufwächst, es sich auf jeden Fall günstiger entwickelt.[59]

Aus beruflichen Gründen bin ich oft in Kitas und stelle mir immer wieder die Frage, welchen Einfluss eine Kita auf die Entwicklung von Kindern hat. Dabei stelle ich fest, dass viele Kinderkrippen und Kindergärten zwar Programme und Interventionen speziell zur Sprachförderung und zur Förderung sozialer

Kompetenzen haben, die sich allerdings nur in Ausnahmefällen an den Interessen, Bedürfnissen und Lebenswelten der verschiedenen Kinder orientieren. Allein dadurch sind sie nicht erfolgversprechend. Kinder sind unterfordert und überfordert, beides sind denkbar schlechte Lernbedingungen. Dabei haben schon 1998 Forscher Kernprinzipien zur Förderung aller Kinder vorgeschlagen. Sie wünschten sich, dass Kinder immer wieder in multiplen Kontexten mit kompetenzfördernden Personen und Umwelten konfrontiert werden, damit die Förderung möglichst vieler Ressourcen gewährleistet ist und auch dafür gesorgt ist, dass alle Kinder erreicht werden.[60]

Darüber, wie man alle Kinder erreicht, schreibe ich im folgenden Kapitel. Sie erfahren, welche Bedeutung Interessen, Talente und Begabungen für die Bildung von Kindern haben.

5. Können alle Primaballerina werden? – Intelligenz, Begabung & Co.

Es ist nicht wichtig, alles werden zu können, wenn man herausgefunden hat, wer man ist.

Die Frage, ob jeder Mensch alles werden kann, ist komplex und hängt von vielen Faktoren ab, einschließlich Intelligenz, Umwelt, persönlicher Einstellung und Anstrengungsbereitschaft. Einige Wissenschaftler vertreten die Ansicht, dass jeder Mensch das Potenzial hat, in allen denkbaren Bereichen erfolgreich zu sein, wenn er nur genügend Zeit, Energie und Anstrengung investiert.[61] Andere betonen die beschränkende Rolle von Genetik und anderer biologischer Faktoren bei der Entwicklung von Fähigkeiten und Talenten.[62] Eine einfache Antwort auf die Frage gibt es nicht, aber es gibt spannende Ansichten. Um sie zu verstehen, ist es zunächst wichtig zu klären, was Intelligenz, Begabung und Talent überhaupt sind.

Intelligenz ist ein Konstrukt, das verschiedene mentale Fähigkeiten umfasst, einschließlich kognitiver Fähigkeiten wie Problemlösung, Lernen, Wahrnehmung und Entscheidungsfindung. Es gibt keine einheitliche Definition von Intelligenz, aber viele unterschiedliche Modelle und Theorien. Ein prominentes Modell ist die »Theorie der allgemeinen Intelligenz« von Charles Spearman. Sie besagt, dass eine Person entweder eine hohe oder niedrige allgemeine Intelligenz hat, die sich auf verschiedene kognitive Fähigkeiten auswirkt. Die Intelligenz ist normalverteilt.[63] Die Normalverteilung ist eine mathematische Verteilung, die in vielen Bereichen der Statistik und der Wissenschaft verwendet wird. Bei Intelligenztests bedeutet die Normalverteilung, dass die meisten Menschen durchschnittliche Intelligenz aufweisen und dass es immer weniger Menschen gibt, je weiter man sich von diesem Mittelwert entfernt.

Intelligente Förderung

Kristalline Intelligenz und fluide Intelligenz sind zwei verschiedene Arten von Intelligenz, die der US-amerikanische Psychologe Raymond Cattell[64] beschrieben hat. Kristalline Intelligenz bezieht sich auf das Wissen und die Fähigkeiten, die eine Person im Laufe ihres Lebens erworben hat. Sie umfasst sprachliche Fähigkeiten, allgemeines Wissen und spezifische Fähigkeiten, die jemand sich im Rahmen von Bildung und Training aneignet. Kristalline Intelligenz bezieht sich also darauf, dass ein Mensch kulturell vermitteltes Wissen beherrscht und durch Erfahrung und Lernen wächst. Fluide Intelligenz hingegen bezieht sich auf die Fähigkeit, Probleme zu lösen, die unabhängig von kulturellem Wissen sind. Sie umfasst beispielsweise Mustererkennung, räumliche Vorstellungskraft und das Lösen von Problemen, die logisches Denken erfordern. Im Gegensatz zur kristallinen Intelligenz ist die fluide Intelligenz eng mit der biologischen Grundlage der Intelligenz verbunden und neigt dazu, mit dem Alter abzunehmen.[65] Beide Arten von Intelligenz sind wichtig für das menschliche Denken und Verhalten und können unabhängig voneinander gemessen werden. Es wird angenommen, dass sowohl kristalline als auch fluide Intelligenz dazu beitragen, dass eine Person in verschiedenen Bereichen des Lebens erfolgreich ist. Das sind zwei Intelligenzen, die man mit nahezu jedem handelsüblichen Intelligenztest messen kann. Ich habe im Rahmen der Forschungsarbeiten für meine Dissertation an über 600 Kindern eine Messung der Intelligenz durchgeführt. Im Alter von vier bis sechs Jahren macht das Kindern Spaß. Die Kinder legen Puzzles, beantworten Fragen wie »Tagsüber scheint die Sonne. Was scheint nachts?«, sie legen Würfelbilder nach und suchen fehlende Teile auf Bildern, wie beispielsweise den Arm eines Teddys. Was ich nicht erforscht habe, sind die vielen Intelligenzen, von denen Howard Gardner[66] spricht. In seiner Theorie der multiplen Intelligenzen stellt er neun verschiedene Arten von Intelligenz vor:

1. Sprachliche Intelligenz: die Fähigkeit, Worte effektiv zu nutzen, sowohl in der schriftlichen als auch in der gesprochenen Sprache
2. Logisch-mathematische Intelligenz: die Fähigkeit, logische und mathematische Probleme zu lösen, sowie analytisches Denken und rationale Argumentation
3. Räumliche Intelligenz: die Fähigkeit, sich im Raum zu orientieren, räumliche Beziehungen zu verstehen und Objekte in unterschiedlichen Perspektiven zu betrachten
4. Körperliche/kinästhetische Intelligenz: die Fähigkeit, Bewegungen zu koordinieren, körperliche Aktivitäten durchzuführen und vielleicht sogar in besonderem Maße körperliche Geschicklichkeit zu zeigen
5. Musikalische Intelligenz: die Fähigkeit, Musik zu verstehen, zu komponieren und zu spielen, sowie Musikalität und Rhythmusgefühl
6. Interpersonelle Intelligenz: die Fähigkeit, mit anderen Menschen zu kommunizieren, zwischenmenschliche Beziehungen aufzubauen und Empathie zu zeigen
7. Intrapersonelle Intelligenz: die Fähigkeit, das eigene Selbst zu verstehen, emotionale Intelligenz, Selbsterkenntnis und Selbstreflexion
8. Naturkundliche Intelligenz: die Fähigkeit, die natürliche Umwelt und die natürlichen Phänomene zu verstehen und zu schätzen

9. Existenzialistische Intelligenz: die Fähigkeit, über existenzielle Fragen nachzudenken, über das Leben, dessen Sinn und den Tod zu reflektieren

Gardner behauptete nicht, dass diese neun Arten von Intelligenz erschöpfend oder endgültig sind. Er stellte Kategorien auf, die sich aus seinen Beobachtungen der menschlichen Fähigkeiten ergeben haben.[67] Einen Test, der all diese Intelligenzen misst, gibt es bisher nicht, und ich bezweifele, dass es ihn in naher Zukunft geben wird. Das ist auch nicht wichtig. Wenn wir Kinder gut beobachten, dann erkennen wir früh, wo die Begabungen liegen.

Die Begriffe Begabung und Talent werden oft synonym verwendet, aber sie unterscheiden sich voneinander. Begabung bezieht sich auf die natürliche Veranlagung für eine bestimmte Fähigkeit oder ein bestimmtes Gebiet. Dieses Potenzial wird durch angeborene Faktoren wie Gene, körperliche Merkmale und Umweltfaktoren bestimmt. Begabungen können in verschiedenen Bereichen wie Musik, Kunst, Mathematik oder Sprachen vorhanden sein. Menschen können Begabungen durch Training und Erfahrung weiterentwickeln und verbessern.[68] Talent hingegen bezieht sich auf eine Fähigkeit oder ein Gebiet, in dem jemand sich zu Hause fühlt.[69] Es ist das Ergebnis der Entwicklung von Begabungen durch Training, Übung, Engagement und Anstrengung. Talent resultiert aus harter Arbeit und der Fähigkeit, das Potenzial, das in der Begabung liegt, in etwas Wertvolles umzusetzen. Ein Kind kann eine musikalische Begabung haben, aber es braucht Engagement, Übung und Training, um ein Talent zu entwickeln und als Musiker erfolgreich zu sein. Ein anderes Kind kann ebenfalls begabt sein in Musik, aber es kommt nie in Kontakt mit einem Musikinstrument, deshalb kann es sich nie dafür interessieren und auch nie üben. Dadurch bleibt das musikalische Potenzial ungenutzt, und das Kind entwickelt kein Talent. So geht es vielen Kindern, wenn sie in einer wenig anregenden Umgebung leben und aufwachsen. Begabung ist also das Potenzial in einem bestimmten Bereich, während Talent das Ergebnis harter Arbeit, Anstrengung und der Fähigkeit ist, das Potenzial in eine erfolgreiche Leistung umzusetzen. Wenn wir uns ganzheitliche Bildung für unsere Kinder wünschen, ist es unsere Aufgabe, den Kindern die ganze Welt zur Verfügung zu stellen, damit sie aus ihren Potenzialen Talente machen können.

Sofortmaßnahmen für Eltern

Versuchen Sie, Ihren Kindern Begabungswachstum zu ermöglichen und sie zu erkennen, anzuerkennen und zu unterstützen. Ermutigen Sie Ihre Kinder, ihren Interessen nachzugehen und dadurch ihre Begabungen weiterzuentwickeln. Bieten Sie ihnen eine breite Palette von Aktivitäten und Erfahrungen, damit sie viel ausprobieren können. Ermöglichen Sie Zugriff auf alle möglichen Ressourcen, die Begabungen fördern, wie beispielsweise Zugang zu anderen Kindern, Büchern, Musikinstrumenten, Kunstmaterialien, zu Natur und zu Technik. Geben Sie Ihren Kindern vor allem viel Gelegenheit zum Spielen. Lassen Sie Ihrem Kind genügend Zeit und Raum, um seine Begabungen zu praktizieren und sich immer wieder neu auszuprobieren. Eine ausgewogene Freizeitgestaltung trägt dazu bei, dass Kinder ihre Begabungen entfalten und gleichzeitig ihr Gleichgewicht und Wohlbefinden bewahren. Es ist wichtig, dass Sie Ihre Kinder nicht überfordern oder Druck auf sie ausüben, sondern sie auf eine positive und unterstützende Art und Weise begleiten. Lassen Sie Langeweile zu, lassen Sie Nichtstun zu, lassen Sie Schlafanzugtage und Rumhängen zu. Entwicklung darf dauern und ist auch immer eine Reise zu sich selbst. Sicher kennen Sie das afrikanische Sprichwort »Das Gras wächst nicht schneller, wenn man daran zieht«.

Förderung braucht Kapital – nicht nur Geld

Unter »Kapital« werden nicht nur finanzielle Mittel, sondern allgemein Ressourcen verstanden, die Menschen in einer Gesellschaft zur Verfügung stehen, um ihre Ziele zu erreichen. Bildungskapital ist dasjenige Kapital, das zur Verbesserung der Bildung und des Lernens eingesetzt werden kann.[70] Um die Bildung von Kindern zu gewährleisten, brauchen wir aber auch ökonomisches Kapital. Dieser Begriff bezieht sich auf Besitztümer und Geld.[71] Wir brauchen für Bildung außerdem kulturelles Kapital. Das sind erst einmal Objekte: Kunstwerke, Bücher, Lexika, Instrumente oder Maschinen. Dieses objektivierte Kulturkapital können wir an Nachkommen weitergeben, da es materiell übertragbar ist. Der Unterschied zu rein ökonomischem Kapital besteht darin, dass es sich nicht so leicht als »Kapital« zu erkennen gibt. Hinzu kommt, dass sich Gemälde, alte Bücher oder interessante Kulturgüter zwar in ökonomisches Kapital übertragen, also verkaufen lassen, das ist aber nicht alles: Um sie nutzen zu können, müssen weitere Fähigkeiten vorhanden sein, das sogenannte inkorporierte Kulturkapital – das Wissen, das eine Person erworben hat und das zu ihr gehört. Denn um ein Buch, ein Gemälde, ein Musikstück genießen zu können, brauchen wir Menschen, die uns die Tür dazu öffnen. Diese Menschen, gleichgültig, ob es sich um Eltern, pädagogische Fachkräfte oder Mentoren aller Art handeln, müssen gebildet sein und die Schlüssel zu den Bildungsschlössern weitergeben können. Eine Kita kann im Besitz der größten Bilderbuchbibliothek des Universums sein, wenn niemand all die wunderbaren Bücher kennt, nicht passend auswählt und engagiert vorliest, bleibt dieses Schloss versiegelt, denn erst die Vielfalt der Bücher mit all ihren Geschichten und Gedichten eröffnet Kindern den Zugang zu Literatur – besonders den Kindern, die aus bildungsfernen Schichten kommen.

Dieses inkorporierte Kulturkapital ist weniger konkret greifbar als die Gegenstände selbst, denn es handelt sich dabei um Wissen und Fähigkeiten. Dazu benötigen wir Menschen, die Zeit und Energie in Bildung investieren wollen, denn jeder muss an sich arbeiten, um Bildung zu erlangen.[72] Oft wird diese Kapitalart in der Regel gar nicht als solche erkannt, denn sie ist nicht schriftlich fixiert, es kann kaum ein objektiver Nachweis geführt werden. Ein solcher Nachweis mag bei »Wissen« noch gelingen, bei subtileren Formen des inkorporierten Kapitals wie »Manieren« oder »Anpassungsfähigkeit« und »Stil« dagegen wird es schwieriger.

Von besonderer Wichtigkeit für Bildungsfragen ist das institutionalisierte Kulturkapital. Es ähnelt dem inkorporierten Kapital, da es ebenfalls an eine Person gebunden ist und nicht übertragen werden kann. Insbesondere »Bildungstitel« wie pädagogische Fachkraft, Meister, Abiturient und alle weiteren konventionellen Abschlüsse, die stabile und juristisch garantierte Werte bedeuten, produzieren eine soziale Form von kulturellem Kapital.[73] Zu diesem Sozialkapital gehören außerdem soziale Beziehungen, Unterstützung und Anerkennung, die sich aus der Herkunft oder Zugehörigkeit des Kindes ergeben. Eine bestimmte Gesellschaftsschicht oder Gruppierung, aber auch eine ethnische Gemeinschaft, eine Familie oder ein Verein können das Sozialkapital beeinflussen. Dem französischen Soziologen Pierre Bourdieu zufolge, der diese Zusammenhänge intensiv beschrieben hat, kann das Sozialkapital nicht theoretisch, sondern nur in der Praxis existieren. Allerdings kann die Weitergabe auch institutionalisiert werden, wie dies bei vererbbaren Titeln und Rechten in Adelskreisen der Fall ist. Aber auch in anderen Gesellschaftsschichten wird das Sozialkapital gewissermaßen vererbt.[74] Dazu folgendes Gedankenspiel: Eine konservative, klassische Gruppenkita bewahrt und festigt Unterschiede, anstatt sie zu nivellieren. So spielen familiäre Hintergründe eine entscheidende Rolle: Inkorporiertes Kapital, also Wissen und Bildung, kann nur erworben werden, wenn die Familie darauf bedacht ist, sich in die Kultur der Kita – des Gastlandes wohlgemerkt – zu integrieren. Stil, Umgangsformen, kulturelle und literarische Hintergründe müssen erlernt sein, und zwar bevor Kinder in die Schule kommen. Zwar gibt es unterschiedlichste Bemühungen, Kindern aller sozialen Schichten die Integration zu erleichtern, damit werden aber zugleich Unterschiede zementiert, weil die Angebote eher separieren als integrieren. Wenn man beispielsweise im Stuhlkreis über die Erlebnisse vom Wochenende redet und Kinder von Zoobesuchen und Familienausflügen berichten, kann das für Kinder, die nur vor dem Fernseher saßen und durch familiäre Konflikte belastet sind, sehr beschämend sein. Ähnlich verhält es sich mit dem hehren Grundsatz der »Chancengleichheit«: Er erschöpft sich zumeist in der »Gleichbehandlung« aller Kinder, ungeachtet der vorhandenen Unterschiede. So profitieren alle Kinder von einer »pädagogisch korrekten« Sprachförderung, doch die Hauptprofiteure sind diejenigen Kinder aus Elternhäusern mit einem deutschen Hintergrund und Kinder, deren Eltern über genügend kulturelles Kapital verfügen. Und auch der Habitus, also das Spezifische am Auftreten eines Individuums, bedingt oder verhindert Bildungschancen im Sinne von der Hoffnung auf Bildungstitel: So ist davon auszugehen, dass Kinder aus einem bildungsnahen Elternhaus wesentlich selbstsicherer auftreten als Kinder, deren familiäre Umgebung eine andere ist.

Aufbau von Bildungskapital

Die Begabtenförderung fragte in der Vergangenheit, ob ein Kind begabt sei und wie ihm durch geeignete und gezielte Maßnahmen eine optimale Entfaltung seiner Anlagen ermöglicht werden kann.[75] Heute hat sich das Interesse verschoben: Es geht nunmehr darum, inwieweit ein System Bildung von Kindern begünstigen kann. Wie muss dieses System aussehen oder verändert werden, um die Wahrscheinlichkeit für mehr Bildungschancen zu erhöhen? Denn Begabungsförderung und damit auch Bildungsmöglichkeiten sind nicht allein im Individuum, sondern im System aus Individuum und dessen Umwelt zu verorten.

In der Konsequenz beschreibt Ziegler den Begriff des Bildungskapitals nicht aus individueller, sondern aus gesellschaftlicher Perspektive.[76] Er unterscheidet fünf Erscheinungsformen des Bildungskapitals, die teilweise miteinander verwoben sind. Das ökonomische Bildungskapital einer Gesellschaft umschreibt das Vermögen, also den Besitz an Geld oder Wertgegenständen, den wir zur Initiierung und Aufrechterhaltung von Bildungs- und Lernprozessen einsetzen können. Die meisten Erfindungen und technischen Innovationen sind ohne ökonomisches Bildungskapital kaum möglich: Nobelpreise etwa werden in aller Regel nur an Forschungsinstitutionen wirtschaftlich reicher Länder vergeben.

Das kulturelle Bildungskapital umfasst die individuellen Werthaltungen, Denkmuster und Leitbilder, die benötigt werden, um bestimmte Lern- und Bildungsziele zu erreichen. Fehlt dieses Kapital, verfehlen wir auch unsere Bildungsziele. Insbesondere Frauen haben unter einem Mangel an kulturellem Bildungskapital zu leiden. So haben im 20. Jahrhundert nur fünf Frauen einen naturwissenschaftlichen Nobelpreis erhalten. Mich verwundert das nicht, denn besonders die frühe Bildung ist weiblich. Die Anzahl der Erzieher in Deutschland ist im Vergleich zu Erzieherinnen immer noch gering. Laut Daten des Statistischen Bundesamtes betrug der Anteil männlicher Erzieher in Kindertageseinrichtungen im Jahr 2020 etwa 6,9 Prozent.[77] Es gibt jedoch Bestrebungen, den Anteil männlicher Erzieher zu erhöhen und dadurch eine größere Geschlechtervielfalt im pädagogischen Bereich zu fördern. Betrachtet man die Literatur, wird deutlich, dass sich die umgebende Kultur mehr oder weniger günstig auswirken kann, wenn es um geschlechterübergreifende Bildung geht. Als Beispiel sei genannt, dass die Leistungen von Frauen in MINT-Fächern dann schlechter sind, wenn in deren Kultur die Überzeugung vorherrscht, dass sie für diese Fächergruppe weniger geeignet sind. Spannend ist, dass diese Auffassung in Mitteleuropa stärker verbreitet ist als in Südamerika oder den Golfstaaten.[78]

Kitas, Erzieherinnen und Erzieher, Eltern, unterstützende Partner, helfende Freunde, Mentoren und Lehrer zählen zum sozialen Bildungskapital, das auf Lernprozesse einwirken kann. Lernprozesse können durch Fachkräfte direkt verbessert werden, besonders dann, wenn günstige Rahmenbedingungen für Bildung geboten werden. Je nach Anzahl, Engagement und Kompetenz der Fachkräfte und Eltern kann überhaupt Zugang zu Lernsituationen ermöglicht werden. Wenn diese beiden Gruppen sich gemeinsam für gute Rahmenbedingungen in Kitas einsetzen, indem sie sich gemeinsam für gute Bildungsbedingungen starkmachen, wäre schon viel erreicht.

Ich sehe was, was du nicht siehst

Wie aber sollen Kinderzimmer und Kitas beschaffen sein, damit sie Lernen zulassen? Dazu stelle ich Ihnen einen neuen Ansatz aus dem Bereich der Begabungsforschung vor, den Soziotop-Ansatz Albert Zieglers.[79] Er beschreibt die Umweltbedingungen genauer, die für die Entstehung von Begabung förderlich oder hinderlich sind. Seine Herangehensweise schließt neben räumlichen auch personelle und psychologische Faktoren ein. Sie eignet sich nicht nur dazu, zu erklären, wie spezielle Begabungen entstehen, sondern gibt auch einen Einblick in die allgemeine Entwicklung von Fähigkeiten im Kindesalter.

Es gibt mehrere Soziotop-Typen, die für die Bildungsentwicklung unterschiedliche Funktionen haben. Lernsoziotope sind Räume, die systematischen Lernzuwachs ermöglichen. Sie beinhalten kontextuelle Bedingungen für individuelle Handlungen. So ist beispielsweise das Kinderzimmer zum Spielen und Schlafen da, ein Schwimmbecken zum Schwimmen. Menschen richten diese objektiven Handlungsräume oft bewusst her. Ein objektiver Handlungsraum bezieht sich auf die tatsächlichen Möglichkeiten, die ein Kind hat, um Handlungen auszuführen und Ziele zu erreichen, basierend auf den vorhandenen Ressourcen und Umständen. Er beschreibt somit die realen Gegebenheiten, die verfügbar sind, um bestimmte Handlungen auszuführen und Ziele zu erreichen. Der dazugehörige normative Handlungsraum sorgt dafür, dass Handlungen dann positiv sanktioniert werden, wenn diese zu Lernzuwächsen führen.

Zu Lernsoziotopen zählen die Kita, der Musikunterricht, ein Museum oder auch ein beliebiger Spielplatz. Der Spielplatz bietet Kindern verschiedene Möglichkeiten, körperliche Fähigkeiten zu entwickeln und soziale Fähigkeiten zu verbessern. Der objektive Handlungsraum des Kindes auf dem Spielplatz wird durch die verfügbaren Spielgeräte, den Raum selbst und die Anwesenheit anderer Kinder beeinflusst. Wenn der Spielplatz viele verschiedene Geräte und viel Platz bietet, hat das Kind einen größeren objektiven Handlungsraum und kann mehr spielen und lernen. Wenn der Spielplatz jedoch überfüllt oder unsicher ist, wird der objektive Handlungsraum des Kindes eingeschränkt und seine Möglichkeiten zur körperlichen und sozialen Entwicklung sind begrenzter.

Tatsächlich aber nutzen wir objektive Handlungsräume nie ganz aus, was in der Regel daran liegt, dass uns notwendige Kompetenzen fehlen und wir eine Handlung deswegen nicht ausführen können – sie steht dann in unserem subjektiven Handlungsraum nicht zur Verfügung. Kinder lernen meist früh, dass es nicht erwünscht ist, Malpapier und Buntstifte mit in den Sandkasten zu nehmen. Malen sollen sie am Tisch, das erfahren sie immer und immer wieder. In solchen Fällen kann von normativen, also durch Vorgaben vorstrukturierten Handlungsräumen gesprochen werden. Die menschliche Sozialisation ist derart konstruiert, dass Kinder sich in der Regel im Rahmen von Soziotopen angemessen verhalten. Anders ausgedrückt, sie erwerben in ihrer Sozialisation ein bestimmtes umfassendes Handlungsrepertoire, das ihnen erwünschte Handlungen in bestimmten Soziotopen ermöglicht.

Eine weitere Form des Soziotops ist das thematische Soziotop. Es bietet zwar keinerlei objektive Möglichkeit, um zu lernen, dennoch können darin Lernzuwächse und Leistungen wertgeschätzt werden. Wenn die Familie zu Abend isst, kann gerade niemand gleichzeitig seine sportlichen Fähigkeiten verbessern. Eltern können Fußball aber thematisieren, sodass die Kinder in ihrem Sport Anerkennung erfahren oder theoretisches Wissen erwerben.

Das Vermeidungssoziotop ist ein Soziotop, in dem der objektive Handlungsraum zwar Lernen ermöglicht, dieses aber negativ normiert wird. Ein Beispiel ist der Forscherraum in einer Kita, in dem sich ein Mädchen befindet, das ein großes Interesse am Elektrokasten zeigt. Aus Sorge, kein richtiges Mädchen zu sein und sowohl von anderen Mädchen als auch von Jungs verspottet zu werden, reduziert es sein Interesse und damit seine Bildungsabsichten.[80]

Ob ein infrastrukturelles Soziotop entstehen kann, hängt davon ab, ob es ausreichend Ressourcen dafür gibt. Als der Straßenverkehr in Deutschland zunahm, verschwand ein beliebter Ort zum Fußballspielen. Hier wollte der Deutsche Fußball-Bund gegensteuern und durchsetzen, dass viele Bolzplätze eingerichtet würden. Der DFB versuchte, eine große Anzahl an infrastrukturellen Soziotopen für den Fußball und dessen Anhänger zu schaffen. Dass infrastrukturelle Soziotope verfügbar sind, ist für viele Aktivitäten und Lernvorgänge eine notwendige Bedingung. In der Realität zeigt sich dies daran, dass bestimmte Aktivitäten nur dann möglich sind und auch eine gewisse Exzellenz nur dann erreicht werden kann, wenn die infrastrukturellen Rahmenbedingungen passen. Herausragende Wintersportlerinnen und Wintersportler findet man ausschließlich in den Gegenden mit Hochgebirgen, talentierte Schwimmerinnen und Schwimmer in der Nähe von Schwimmgelegenheiten. Die Frage, mit der dieses Kapitel begann, nämlich, ob wir alle Primaballerina werden können, findet hier ihre Antwort: Nur wenn wir Begabung erkennen, kann ein Kind ein Talent entwickeln. Ohne passende Soziotope ist das nicht möglich. Wir können nicht alle Primaballerina werden, auch wenn es theoretisch machbar wäre.

Ein antagonistisches Soziotop zeichnet sich dadurch aus, dass der objektive Handlungsraum Lernen überhaupt erst gar nicht ermöglicht. Beispielsweise kann sich die Mittagsruhe in einer Kita negativ auf die Stimmung der Kinder auswirken, wenn sie still auf ihren Matratzen liegen müssen, auch wenn sie nicht müde sind und nicht einmal ein Buch anschauen dürfen. Wenn nun die Fachkraft zusätzlich schimpft, weil die Kinder sich nicht ruhig verhalten, bringt allein der Aufenthalt in solchen antagonistischen Soziotopen die Gefahr mit sich, dass Kinder stark demotiviert werden. In antagonistischen Soziotopen wird die Beschäftigung mit einem Thema negativ bewertet. Das ist beispielsweise der Fall, wenn das Umfeld des Kindes Spielen als vertane Zeit empfindet oder besonders begabte Kinder als »Besserwisser« wahrnimmt. Das kann auch in der Kita und im Kinderzimmer passieren. Was hilft hier eine großartige Ausstattung, wenn darin unglückliche Kinder in der Ecke sitzen und weinen? Eigentlich könnten sie spielen und lernen, doch es geht ihnen nicht gut, und deshalb werden sie beides nicht tun. Sie können den Handlungsraum, in dem sie sich befinden, nicht nutzen. Ihre Lebensräume hingegen nutzen sie – in diesem Fall, um zu weinen.

Konkurrierende Soziotope haben Ähnlichkeit mit antagonistischen Soziotopen, denn sie ermöglichen Kindern nicht, zu spielen. Was in konkurrierenden Soziotopen aber anders ist, ist, dass Spielen an sich grundsätzlich abgelehnt wird. Diese Soziotope, die Spielen kaum ermöglichen, sind eher dazu geeignet, zum Spielen in zeitliche und räumliche Konkurrenz zu treten. Dazu zählt beispielsweise ein zu starrer Tagesablauf in der Kita, aber auch eine bestimmte Art von Kinderzimmer. Eltern wollen Kindern eine lernförderliche Umgebung bieten. Dabei kann es aber passieren, dass sie das Soziotop Kinderzimmer umdeuten, wenn sie diesen ursprünglich zum Spielen gedachten Ort mit einer starken Lernorientierung aufladen. Dann steht nicht mehr das Wollen und Können im Sinne des freien Spiels im Vordergrund, sondern die Eltern fordern ein zielbetontes Spielen.

Eine bildungsorientierte Förderung darf sich nicht allein darauf beschränken, aktuelle Soziotope zu analysieren, sondern muss stattdessen passende Soziotope antizipieren und bereitstellen. Eine elementare Bildungseinrichtung wie eine Kita sollte beispielsweise zwar für die ersten musikalischen Erfahrungen ein angemessenes Lernumfeld anbieten, um Kindern den Zugang überhaupt zu ermöglichen. Um das musikalische Potenzial eines Kindes zu entwickeln, braucht es aber systematische Unterweisung, beispielsweise in einer Musikschule. Dafür brauchen Kinder eine Familie, der es möglich ist, Musikunterricht zu bezahlen und das Kind entsprechend oft zu begleiten. Sollte sich in der Musikschule herauskristallisieren, dass ein Kind Talent hat, dann muss es in der Regel an eine Musikhochschule wechseln, will es Leistungsexzellenz erreichen.[81]

Wenn von Soziotopen die Rede ist, kann man folgende Fragen stellen: Inwieweit begünstigen oder verhindern aktuell vorhandene Soziotope Bildung auf Dauer? Können wir die unterschiedlichen Soziotope integrieren oder können sie sich gegenseitig ergänzen? Schließen sie sich vielleicht sogar gegenseitig aus? Vor dem Hintergrund der bestehenden Soziotope ist zu klären, wie sich Bildung für alle Kinder fördern lässt. Und nicht zuletzt: Welche Arten von Soziotopen können für bestimmte Kinder, vor dem Hintergrund regionaler Gegebenheiten, zugänglich gemacht werden? Welche Qualitäten zeichnen diese Soziotope aus? Diese Fragen gilt es in der Forschung, aber auch individuell zu beantworten.

Geht es um Intelligenz, Begabung, Talent und deren Entwicklung, hat sich herausgestellt, dass die zumeist eingleisigen Erklärungen aus der Forschung unzureichend sind. Im Ansatz von Terman[82] in der Standford Gifted Children Study hat sich gezeigt, dass sich allein durch eine gemessene hohe Intelligenz bei Kindern keine höchstleistenden Erwachsenen vorhersagen ließen.[83] Seitdem wurden viele weitere Modelle entwickelt, wobei die verschiedensten Faktoren aufgenommen wurden. Dabei haben viele der Begabungsmodelle als einen wichtigen Faktor die Umwelt aufgenommen. Die bedeutendsten sind das triadische Interdependenz-Modell von Franz Mönks 1992 oder das Münchner Hochbegabungsmodell.[84] Letztlich bietet der Soziotop-Ansatz eine exakte Möglichkeit, die soziale Umwelt eines Kindes zu beschreiben und durch die generellen Verfügbarkeiten Vorhersagen über Bildungserfolge zu treffen. Wenn ich den Soziotop-Ansatz in einem Satz erklären sollte, wäre es folgender: Wenn Samen auf unfruchtbaren Boden fällt, wird nichts wachsen, und wenn der Boden fruchtbar ist und niemand pflanzt etwas, wächst auch nichts.

Sofortmaßnahmen für Eltern und Kitas

Kinder sollten ausreichend Zeit zum Spielen haben, um ihre kognitiven, sozialen und emotionalen Fähigkeiten zu entwickeln. Spielen fördert ihre Kreativität und Vorstellungskraft und trägt dazu bei, ihr Selbstbewusstsein, ihre Selbstwirksamkeit und dadurch ihre Selbstachtung zu stärken. Eltern und Fachkräfte sollten eng mit Kindern zusammenarbeiten und ihre Fähigkeiten fördern, indem sie spezielle Umgebungen und Aktivitäten bereitstellen, die ihren Interessen und Fähigkeiten entsprechen. Wenn Kinder das Gefühl haben, dass ihre Neigungen und Talente respektiert und gefördert werden, steigt ihre Motivation und ihr Engagement. Und wenn ein Kind schon viel kann, braucht es neue, herausfordernde Umgebungen, um besser zu werden. Spezielle Räume wie ein Musikzimmer oder ein Gartenbeet können helfen, dass Kinder noch mehr Lust auf bestimmte Themen und Tätigkeiten bekommen. Es ist wichtig, dass Kinder immer genug Möglichkeiten haben, sich zu entwickeln, aber es sollten nicht zu viele Möglichkeiten zur gleichen Zeit sein.

Kinder brauchen die Chance, viele verschiedene Dinge zu lernen. Kinder brauchen auch Zeit und Aufmerksamkeit, um ihre Fähigkeiten und Interessen zu entwickeln, und wenn Eltern und Fachkräfte Zeit mit den Kindern verbringen und ihre Interessen und Fortschritte im Auge behalten, können sie sie bei der Erweiterung ihrer Fähigkeiten und Talente unterstützen und dazu beitragen, dass sie in jeder Hinsicht profitieren.

Kinder sollten in einer Umgebung aufwachsen, in der sie sich sicher und unterstützt fühlen. Eine positive Umgebung fördert auch die sozialen und emotionalen Fähigkeiten der Kinder, was wiederum ihre kognitiven Fähigkeiten verbessert.

Schaffen Sie eine Balance zwischen verschiedenen Aktivitäten und Herausforderungen, um sicherzustellen, dass Kinder ihre Fähigkeiten verbessern, ohne überfordert zu sein.

TEIL 3

Bildung – Die Basis für ein gutes Leben

6. Märchenwälder und Bildungspläne – Welche Pädagogik für welches Kind?

Jede Pädagogik verlangt Gelassenheit, Empathie, Glauben an das Kind und vor allem Selbstreflexion der Fachkräfte.

Es gibt viele verschiedene pädagogische Konzepte, die auf die Bildung und Entwicklung von Kindern ausgerichtet sind. Einige der bekanntesten sind neben den großen Strömungen wie Waldorf und Montessori die Pikler-Pädagogik, die Freinet-Pädagogik, die Pädagogik im Wald- und Naturraum und die Reggio-Pädagogik. Alle Ansätze betonen die Bedeutung von Selbstständigkeit, Freiheit und individueller Förderung. Sie wollen die natürliche Entwicklung durch die Möglichkeit, selbstbestimmt zu spielen, zu arbeiten und zu lernen, unterstützen. Überall steht das Kind als Entwickler seiner selbst im Mittelpunkt. Die Schwerpunkte sind unterschiedlich gewichtet, aber die Philosophien sind sich teilweise ähnlich. Ich stelle im Folgenden die bekanntesten vor.

Das Kind im Zentrum. Montessori-Pädagogik

Eine der führenden Persönlichkeiten des 20. Jahrhunderts auf dem Gebiet der Pädagogik war die Ärztin Maria Montessori. Sie wurde am 31. August 1870 in Chiaravalle in Italien geboren und starb am 6. Mai 1952 in Noordwijk aan Zee in den Niederlanden.

Ich erinnere mich daran, wie ich 2018 ihr Grab besuchte. Das war für mich ein ergreifender Moment, nicht nur, weil ich vor einigen Jahren Montessori-Pädagogik als Prüfungsschwerpunkt hatte. Ich bewundere Maria Montessori auch als Frau und wie sie in der damals männerdominierten Welt gegen alle Widerstände ihren Weg gegangen ist. Ich wünsche mir mehr solch mutiger Fachkräfte und Eltern, die Kindern viel mehr zutrauen und sie als einzigartige Menschen sehen.

Montessoris viel beachtete Pädagogik basiert auf einem modernen, empathischen Ansatz zur Erziehung von Kindern. Eine wichtige Rolle spielt die Lernumgebung, die von Grund auf neu gestaltet werden sollte. »Wenn ich sehe, wie die Zahl von unartigen und schwierigen Kindern sich heutzutage vermehrt, so erkenne ich, dass es sich nicht um eine Frage der Moral der Kinder handelt, etwas Schlechtes im Innern individueller Kinder. Es handelt sich um die Frage, wie die Welt um die Kinder herum sie beeinflusst.«[1] Sie sah auch vor, dass das Lernumfeld selbst entwickelt werden muss. Die Kinder sollten zudem wesentlich mehr Verantwortung erhalten und selbst die Kontrolle über ihr Lernumfeld haben, was heute als »personalisierter Unterricht« bezeichnet wird. Montessori-Ausbildungen ermutigten Fachkräfte, mehr zu experimentieren, statt immer traditionell zu arbeiten. Sie erwartete, dass sich Fachkräfte mit den Interessen und Stärken jedes Einzelnen beschäftigen müssen, um eine passende Förderung anbieten zu können. Die neue Pädagogik erforderte damit auch einen neuen Typus von Erziehenden, die ihre Arbeit als Hinführung und Begleitung begreifen und weniger als Formung. Montessori empfahl selbst eine hinreichende Selbstvorbereitung im Sinne einer stetigen Achtsamkeit, Empathie und Selbstdisziplin. Indem sie neue Methoden lehrte und ermöglichte, stellte sie sicher, dass die von ihr geforderte Lernumgebung tatsächlich etabliert und erhalten wurde; es ist daher kein Wunder, dass ihre Herangehensweise in den letzten Jahren immer populärer geworden ist. Der Stellenwert der Montessori-

Pädagogik in der frühkindlichen Erziehung, aber ebenso im Bereich der Grundschule, wächst stetig weiter.[2] In den 1960er und 1970er Jahren gab es noch sehr wenige Einrichtungen, die sich an der Montessori-Pädagogik zu orientieren versuchten. Heute dagegen gewinnen sie zunehmend an Bedeutung. Die Montessori-Pädagogik ist inzwischen eine gängige Alternative zu Regelkitas und Regelschulen.

Ein Grund für die steigende Popularität ist Montessoris anthropologisch ausgerichtete Sichtweise, die sich auf den Menschen und seine Eigenschaften konzentriert. Außerdem empfinden viele Eltern, aber auch Fachkräfte den Wunsch, neue pädagogische Wege auszuprobieren und auf ihre Tauglichkeit hin zu testen. Eines der Hauptziele von Montessori – wie bei vielen anderen Reformpädagogen – ist das Hinarbeiten auf den mündigen Menschen, einen Menschen, der selbstständig und selbsttätig im Leben steht, der kreativ, offen und risikobereit Aufgaben bewältigt. Deshalb forderte Maria Montessori auch eine neue Art von Fachkräften ein, die sie nicht allein auf Unterhalter und Bewahrer reduziert sehen wollte. Nach Montessori ist es Aufgabe der Erziehenden, die im Kind bereits vorhandenen Kräfte zu erkennen und zu fördern. Das Ziel der Selbstständigkeit soll durch geführte Selbsttätigkeit erreicht werden.

Ähnlich wie Friedrich Fröbel, der Begründer des Kindergartens, hat auch Maria Montessori im Spiel ein geeignetes pädagogisches Mittel gesehen, mit dessen Hilfe Kinder mannigfaltige Fähigkeiten erlangen können. Dabei ist es wichtig, dass Kinder im Spiel einen bestimmten Weg zurücklegen, weg von der unreflektierten Spontaneität kindlichen Tuns hin zum Bewusstsein des objektiven und universalen Zwecks.[3] Im Laufe des Spiels sollten sie lernen, bestimmte Ziele zu verfolgen und das Spiel mit einem bestimmten Zweck zu spielen. Ein Beispiel könnte sein, dass ein Kind ein Puzzle zusammenlegt. Anfangs wird es das Puzzle einfach nur zusammensetzen, ohne darüber nachzudenken, warum es das tut oder wie es das tut. Aber im Laufe der Zeit wird es lernen, das Puzzle auf eine bestimmte Weise zusammenzulegen, um das Bild korrekt zu gestalten.

Zur Lebenszeit von Montessori wurde das Spiel des Kindes in der Regel als unvernünftige Tätigkeit angesehen. Zwar gab es Spielzeuge, die aber meist auf die Bedürfnisse und Interessen der Erwachsenen ausgerichtet waren und sich kaum an den kindlichen Bedürfnissen orientierten. Das Spiel galt als sinn- und zweckloser Zeitvertrieb, nicht, wie heute, als entwicklungsförderliche Notwendigkeit. Maria Montessori nahm diesen Missstand zum Anlass, sich wissenschaftlich mit der Welt der Kinder zu befassen. Sie war der Meinung, dass freies Spielen für Kinder nur dann erstrebenswert sei, wenn ihnen ansonsten keinerlei Alternative geboten werde, wie beispielsweise durch von ihr unterstützte »höherwertige« Lernmaterialien. Dennoch betrachtete sie das Spiel als eine Beschäftigung von hohem geistigem Wert, bezeichnete es sogar als »Arbeit«. Sie beharrte aber darauf, dass es bessere Möglichkeiten gebe, um sich als Kind sinnvoll zu beschäftigen.[4] Sie selbst entwickelte Alternativen zu dem zu ihrer Zeit existierenden Spielzeug, beispielsweise Täfelchen zur Unterscheidung von Farben, Dosen zum Erkennen verschiedener Geräusche, Objekte zum Explorieren von Groß und Klein, Dick und Dünn.[5]

Alle Entwicklungen von Maria Montessori basieren auf ihrer wertschätzenden Grundhaltung gegenüber dem Kind. Sie bewunderte Kinder, blickte zu ihnen auf und war fasziniert von ihrer Entwicklung, ganz im Sinne des Wortes. Sie vertraute den Anlagen des Kindes, die sich mit der Zeit entfalten, und sie sah das Kind als perfekt an, so wie es ist. Damit sich die kindlichen Anlagen entfalten, passt sich die Montessori-Pädagogik den Bedürfnissen des Kindes an und stellt gleichzeitig die Vorbildfunktion der Erwachsenen in den Vordergrund.

Wesentlich für die Montessori-Pädagogik ist außerdem, Rücksicht auf die sensiblen Entwicklungsphasen der Kinder zu legen. Die Phasen sind nur von begrenzter Dauer, und nur in diesen Zeitfenstern kann das Kind bestimmte Fähigkeiten erwerben.

Montessori unterschied bei der kindlichen Entwicklung verschiedene sensible Perioden, die immer noch relevant sind und als wertvolle Grundlage für die Entwicklung von Bildungsmaterialien dienen.

- Von der Geburt an bis zum dritten Lebensjahr verfügt das Kind über eine besonders ausgeprägte Aufnahmefähigkeit für Umwelteinflüsse und Sinneserfahrungen.
- Im Alter von eineinhalb bis drei Jahren ist die kindliche Entwicklung besonders von der Sprachentwicklung geprägt.
- Im Alter von eineinhalb bis vier Jahren vollzieht sich nach Montessori beim Kind die Entwicklung der Muskulatur und der Koordination derselben. In dieser Periode strebt das Kind danach, sich ausgiebig zu bewegen. Außerdem entwickelt es ein besonders verstärktes Interesse an den umgebenden Gegenständen, weshalb es versucht, sich diesen Gegenständen zu nähern.
- Im Alter von zwei bis vier Jahren beginnt das Kind damit, seine motorischen Fähigkeiten zu verfeinern, es entwickelt ein Verständnis von Raum und Zeit und lernt, einen Begriff von Wahrheit und Wirklichkeit zu verinnerlichen.
- Im Alter von zweieinhalb bis sechs Jahren verfeinert sich die kindliche Wahrnehmung.
- Im Alter von drei bis sechs Jahren beginnt das an Erwachsenen orientierte Modelllernen, was das Kind sehr empfänglich für deren Einflüsse macht.
- Im Alter von dreieinhalb bis vier Jahren beginnt das Kind, sehr viel zu zeichnen und selbst entwickelte Schriftzeichen zu nutzen, was aber noch nicht mit dem späteren Schreiben der Schriftsprache zu vergleichen ist.
- Dann, im Alter von viereinhalb bis fünfeinhalb Jahren, zeigt sich beim Kind die Frühstufe des Lesens.

Über all diese Phasen hinweg benennt Montessori vier Entwicklungsstufen des Kindes. Die erste ist die Stufe des Prozesses der Ichfindung, in der Selbstständigkeit durch Selbsttätigkeit erreicht wird. Sie reicht bis ins Alter von sechs Jahren. Die Stufe des Übergangs vom Konkreten zum Abstrakten erlebt das Kinder im Alter von sechs bis zwölf Jahren. Die Stufe der Adoleszenz, in der das Kind beginnt, sich auch ihm fremden Menschen zuzuwenden und die Welt als Ganzes zu erfassen, betrifft das Alter von zwölf bis 15 Jahren. Zuletzt kommt die Stufe, in welcher der Jugendliche beginnt, seine eigenen Möglichkeiten zu erfassen, und er für sich selbst und andere Verantwortung übernimmt.

Die moderne Entwicklungspsychologie unterstützt in vielen Aspekten die von Montessori beschriebenen Phasen der kindlichen Entwicklung. Es gibt jedoch auch einige Unterschiede. Während Montessori sich stark auf die Rolle der Umgebung und der von ihr bereitgestellten Materialien konzentriert, legen moderne Entwicklungspsychologen mehr Wert auf die biologischen und neurologischen Aspekte der kindlichen Entwicklung. Außerdem betonen sie stärker die Bedeutung von sozialen und kulturellen Einflüssen auf die kindliche Entwicklung.

Sofortmaßnahmen für Kitas

Gleichgültig, welche Pädagogik Sie in Ihrem Alltag leben, gleichgültig, in welchem Land oder Bundesland Sie arbeiten – Händewaschen gehört zum Alltag. Wie so viele andere Aktivitäten, die in Kitas zu oft nebenbei laufen, werden diese Tätigkeiten nicht als Bildungschance erkannt und im schlechtesten Fall von den Fachkräften für die Kinder »schnell erledigt«. Meine Idee ist: Nutzen Sie einzelne Elemente der Montessori-Pädagogik. Damit erfüllen Sie automatisch einen großen Teil Ihres verpflichtenden Bildungsplans. Und alle Kinder werden es lieben, wenn sie selbsttätig sein dürfen.

Montessori-Pädagogik basiert auf der Idee, dass Kinder eine natürliche Neugier und Motivation haben, die Welt um sich herum zu erforschen und zu verstehen. Die Ansätze von Maria Montessori konzentrieren sich daher auf die Förderung der Selbstständigkeit und Unabhängigkeit des Kindes. Sie ermöglichen ihm, durch praktische Erfahrungen und Aktivitäten zu lernen. Diese Übungen des täglichen Lebens – ein Begriff, den Montessori selbst prägte – umfassen eine Vielzahl von Tätigkeiten, die das Kind lebensnah unterstützen und ihm helfen, seine Fähigkeiten und Fertigkeiten zu entwickeln. Hier ein paar Beispiele, die in jeder Kita möglich sind, keine Vorbereitungszeit brauchen und jeden Bildungsbereich betreffen:

- Kinder lernen, ihre Kleidung selbst anzuziehen und auszuziehen, indem sie Übungen mit verschiedenen Kleidungsstücken durchführen. Zum Beispiel können sie an ihren eigenen Kleidungsstücken lernen, wie man eine Schleife bindet oder Reißverschlüsse schließt. Anziehsituationen dauern so zwar viel länger, aber sie sind ein Bildungsangebot – zumindest bei Montessori.
- Kinder lernen, wie man den Tisch deckt und abräumt, indem sie es tun. Sie müssen dabei zählen, balancieren, machen Schüttübungen und erfahren Selbstwirksamkeit. Durch diese Tätigkeiten lernen sie zu warten und sich zu behaupten. Sie übernehmen Verantwortung und werden gebraucht.
- Wenn Kinder zusammen mit Fachkräften aufräumen, kehren und putzen, erfahren sie, wie man ein Haus sauber hält und Dinge pflegt. Darin liegt unter anderem die Förderung von Wertschätzung, Grob- und Feinmotorik.
- Kochen und Backen wäre ein Universalangebot, denn Kinder bekommen dabei mit, wie man einfache Gerichte zubereitet und backt, indem sie beispielsweise Teig kneten, Gemüse schneiden, Kartoffeln schälen, Herd und Ofen bedienen. Es versteht sich von selbst, dass es sich hierbei um Slowfood handelt.
- Bei der Gartenarbeit, die auch bei Friedrich Fröbel, Rudolf Steiner in der Waldorf-Pädagogik und in der Wald- und Naturraumpädagogik einen besonderen Stellenwert hat, lernen Kinder, wie man Pflanzen pflegt, indem sie Samen säen, Blumen gießen, umgraben und Kräuter jäten.

Diese Übungen sind nicht nur äußerst wichtige allgemeine Kompetenzen, weil sie genau an der Lebenswelt der Kinder anknüpfen[6], sondern sie fördern deren Entwicklung auf vielfältige Weise. Sie tragen dazu bei, dass Kinder Selbstständigkeit und Unabhängigkeit entwickeln, Verantwortungsbewusstsein und Pflichtgefühl lernen, Konzentration und Aufmerksamkeit trainieren, Feinmotorik und Hand-Augen-Koordination üben, Selbstvertrauen und Selbstbewusstsein stärken, soziale Fähigkeiten wie Zusammenarbeit und Hilfsbereitschaft erlernen. Wissenschaftliche Untersuchungen haben gezeigt, dass Übungen des täglichen Lebens in der Montessori-Pädagogik einen positiven Einfluss auf die kindliche Entwicklung haben. So konnte beispielsweise in einer Studie gezeigt werden, dass Kinder in einer Montessori-Umgebung, die regelmäßig die Übungen praktizieren, ein höheres Maß an Selbstständigkeit und Unabhängigkeit entwickeln.[7]

Zusätzlich gibt es viele weitere Aktivitäten, die Kinder überall und nicht nur in der Montessori-Pädagogik üben können, um ihre praktischen Fähigkeiten zu verbessern. Beispiele hierfür sind Kleidung falten, Gegenstände nach Größe oder Farbe ordnen, Papier schneiden oder Münzen und Geldscheine sortieren. Wichtig ist immer, eine Umgebung vorzubereiten, die den Bedürfnissen des Kindes entspricht und ihm die Möglichkeit gibt, eigenständig zu lernen und zu arbeiten. Materialien und Aktivitäten sollten altersgerecht und auf die individuellen Bedürfnisse des Kindes abgestimmt sein.

Waldorf-Pädagogik

Waldorf-Pädagogik ist heute weltweit verbreitet und wird in vielen Ländern von privaten Vereinen organisiert. In Deutschland gibt es über 560 Waldorfkindergärten.[8] Gründer der Waldorf-Pädagogik war Rudolf Steiner. Er wurde als Sohn eines Bahnbeamten und einer religiös lebenden Mutter am 27. Februar 1861 in Kraljevec geboren. Ab seinem zweiten Lebensjahr lebte er südlich von Wien. Er zeigte eine große Vielfalt an Interessen und studierte Geometrie, Mathematik, Physik, Chemie und Biologie an der Technischen Hochschule in Wien. Zudem hörte er Philosophie, aber auch Medizin, an der dortigen Universität. Später begründete Steiner die Anthroposophie und damit einhergehend die Waldorf-Pädagogik. Er starb am 30. März 1925 in Dornach in der Schweiz.

Die Kindergartenpädagogik des Anthroposophen Steiner unterwirft sich verschiedenen Prinzipien. Steiner legt großen Wert auf Nachahmung und wiederholendes Tun. Diese Prinzipien sind seiner Meinung nach sehr wichtig für das Prinzip des Lernens in der frühen Kindheitsphase, sorgen sie doch dafür, dass das Kind in kleinen Schritten lernt, seine Muskeln und seinen Willen zu beherrschen. Steiner meint, dass das Ziel der kindlichen Willenstätigkeit zunächst einmal das eigene Aufrichten und Gehen ist. Darauf folgt das Ziel des Sprechenlernens, was bedeutet, dass den Worten die Gedanken folgen, ebenso wie dem Sprechen das Denken. Diese Schritte führen in ihrer Konsequenz zur Schulreife des Kindes.

Im Spiel entwickelt das Kind nach Steiner dann seine körperliche Geschicklichkeit, seine kindliche Fantasie und seine schöpferischen Kräfte. Steiner weist darauf hin, dass Kinder sich beim Spielen oft sehr ernsthaft zeigen, er spricht in diesem Zusammenhang gar vom Beruf des Kindes. Ebenso deutlich merkt er aber auch an, dass es der pädagogischen Intervention bedarf, wenn dem nicht so sei: »Mit größter Sorgfalt müssen wir dort eingreifen, wo uns heute immer häufiger Kinder anvertraut werden, die nicht spielen können, die sich langweilen oder nur toben.«[9]

Steiner weist auf die Wichtigkeit eines geregelten Tagesablaufs im Kindergarten hin, wendet sich aber gegen ein feststehendes Programm. Dabei versucht Steiner, einen Kindergarten zu entwerfen, der dem Elternhaus so nahe wie möglich nachgebildet ist. Er ähnelt einem familiären Haushalt, der dazu geeignet ist, die Lebensbedürfnisse der Kinder so gut wie möglich zu befriedigen. Damit einher geht die Tatsache, dass der einzelne Kindergarten sich von Ort zu Ort, von Stadtteil zu Stadtteil von den anderen unterscheidet.[10] Zu Beginn des Kita-Tages wird das Geschehen mit einem Freispiel eröffnet. Die Kinder kommen nacheinander in den Kindergarten und werden begrüßt. Die Fachkräfte selbst arbeiten währenddessen weiter an den Dingen, die geplant werden, das bedeutet, sie weisen die Kinder nicht direkt an, sondern sie begleiten, indem sie Hinweise geben, ermutigen und den Kindern als Beispiel dienen. Eine weitere wichtige Rolle für Steiner spielt im Kindergarten der Jahresrhythmus. Das Jahr ist der Rhythmus des physischen Werdens und darum so besonders wichtig für die mit ihrem Wachstum beschäftigten Kinder. Das Miterleben der Jahreszeiten bekommt seine besonderen Akzente durch Feste und Jahreszeitentische, Farben und Angebote. Nach Steiner lernt das Kind allein am Menschen das Menschsein, und Erwachsene erhalten die Möglichkeit, Menschlichkeit durch das Beispiel des Kindes zu erlernen.

Steiner verweist auf die Wichtigkeit von Vorbildern für die Erziehung der Kinder, insbesondere die Elternarbeit. Vorbild sind nicht nur die Erzieherin und der Erzieher, sondern auch die Mutter, der Vater, die Großeltern, die Menschen zu Hause um das Kind herum. Daher hat die Elternarbeit auch in der modernen Waldorf-Pädagogik einen hohen Stellenwert: Besuche im häuslichen Milieu des Kindes, Elternabende, Rat und Hilfe bei den Erziehungsschwierigkeiten der Eltern – aber auch bei Fragen, die der Fachkraft in der Kita Rätsel aufgeben. Sie braucht nicht nur Kenntnis, wie das Kind zu Hause lebt, welche Biografie es hat, sie braucht auch Rat und Mithilfe der Eltern. Jeder Elternbesuch sollte eine Horizonterweiterung für die Fachkraft wie für die Eltern sein.

Die Sichtweise auf Kinder, wie sie Steiner in seinen Schriften postuliert, ist meines Erachtens wissenschaftlich betrachtet nicht mehr haltbar. Beispielsweise sind entgegen seinen Ansichten die meisten Kinder in ihren ersten sieben Jahren durchaus in der Lage, selbstständig zu denken und sich zu regulieren. Gleichzeitig wird in den wenigsten Kitas, gleichgültig, welche Pädagogik umgesetzt werden soll, weder mit dem von der Wissenschaft empfohlenen Personalschlüssel gearbeitet, noch werden andere wissenschaftlich gesicherte Fakten wie die Bedeutung der Bindungstheorie beachtet. Und die wenigsten Entscheidungen, die Menschen treffen, beruhen auf wissenschaftlichen Erkenntnissen, sondern auf ihrem Bauchgefühl.[11] Die Waldorf-Pädagogik polarisiert wie keine andere und zwar bei Eltern und Fachkräften. Sie alle kennen sicher die flapsig-ironische Bemerkung, bei den Waldörflern sei alles pastellfarben und rund und man lerne, seinen Namen zu tanzen. Die Waldorf-Pädagogik wird teilweise sehr positiv bewertet, da sie einen ganzheitlichen Ansatz verfolgt, der die individuellen Bedürfnisse und Fähigkeiten des Kindes berücksichtigt. Andere kritisieren diese Richtung der Reformpädagogik, da sie auf der Anthroposophie von Rudolf Steiner basiert, die einige als esoterisch und nicht wissenschaftlich fundiert betrachten. Eltern, die ich in meinen Beratungen erlebe, erhoffen sich von Waldorfkindergärten oft eine kindgerechte, sanfte und individuelle Förderung ihrer Kinder. Sie schätzen die Betonung von Kreativität, Musik und Kunst sowie die Unterstützung der kindlichen Entwicklung durch die Naturerfahrung und den Rhythmus des Jahreskreises. Sie legen oft besonderen Wert auf regionale und gesunde Ernährung sowie eine achtsame Lebensweise, in der Kinder einen von den Erwachsenen definierten Schutzraum genießen. Es gibt jedoch auch Eltern und Fachkräfte, die die Waldorf-Pädagogik kritisch sehen, da sie das Konzept als zu ideologisch, esoterisch, dogmatisch, weltfremd oder zu wenig auf den späteren Bildungsweg des Kindes ausgerichtet empfinden. Wie so oft im Leben gibt es mehrere Sichtweisen, und ich denke, für diejenigen, die sich von der Waldorf-Pädagogik angesprochen fühlen, ist sie genau die richtige.

Pädagogik allüberall: Pikler & Co.

Ein pädagogisches Konzept, das sich einer wachsenden Begeisterung gegenübersieht, ist die Pikler-Pädagogik. Diese Form der frühkindlichen Bildung wurde von der ungarischen Kinderärztin Emmi Pikler (1902–1984) entwickelt. Das Menschenbild der Pikler-Pädagogik basiert auf der Auffassung, dass Kinder von Natur aus aktiv, kompetent und selbstständig sind und dass es daher wichtig ist, sie in ihrer Eigenständigkeit zu unterstützen und ihre Autonomie zu respektieren. Emmi Pikler begann in den 1930er Jahren mit ihrer Arbeit im Säuglingsheim Lóczy in Budapest. Dort erforschte sie die Bedürfnisse von Säuglingen und Kleinkindern und entwickelte ihre pädagogischen Prinzipien, die auf einer tiefen Achtung vor der Individualität jedes Kindes beruhen. Pikler zufolge steuern Säuglinge und Kleinkinder ihre Entwicklung und ihr Lernen selbst. Die Aufgabe der Erwachsenen ist es, eine sichere und anregende Umgebung bereitzustellen, die das Kind in seinem eigenen Tempo erkunden kann. Die Pikler-Pädagogik beruht auf drei Grundprinzipien: Autonomie, Beziehung und Bewegungsentwicklung. Diese Prinzipien werden als »dreieckige Beziehung« bezeichnet, da sie eng miteinander verknüpft sind und in einem Wechselverhältnis zueinander stehen.[12] In dieser Pädagogik wird, wie auch bei Fröbel und Montessori, großer Wert auf die Autonomie der Kinder gelegt. Sie erhalten die Möglichkeit, ihre Umgebung selbst zu entdecken und eigene Entscheidungen zu treffen. Die Erwachsenen beobachten die Kinder und unterstützen sie dabei, ihre Selbstständigkeit zu entfalten. Dabei wird dem Kind Zeit gegeben, um Dinge selbst auszuprobieren und auch Fehler machen zu können. Eine sichere und vertrauensvolle Beziehung zwischen Kind und Erwachsenen bildet dabei die Grundlage. Die Erwachsenen achten auf die Bedürfnisse und das Tempo jedes Kindes und schaffen eine Umgebung, in der das Kind sich geborgen und sicher fühlt.[13] Die Beziehung zwischen Kind und Erwachsenen ist von Respekt und Wertschätzung geprägt.

Kinder sollen in der Pikler-Pädagogik die Möglichkeit haben, ihren Körper und ihre Bewegungen frei und ungehindert zu entfalten. Dazu gehört auch, dass den Kindern ausreichend Zeit gegeben wird, um ihre Fähigkeiten und Grenzen selbst zu erkunden. Pikler-Pädagogik findet überwiegend in Kinderkrippen statt, wobei es schwierig ist, eine genaue Zahl der Pikler-Einrichtungen in Deutschland zu nennen, da es keine zentrale Organisation gibt, die alle erfasst.

Die Pikler-Gesellschaft, die sich für die Verbreitung der Pikler-Pädagogik einsetzt, gibt auf ihrer Webseite eine Liste von zertifizierten Pikler-Einrichtungen in Deutschland an. Diese Liste ist jedoch nicht vollständig, und es gibt wahrscheinlich weitere Einrichtungen, die sich an den Prinzipien der Pikler-Pädagogik orientieren, aber nicht zertifiziert sind. In einigen Städten wie beispielsweise Berlin, Hamburg, Frankfurt, München oder Stuttgart finden sich auch Elterninitiativen, die nach Pikler'schen Prinzipien arbeiten.

Die Freinet-Pädagogik wurde in den 1920er Jahren von dem französischen Lehrer Célestin Freinet entwickelt und basiert auf der Idee, dass Kinder von Natur aus neugierig und wissbegierig sind und ein aktives, eigenständiges Lernen im Mittelpunkt stehen sollte. Die Freinet-Pädagogik ist eine reformpädagogische Strömung, die sich durch folgende Merkmale auszeichnet:

- Selbsttätigkeit – Kinder sollen in Projekten durch eigene Erfahrungen und praktische Arbeit lernen.
- Kooperation – in der Zusammenarbeit und durch den Austausch unter den Kindern sowie zwischen den Fachkräften und den Kindern wird eine Offenheit angeregt, die dazu ermutigen soll, eigenständig zu experimentieren und zu erforschen.
- Selbstverantwortung – Fachkräfte sollen in erster Linie den Kindern helfen, ihre eigenen Interessen zu formulieren und zu erreichen.

- Positive Lernumgebung – die Freinet-Pädagogik betont die Gestaltung einer positiven Lernumgebung, die die Bedürfnisse und Interessen der Kinder berücksichtigt. Hierbei wird besonderer Wert auf eine achtsame und respektvolle Kommunikation gelegt, die den Dialog und die Zusammenarbeit zwischen Fachkräften, Kindern und Eltern fördert.

Studien belegen die Wirksamkeit von reformpädagogischen Ansätzen wie der Freinet-Pädagogik. So konnten in einer Untersuchung von Andrew Biemiller[14] positive Effekte von selbstgesteuertem Lernen auf die Entwicklung von Kindern nachgewiesen werden. Forschungen[15] zeigten, dass kooperative Aktionen positive Auswirkungen auf die sozialen Kompetenzen von Kindern haben. In Deutschland hat die Freinet-Pädagogik vor allem in den 1960er und 1970er Jahren an Bedeutung gewonnen und ist bis heute in einigen Kindergärten präsent. Obwohl sie nicht flächendeckend in der deutschen Bildungslandschaft vertreten ist, hat sie einen wichtigen Beitrag zur Weiterentwicklung der reformpädagogischen Ansätze geleistet.

Heute gibt es in vielen Städten und auch zunehmend in ländlichen Gebieten Waldkindergärten und -gruppen, die von verschiedenen Organisationen und Institutionen betrieben werden. Waldkitas haben sich zu einer festen Größe in der Pädagogik entwickelt und werden von vielen Eltern als eine sinnvolle Alternative zu traditionellen Kitas angesehen.

Die Ursprünge des Waldkindergartens gehen auf die Ideen der Reform-, Wald- und Naturraumpädagogik zurück. Der erste Waldkindergarten wurde in den 1950er Jahren in Dänemark gegründet, wo sich eine Gruppe von Eltern zusammenschloss, um ihre Kinder in einer naturnahen Umgebung zu betreuen.[16] Diese Idee verbreitete sich schnell, insbesondere in Skandinavien und Deutschland.

Hierzulande wurde der erste Waldkindergarten 1968 in Flensburg gegründet. Die Idee war von der Dänin Ella Flatau inspiriert, die in den 1950er Jahren eine Kindergartengruppe in einem Wald betreute.

Der Waldkindergarten als pädagogische Einrichtung beruht auf der Idee, dass Kinder in der Natur eine ganzheitliche Bildung und Entwicklung erfahren können. Die Kinder verbringen den Großteil des Tages im Wald und haben die Möglichkeit, ihre Umgebung intensiv zu erleben und zu erforschen. Die pädagogischen Konzepte der Waldkindergärten betonen die Bedeutung von Selbstbestimmung, Eigeninitiative, Kreativität und Gemeinschaftserlebnissen.[17] Sie sind in der Regel in Gruppen von maximal zwanzig Kindern organisiert und werden von Fachkräften betreut, die teilweise über eine Zusatzqualifikation verfügen. Die pädagogischen Inhalte orientieren sich wie bei allen Kitas an den Inhalten der Bildungspläne, weil die finanzielle Förderung auch hier eng mit den Vorgaben der jeweiligen Bundesländer[18] verknüpft ist. Besonders wichtig ist bei diesem pädagogischen Konzept, Kinder auf ganzheitliche Weise zu fördern und zu unterstützen. Sie lernen die Natur und ihre Zusammenhänge durch eigene Erfahrungen und Beobachtungen kennen, ebenso wie die Pflanzen und Tiere des Waldes. Sie erfahren, wie sich Jahreszeiten, Wetter und Umweltveränderungen auf die Natur auswirken. Die Kinder haben im Wald viel Platz zum Spielen und Bewegen. Sie können klettern, balancieren, rennen und toben, was zur Förderung ihrer motorischen und körperlichen Fähigkeiten beiträgt. Die Kinder lernen auch, gesunde Ernährung und Hygiene in der Natur zu praktizieren. Dort gibt es viele Möglichkeiten, Kreativität auszudrücken. Kinder können mit Naturmaterialien spielen, Kunstwerke aus Blättern und Zweigen herstellen oder Geschichten und Rollenspiele erfinden. Die Fachkräfte unterstützen die Kinder dabei, ihre Ideen und Interessen umzusetzen und ihre Selbstständigkeit zu fördern. Im Waldkindergarten lernen die Kinder soziale Kompetenzen wie Empathie, Kooperation, Konfliktlösung und Solidarität. Sie erfahren, wie wichtig es ist, aufeinander zu achten, Rücksicht zu nehmen und zusammenzuarbeiten. Die Fachkräfte fördern die Bildung von Gruppengefühl und Gemeinschaftssinn. Umweltbewusstsein und Nachhaltigkeit sind in den Naturraumkitas besonders wichtig. Kinder lernen, Müll zu vermeiden, Ressourcen zu schonen und sich für den Schutz von Tieren und Pflanzen einzusetzen.

Die Reggio-Pädagogik ist ein pädagogisches Konzept, das in den 1940er Jahren in der norditalienischen Stadt Reggio nell'Emilia entstand. Es handelt sich um eine partizipative und demokratische Form der Bildung, die auf einem tiefen Verständnis der kindlichen Entwicklung und Kreativität beruht. Dieses pädagogische Konzept wurde nicht von einem einzelnen Begründer oder einer Begründerin entwickelt, sondern von Loris Malaguzzi, einer der führenden Persönlichkeiten der Bewegung, zusammen mit einer Gruppe von Eltern und Pädagogen. Malaguzzi arbeitete als Psychologe und Pädagoge. Er betonte die Bedeutung von Kommunikation und Beziehungen als Grundlage für den Lernprozess und entwickelte die Idee von »Hundert Sprachen des Kindes«[19], die besagt, dass Kinder viele verschiedene Ausdrucksformen haben und ihre Kreativität auf vielfältige Weise zum Ausdruck bringen können. Das Menschenbild der Reggio-Pädagogik geht von einer positiven Sicht auf das Kind aus. Jedes Kind wird als einzigartig und kompetent angesehen und soll seine eigenen Erfahrungen machen können. Das Kind wird als aktiver Teilnehmer im Lernprozess betrachtet und hat das Recht, eigene Interessen und Fragen zu verfolgen.

Die ersten Einrichtungen, die auf dieser Philosophie basierten, waren Kindergärten und -krippen. In den 1960er Jahren wurde die Reggio-Pädagogik auch auf Schulen ausgeweitet. Die Basis bildet auch hier ein partizipativer Ansatz, bei dem die Kinder aktiv am Lernprozess beteiligt sind und die Fachkräfte eine unterstützende Rolle einnehmen. Die Lernumgebung soll inspirierend und kreativ gestaltet sein und den Kindern Raum für eigene Erfahrungen und Fragen bieten. Besonders Projekte, die auf den Interessen und Fragen der Kinder beruhen, sind ein Grundpfeiler der Arbeit. Diese Projekte sind oft langfristig angelegt und geben den Kindern die Möglichkeit, selbstständig zu arbeiten und ihre eigene Kreativität zu entfalten. Eine weitere Besonderheit der Reggio-Pädagogik ist die Bedeutung von Dokumentation und Reflexion. Die Erfahrungen und Lernprozesse der Kinder werden reflektiert, um sie weiterzuentwickeln. Die Dokumentation umfasst Fotos, Zeichnungen, Texte und andere Arten von Aufzeichnungen, die den Entwicklungsprozess der Kinder veranschaulichen sollen. Sie dient auch dazu, die Eltern und die Öffentlichkeit über die Arbeit in der Einrichtung zu informieren.

Mittlerweile haben sich zahlreiche weitere pädagogische Richtungen entwickelt, die das Kind ins Zentrum stellen. Die High-Scope-Pädagogik betont die Bedeutung von partizipativem Lernen, Selbstbestimmung und demokratischem Handeln. Die Kinder sollen an ihrem Lernprozess aktiv beteiligt werden und die Möglichkeit haben, eigene Entscheidungen zu treffen. Die Emotionszentrierte Pädagogik basiert auf der Idee, dass emotionale Intelligenz und Selbstregulierung wichtige Bestandteile der Bildung sind. Die Kinder sollen in der Arbeit mit ihren Emotionen unterstützt werden und lernen, ihre Gefühle auszudrücken und zu regulieren. Die Bewegte Schule unterstreicht die Bedeutung von körperlicher Aktivität für die kognitive Entwicklung. In der situationsorientierten Pädagogik bilden die Erfahrungen und Bedürfnisse der Kinder in ihrer Umgebung die Grundlage für das Lernen. Die Kinder sollen in ihrer unmittelbaren Umgebung aktiv werden und durch ihre eigenen Erfahrungen lernen. Und nicht zuletzt bieten Lernwerkstätten eine wunderbare Möglichkeit, an selbst gewählten Projekten zu arbeiten. Wo auch immer Sie hinschauen, überall sollen Kinder in ihrem Lernprozess selbstständig sein und die Möglichkeit haben, ihre eigenen Interessen zu verfolgen.

Ein recht bekanntes und in Deutschland modernes Konzept, das mittlerweile in vielen Kitas praktiziert wird, ist die Offene Arbeit. Sie basiert auf den Ideen der oben beschriebenen Reformpädagogik. Das Ziel aller Reformpädagogen und Reformpädagoginnen war es, eine kindzentrierte und partizipative Pädagogik anzubieten, die die individuellen Bedürfnisse und Interessen der Kinder berücksichtigt. Die Offene Arbeit in der Kita wurde in den 1960er Jahren in den USA entwickelt und basiert auf den Ideen der Professorin für frühkindliche Bildung, Lilian Gonshaw Katz, die an der University of Illinois Urbana-Champaign geforscht hat. Sie bezog den Begriff auf eine pädagogische Arbeitsweise, die auf der individuellen Betreuung und Förderung von Kindern basiert. Die Offene Arbeit setzt auf eine differenzierte Betreuung und fördert die Selbstständigkeit und Eigenverantwortung der Kinder.[20] Das Konzept wurde als Alternative zu traditionellen, autoritären und streng strukturierten Arbeitsweisen gestaltet. Es betont die Bedeutung von individueller Betreuung, Partizipation und Selbstbestimmung und soll den Kindern die Möglichkeit geben, ihre eigenen Interessen und Bedürfnisse zu entdecken und zu entwickeln. Das Konzept wird immer weiter ausgebaut und heute weltweit in vielen Kitas umgesetzt.[21] Die Betreuungspersonen sollen die individuellen Bedürfnisse jedes Kindes erkennen und darauf eingehen. Die Kinder sollen die Möglichkeit haben, sich in ihrer natürlichen Entwicklung zu entfalten. Die Offene Arbeit in der Krippe betont die Bedeutung von Beziehungen zwischen Kindern und Betreuungspersonen. Die Betreuungspersonen sollen eine einfühlsame und respektvolle Beziehung zu den Kindern aufbauen, die auf Vertrauen und Wertschätzung basiert. Von besonderer Bedeutung sind Partizipation und Selbstbestimmung.[22] Die Kinder sollen in ihrem Lernprozess aktiv beteiligt werden und die Möglichkeit haben, eigene Entscheidungen zu treffen. Sie sollen selbstständig spielen und sich mit anderen Kindern auseinandersetzen. Besonders wichtig ist eine kindgerechte Gestaltung der Räumlichkeiten. Die Kinder, auch schon die jungen Kinder in den Kinderkrippen[23], sollen die Möglichkeit haben, ihre Umgebung selbstständig zu erkunden und ihre motorischen Fähigkeiten zu entwickeln.

Das Konzept des Raums als dritter Pädagoge geht wie die Reggio-Pädagogik auf die Arbeit von Loris Malaguzzi zurück. Er betonte die Bedeutung der Umgebung für die kindliche Entwicklung und förderte die Gestaltung von Räumen, die die kreative und kognitive Entwicklung der Kinder unterstützen. Der Raum, in dem sich die Kinder aufhalten und spielen, hat Einfluss auf ihre Entwicklung, deshalb wird ein pädagogisch durchdachter und gestalteter Raum die Neugier und Kreativität der Kinder fördern, ihre Konzentration und Ausdauer stärken und ihnen eine positive Lernumgebung bieten. Auch in der Montessori-Pädagogik oder der Waldorf-Pädagogik sind Räume als äußerst wichtige Bestandteil der pädagogischen Arbeit zu betrachten. Sie werden jeweils auf die Bedürfnisse der Kinder abgestimmt und sind niemals leer oder lieblos. Zu den konkreten Umsetzungsmöglichkeiten für pädagogische Räume gehören unter anderem die Einrichtung von Spiel- und Arbeitsbereichen, die Gestaltung von kreativen und offenen Lernumgebungen sowie die Einbindung der Kinder in den Gestaltungsprozess des Raums. Der »Raum als dritter Pädagoge« wird dabei als ein aktiver und gleichberechtigter Partner in der Erziehung betrachtet, der Einfluss auf das Verhalten und das Lernen der Kinder hat. Die Idee dahinter ist, dass Räume nicht nur passive Rahmen für die pädagogische Arbeit sind, sondern aktiv dazu beitragen, eine Lernumgebung zu schaffen, die die Kinder zum Entdecken, Lernen und Spielen anregt. Kinder haben so die Möglichkeit, selbstständig zu handeln, ihre Interessen zu verfolgen und ihre Kreativität zu entfalten. Dabei ist es wichtig, dass der Raum auf die Bedürfnisse und Interessen der Kinder abgestimmt wird und eine ansprechende Atmosphäre schafft.

7. Familie oder Fremdbetreuung? Risiken und Nebenwirkungen

Angenommen, Sie hätten nur noch ein Jahr zu leben – wie würden Sie entscheiden?

Der erste und definitiv wichtigste Bildungsort ist die Familie. In Ländern wie Deutschland, in denen ein wichtiger Fokus darauf liegt, der Arbeitswelt zur Verfügung zu stehen, stellt sich oft zeitnah nach der Geburt die Frage nach einer Betreuungsmöglichkeit für das Kind. Kinder werden häufig schon im ersten Lebensjahr in außerfamiliäre Betreuung gegeben. Hat das Einfluss auf die Kinder, und wenn ja, welchen? Wie fühlt sich ein sehr junges Kind, wenn es seine Eltern nur morgens und abends sieht? Die Risiken der frühkindlichen außerfamiliären Betreuung werden in der Wissenschaft und in den Medien so vielfältig diskutiert wie kaum ein anderes Thema, und einige Meinungen sind oft weniger von Wissen als von Emotionen bestimmt.

Ein Kind hat grundsätzlich das Recht auf elterliche Fürsorge und Betreuung innerhalb der Familie. Das bedeutet, dass die Eltern für das Wohl und die Entwicklung des Kindes verantwortlich sind und für seine Erziehung sorgen müssen. Wie sinnvoll es ist, Kinder so früh wie möglich in Kitas oder in die Tagespflege zu bringen, damit sie sozialen Umgang möglichst früh lernen, bessere Bildungsmöglichkeiten haben und Eltern in den Arbeitsmarkt zurückkehren können, ist Thema dieses Kapitels. Ein Aspekt bleibt bei der Frage nach außerfamiliärer Betreuung häufig unbeachtet – dass es nämlich nicht primär darum geht, Kindern die besten Entwicklungsmöglichkeiten zu geben, sondern darum, Eltern von der Betreuung zu entlasten, damit sie arbeiten können. Wir müssen also bei den Motiven für eine elternferne Betreuung ehrlich bleiben, zum Wohl unserer Kinder. Wenn wir aufgrund von Fachkräftemangel, Budgetmangel und Überforderung so weit gehen, dass wir Kinder im Zweifel nur noch verwahren lassen – wenn es uns reicht, sie »satt und sauber« zurückzubekommen –, dann müssen wir auch erkennen, mit welchen Risiken das einhergeht.

Wissenschaftliche Erkenntnisse deuten stark darauf hin, dass außerfamiliäre Betreuung von Kindern unter drei Jahren mit mehr Risiken als Vorteilen einhergeht.[24] Das wird heute vor allem als eine konservative Sichtweise betrachtet, die Frauen zurück an den Herd schicken möchte.[25] Das Dogma von der Vereinbarkeit von Familie und Beruf soll nicht angetastet werden. Doch tatsächlich steckt weit mehr dahinter. Die außerfamiliäre Betreuung der unter Dreijährigen hat insbesondere zur Folge, dass das Kind häufig von seinen wichtigsten Bindungspersonen getrennt ist. Ein Kind kennt seine Mutter von innen heraus, ist in ihrem Leib gewachsen, weiß, wie sie riecht, wie sie schmeckt. Die Zeit, die ein Kind nach der Geburt mit seiner Mutter verbringt, ist im Idealfall ein Kontinuum von Geborgenheit. Dieses Kontinuum teilen zunehmend auch die Väter, die als Bindungspersonen bisher vernachlässigt wurden.[26] Nur in einer sicheren Geborgenheit findet ein Kind das Umfeld, in dem es sich optimal entwickeln kann. Die frühe Trennung von Bindungspersonen bedeutet im schlimmsten Fall ein lebenslanges Trauma. Kinder vermögen Reize, die sich in Stress umwandeln, zu regulieren, indem sie von den Eltern Unterstützung erhalten. Um starke neuronale Strukturen aufzubauen, ist genau das notwendig, nämlich dass Eltern Kinder in stressigen Situationen beruhigen. Das kann logischerweise nicht geschehen, wenn sie getrennt sind. So kann es sein, dass auch für Mütter die frühe Trennung von ihrem Kind oft eine traumatisierende Erfahrung ist, besonders dann, wenn sie sich überhaupt nicht trennen will.[27]

Bildung braucht Bindung

Was im Gehirn eines Kindes in den ersten 18 Monaten passiert, ist weitgehend irreversibel.[28] Das ist für Kinder, die zuverlässige und feinfühlige Bindungspersonen um sich haben, eine sehr gute und für diejenigen, die in ihren ersten beiden Lebensjahren emotionale Vernachlässigungen erfahren, eine weniger gute Nachricht, wenn man bedenkt, dass Bildung ohne Bindung schlicht und ergreifend nicht stattfinden kann.[29] In den ersten Monaten hat meistens die Mutter die wichtigste Bedeutung für ein Kind. Das mag politisch inkorrekt klingen, ist evolutionsbiologisch verhandelbar und gleichzeitig Fakt in unserer modernen Welt.

Studien zeigen, dass elterliche Fürsorge in den ersten Lebensjahren den Rahmen dafür setzt, wie viel Oxytocin Kinder, Jugendliche und Erwachsene ausschütten können. Das Oxytocin-System des Kindes kann durch Zuwendung hochreguliert werden.[30] Die Ausschüttung dieses Hormons, das in verschiedenen Aspekten des sozialen Verhaltens und der Bindung eine Rolle spielt, ist ein wichtiger Faktor für Glücksempfinden, Resilienz und Zufriedenheit und damit für die Verhinderung psychischer Erkrankungen.[31] Erst nach und nach entdecken wir die entscheidende Bedeutung, die das Bindungshormon Oxytocin für unsere Entwicklung hat und wie es uns das Lernen erleichtern kann. Zum Beispiel wurde gezeigt, dass die Verabreichung von Oxytocin die Bindung zwischen Paaren verstärken kann, und es wurde auch untersucht, ob Oxytocin bei der Behandlung von psychischen Störungen wie Depressionen oder Angstzuständen helfen könnte.[32] Verweigern wir den Kindern den sicheren Hafen der Mutter[33], riskieren wir, dass eine für sie negative Genexpression angestoßen wird, die sie krank und unglücklich machen kann.

In der Kita fehlt die Kontinuität von Geborgenheit und Fürsorge häufig, einfach weil es nicht genug Fachkräfte gibt. Und selbst wenn der Personalschlüssel auf dem Papier stimmt, kann es sein, dass schon kurz nach einer gelungenen Eingewöhnung eine

Fortbildung oder ein Urlaub ansteht, eine Fachkraft kündigt, schwanger wird oder aus anderen Gründen plötzlich Betreuung fehlt und Personalfluktuation einsetzt. Kinder benötigen ihnen bekannte Menschen, die sie begleiten, wenn sie sich impulsiv verhalten oder traurig sind. Diese tröstenden Momente sind wichtig, um Selbstregulation zu erlernen, was in der Krippe jedoch selten gegeben ist. In Studien wurde anhand des Cortisolspiegels gemessen, dass Kinder im Alter von bis zu zwei Jahren am stressanfälligsten reagieren, insbesondere in den Zeiten, in denen sie nicht bei ihren Müttern sind. Bereits ab einer Gruppengröße von zwei Kindern steigt der Cortisolspiegel an, und zwar umso eher und höher, je jünger die Kinder sind. Forschungen zeigen weiterhin, dass Probleme der Impulsregulation durch eine frühkindliche außerfamiliäre Betreuung entstehen. Kinder wollen sich mehr behaupten, reagieren häufiger impulsiv und sind anfälliger für Erkrankungen wie Neurodermitis.[34] Tatsächlich gibt es sogar Studien, die auf einen Zusammenhang zwischen frühkindlicher außerfamiliärer Betreuung und dem vermehrten Auftreten psychopathologischer Störungen hinweisen, weil entscheidende Bindungserfahrungen fehlen.[35] Es ist schwer, Forschungen aus dem Ausland auf Deutschland zu übertragen, weil die frühkindliche Betreuung sehr unterschiedlich ist. Aber auch eine deutsche Untersuchung aus dem Jahr 2018, die in der *Zeitschrift für Familienforschung* veröffentlicht wurde, untersuchte die Auswirkungen der Betreuung in Krippen auf die kindliche Entwicklung. Sie basiert auf Daten des deutschen Teils der Internationalen Studie zur Früherziehung (ISCED-ECEC), die eine repräsentative Stichprobe von 2.542 Kindern im Alter von ein bis vier Jahren umfasst. Das Ergebnis lautet, dass die frühkindliche Betreuung in Krippen mit einem höheren Risiko für Verhaltensprobleme und Sprachentwicklungsverzögerungen verbunden sein kann. Die Autoren betonen jedoch, dass diese Ergebnisse nicht bedeuten, dass alle Kinder, die in Krippen betreut werden, automatisch Probleme haben werden. Vielmehr sollten die Ergebnisse als

Hinweis darauf verstanden werden, dass die Betreuung in Krippen ein potenzielles Risiko für die kindliche Entwicklung darstellen kann und dass eine sorgfältige Abwägung der Vor- und Nachteile erforderlich ist.[36]

Die Kritik an früher außerfamiliärer Betreuung und »Verwahrung« von Kindern kommt inzwischen nicht mehr nur von Müttern oder aus dem konservativen Lager, sondern auch von den Fachkräften selbst. Sie bemängeln, dass Kitas zu reinen Verwahranstalten werden, die auf die Bedürfnisse der Kinder kaum reagieren können.[37] Und genau das ist der Unterschied zwischen qualitativ hochwertiger außerfamiliärer Betreuung, die für alle Beteiligten ein wahrer Segen sein kann, und Fremdbetreuung, die den Kindern schadet. Sie nutzt niemandem außer herzlosen Arbeitgebern und dem Wirtschaftswachstum.

Häufig wird argumentiert, dass die Kita als frühkindliche Bildungseinrichtung eine wichtige Vorbereitung auf die Schule und den späteren Bildungsweg bildet.[38] Diese Vorteile werden bei der Diskussion um die Frage, welche Art der Betreuung wann Sinn macht, besonders herausgestellt, doch wir müssen sie im richtigen Kontext betrachten. Kitas bieten derzeit nur im Ausnahmefall die emotionale Bildung, die besonders in den ersten Jahren am wichtigsten ist. Fakt ist, emotionale Sicherheit erfahren Kinder überwiegend durch ihre Eltern. Wenn sie bis zu acht Stunden am Tag von ihnen getrennt sind, erfahren sie Verlust, Sehnsucht, Trauer und nicht selten Angst. Zugewandte Eltern bieten ihren Kindern emotionale Bildung, indem sie in Worte fassen, wenn Kinder sich freuen oder ärgern. Sie treten mit den Kindern in einen Dialog. Dafür fehlt in Kitas oft die Zeit und entsprechend ausgebildetes Personal.

Auch familiäre Bildung ist Bildung. Sie wird häufig vernachlässigt oder im Alltag nicht ausreichend wertgeschätzt. Im täglichen Leben ahmen Kinder die Handlungen ihrer Eltern nach und lernen viele verschiedene Dinge, zum Beispiel, dass zum Geschirrspülen ein Schwamm benötigt wird. Bei der Hypothese, Kindern fehle es am wichtigen Umgang mit anderen Kindern und entsprechend an Sozialisierung, wird schnell klar, dass ein fehlender Kita-Besuch nicht gleichzeitig bedeutet, dass Kinder keinen Umgang mit anderen Kindern haben. Abgesehen davon ist bis zum Alter von einem Jahr die Familie als engstes Umfeld, in dem Kinder sich erst einmal zurechtfinden müssen, vollkommen ausreichend. Wer sich zu früh anpassen musste, hat im späteren Leben ein höheres Risiko, an einem Burnout zu erkranken, weil sein Stresssystem bereits sehr früh viel zu stark beansprucht wurde.[39]

Eva Rass, Expertin im Bereich der frühkindlichen Betreuung, Buchautorin, Honorarprofessorin an der Hochschule in Mannheim und promovierte Erziehungswissenschaftlerin, arbeitet zu Bindungs- und Entwicklungspsychologie. Sie bezieht sich explizit auf aktuelle Forschungsergebnisse und zeigt, dass erst Kinder ab drei Jahren eine gewisse Selbstständigkeit erreicht haben. Sie absolvieren bis dahin zahlreiche Entwicklungsschritte.[40] Demzufolge muss zwischen einer funktionellen Eigenständigkeit und einer tatsächlichen Eigenständigkeit der Kinder unterschieden werden. Kinder wechseln in der Regel ohne Schwierigkeiten von der Krippe in den Kindergarten, als hätten sie nie etwas anderes gemacht – aber diese antrainierte Eigenständigkeit ist von der eigenen Selbstständigkeit zu unterscheiden, die sich entwickelt, wenn Kleinkinder das Leben erkunden und sich im Alltag bilden. Außerfamiliäre Betreuung in den ersten 18 Monaten wird von immer mehr internationalen Experten kritisch betrachtet, weil durch die Anpassungsleistungen eines Kindes an die Krippe und die dort erforderliche Eigenständigkeit andere wichtige Entwicklungsschritte, wie beispielsweise der sukzessive Aufbau von Bindungen an mehrere Bindungspersonen, übersprungen werden.[41] Kinder haben oft keine Zeit oder Gelegenheit, sichere Bindungen zu den Fachkräften aufzubauen, weil die Personalfluktuation im Kita-Bereich hoch ist und der Personalmangel es den Fachkräften oft unmöglich macht, Zeit für ein einzelnes Kind zu haben.

In einer finnischen Studie wurde der Zusammenhang zwischen Vollzeit-Betreuung und der Entwicklung von Kindern untersucht. Die Wissenschaftler vergleichen Kinder, die in Vollzeit-Betreuung waren, mit solchen, die zu Hause betreut wurden. Die Autoren nehmen dabei den Zeitraum von der Geburt bis zum Alter von zwei Jahren in den Blick. Die Ergebnisse zeigen, dass Kinder, die in Vollzeit-Betreuung waren, in einigen Bereichen eine schlechtere Entwicklung aufweisen als Kinder, die zu Hause betreut wurden. Insbesondere hatten sie ein höheres Risiko, emotionale Probleme und Verhaltensprobleme zu entwickeln. Darüber hinaus hatten sie auch eine geringere Sprachkompetenz und waren in der Regel weniger aktiv als die Kinder, die zu Hause betreut wurden. Die Forscher betonen, dass die Qualität der Betreuung und die Interaktion mit den Betreuungspersonen eine wichtige Rolle spielen. Eine positive und sensible Betreuung kann die negativen Auswirkungen von Vollzeit-Betreuung auf die kindliche Entwicklung abmildern. Diese Studie hat speziell den finnischen Kontext untersucht, und die Ergebnisse sind nicht ohne Weiteres auf andere Länder übertragbar. Zudem wurden die Kinder nur bis zum Alter von zwei Jahren beobachtet, was möglicherweise nicht ausreicht, um die langfristigen Auswirkungen von Vollzeit-Betreuung auf die kindliche Entwicklung zu erfassen.[42]

Der sichere Hafen, die Bindung zu den Eltern, wird insgesamt zu wenig wertgeschätzt und in den Mittelpunkt gerückt. Werden Eltern von außen durch die Gesellschaft bewertet, dann stehen diejenigen, die ihr Kind zu Hause betreuen und womöglich ALG II beziehen, schlechter da als Eltern, die ihr Kind im ersten Lebensjahr in eine Betreuungseinrichtung geben und schnell wieder arbeiten. Gleichzeitig stehen diese Eltern unter Druck, gute Eltern zu sein, die sich trotzdem noch viel Zeit für ihre Kinder nehmen sollen. Dieses Buch soll daher keine Aufforderung an Eltern sein, auf Krippenbetreuung in einer qualitativ hochwertigen Krippe zu verzichten, sondern familiäre Bindung und Bildung generell in einem höheren Maß wertzuschätzen. Es ist mir wichtig zu betonen, dass die Option, kitafrei zu leben, für viele keine Option ist, sei es aus finanziellen Gründen oder aus ideologischen. Gleichzeitig ist es mir wichtig, Eltern zu ermutigen, sich ein kitafreies Leben zuzutrauen, denn Kinder brauchen keine Kita, um sich zu bilden.

Bedeutungsvoll ist in meinen Augen, dass Kinder ihr Stresspotenzial selbst in einer qualitativ hochwertigen Betreuung außerhalb der Familie nicht ausgleichen können, wenn sie Ruhe und Bindung nicht bereits zu Hause bekommen haben. Der Stress wird dann innerhalb der Betreuung noch verstärkt. Daher ist es sinnvoll, Eltern Unterstützung dabei zu geben, ihren Kindern anfänglich mehr Raum für ihren eigenen Biorhythmus geben zu können. Das erfordert noch mehr Flexibilität von Kitas, und auf politischer Ebene muss gewährleistet werden, dass Eltern flexiblere Arbeitszeiten erhalten.[43]

Mut zur Klarheit

Wenn ein Kind auf dem Spielplatz ein anderes Kind schlägt, trauen sich Eltern oft nicht einzugreifen. Zurechtweisungen gelten als Entgleisung, die durch andere Eltern kritisch beäugt oder ermahnt wird. Zu Recht haben wir inzwischen als Gesellschaft einen Konsens darüber, dass Gewalt in der Erziehung nichts zu suchen hat, weder körperliche noch seelische. Schimpfen, Zurechtweisungen und Strafen überschreiten die Grenze zur Gewalt oft ungewollt und hinterlassen Spuren in der kindlichen Seele. Kinder werden klein gemacht und in ihrer Würde beschädigt.[44] Noch suchen wir nach dem richtigen Weg, Kindern dennoch wichtige Regeln des Zusammenlebens zu vermitteln und ihnen zu zeigen, wie sie erfolgreich in unserer Gesellschaft bestehen. Trotz aller Fürsorge ist Leistungsdruck an der Tagesordnung. Von Kindern wird heutzutage viel erwartet. Es bleibt viel zu wenig Zeit, einfach Kind zu sein.

Professor Raphael M. Bonelli, ein anerkannter Psychiater und Autor des Buches »Bauchgefühle: Wie sie entstehen. Was sie uns sagen. Wie wir sie nützen«[45], führt aus, dass Kinder aus wohlhabenden Familien immer öfter unter einer sogenannten »Wohlstandsverwahrlosung« oder »digitalen Vernachlässigung« leiden. Materiell mit allem versorgt, verweigern ihnen die Eltern das Wichtigste für ihre Entwicklung: Zuwendung, Zeit und Fürsorge. Diese für die Kinder so elementaren Erfahrungen, die nur in der eigenen Familie und von engen Bindungspersonen ermöglicht werden können, geschehen nur in ungenügendem Maße, da professionelle Betreuer, also pädagogische Fachkräfte, diese Art von Beziehungsarbeit nur selten leisten können.

Die traditionelle Kleinfamilie ist in den letzten Jahren stark in Verruf geraten – in Teilen sicher auch zu Recht, weil sie für viele eben auch ein Ort der Verletzungen war und ist. Doch Familie ist viel mehr als nur die Bühne für potenziell traumatische Erfahrungen. Sie ist in den ersten Jahren der entscheidende Lernort, an dem Werte, Wissen und Fähigkeiten vermittelt werden können. Wir erleben Bindungen, handeln das Verhältnis von Beziehung und Autonomie aus und entdecken unser Selbst.[46] Dazu brauchen wir das Gegenüber, die feste Bindungsperson. Und genau die fehlt immer öfter. Eine Mutter-Kind-Beziehung und eine Vater-Kind-Beziehung können nicht durch Menschen ersetzt werden, die eine pädagogische Ausbildung haben. Auch wenn pädagogische Fachkräfte täglich zahlreiche Kinder betreuen, haben sie oft nicht den Anspruch, liebevolle Eltern zu ersetzen, und diesen können und müssen ihn auch gar nicht haben. Die Aufgabe der Fachkräfte ist es, Familie zu ergänzen, nicht sie zu ersetzen.

Eltern sind zuweilen schockiert oder überrascht, wenn es im Rahmen eines modernen Erziehungskonzepts auch darum geht, dass sie ihre Kinder nicht mehr als Fortsetzung ihres eigenen Körpers sehen sollen, sondern dass Abgrenzung nötig ist, um eine freie Entwicklung zu ermöglichen. Für viele Eltern ist jedoch der Schmerz des Kindes auch der eigene Schmerz.[47] Aus diesem Grund möchten sie die unangenehme Seite der Erziehung anderen überlassen und sind der Meinung, dass sich Menschen aufgrund ihrer beruflichen Orientierung und fachlichen Kompetenz besser oder zumindest sicher um ihre Kinder kümmern können. Diese Orientierung und grundlegende Sicherheit bieten jedoch primär die Eltern, mit denen die Kinder mehr Zeit verbringen sollten. Sonst laufen die Eltern Gefahr, wichtige Bindungs- und Bezugspunkte zu ihren Kindern verlieren. Sie stehen vor der Herausforderung, gemeinsam mit den Kindern eine Frustrationstoleranz zu entwickeln, das heißt, das Kind frustrieren zu können und Frustrationen gemeinsam mit ihm zu überwinden. Kinder müssen auch kritisiert werden dürfen, ihre Handlungen müssen auch in Frage gestellt werden können und ihr Verhalten darf begrenzt werden. Ich erinnere mich an die Zeit, in der ich selbst noch im Kindergarten gearbeitet habe. Auch damals habe ich gerne große und lange Ohrringe getragen, die Kinder neugierig gemacht haben und die sie gerne angefasst haben. Ja, das habe ich erlaubt, und nein, ich habe nie erlaubt, daran zu ziehen. Es ist legitim, Kindern Wünsche abzuschlagen. Nein zu sagen ist wichtig und richtig. Bedürfnisorientierung hat nichts mit permanenter Wunscherfüllung zu tun. Kinder lernen ihre Grenzen kennen, wenn ihnen jemand, Kinder und Erwachsene, diese Grenzen aufzeigt. Es versteht sich von selbst, dass wir Kindern respektvoll begegnen und sie durch Frustrationen begleiten, aber wir sollten ihnen Frustrationen bitte nicht ersparen. Ein grundlegender Respekt, der sich in Wörtern wie »Entschuldigung« ausdrückt, bildet die Basis dafür, dass Kinder in den jeweiligen Situationen auch unsere Fehler erkennen und akzeptieren.

Ein Beispiel dafür, dass Kinder nicht Könige und wir nicht Diener sind, ist eine Situation, in der ein Dreijähriger sich das Frühstück aussuchen darf. Er wählt immer wieder etwas Neues aus, verschmäht es, und alles wird am Ende in den Mülleimer geworfen – ein solches Verhalten stellt ein Problem dar. Ein anderes Beispiel ist eine Familie, in der die Mutter drei verschiedene Mahlzeiten zubereitet und sich das Kind dann eine aussuchen darf. Dass ein Kind Speisen verschmäht und wieder ausspuckt, kennen viele Eltern. Die Frage ist jedoch, wie alle damit umgehen. Zu denken, die Mütter und Väter seien ausschließlich da, um ihr Kind glücklich zu machen, bedeutet Bonelli zufolge einen »Totalschaden«. Die meisten Menschen würden sagen, dass ein Frühstück, das im Mülleimer gelandet ist, nicht wirklich geglückt ist. Aber die Frage ist, wie man darauf reagiert, ob man mit seinem Partner darüber nachdenkt, was in diesen Situationen falsch läuft und wie man reagieren soll. Eine Möglichkeit wäre, das Kind bereits beim ersten Wunsch für ein anderes Frühstück darauf hinzuweisen, dass es sich doch bereits entschieden hat. Kinder sollten im Laufe der Jahre auch lernen, dass Entscheidungen eine Bedeutung haben und bindend sind.[48] Darüber hinaus ist es wichtig, Kindern einen respektvollen Umgang mit sich selbst, anderen Menschen, Tieren und beispielsweise auch Essen zu vermitteln. Wir leben zwar nicht mehr in der Nachkriegszeit, in der die Nahrungsmittel rar und deshalb kostbar waren, dennoch ist ein respektvoller Umgang damit notwendig, zumal wenn sie aus Tieren gemacht werden, um das Kind gesund in seiner Umgebung aufwachsen zu lassen. Wenn in Kitas bei jeder Mahlzeit ganze Lebensmittelberge im Mülleimer landen, lernen Kinder ganz sicher keinen wertschätzenden Umgang mit Nahrung. Wenn ich nur daran denke, dass in genau diesen Kitas noch am Vormittag Bildungsprogramme zum Thema »Nachhaltigkeit« stattgefunden haben, dreht sich mir der Magen um. In welchem Verhältnis und wie achtsam wir in Verbindung mit unserer Umwelt aufwachsen, hat auch Einfluss darauf, wie wir uns später in der Gesellschaft verhalten. Auf die Gefühle anderer Menschen Rücksicht zu nehmen oder wertschätzend mit der Natur umzugehen, das sind Prägungen, die in der Familie geformt werden können. Die Kita kann selten dazu beitragen, diese Werte zu leben.

Zuweilen entsteht der Eindruck, dass es einen unausgesprochenen gesellschaftlichen Konsens gibt, die Erziehung von Kindern mehr und mehr »outzusourcen«, wie es in Neudeutsch so schön heißt. Das ist nicht weiter verwunderlich, schließlich hat die Spezialisierung in unserer Gesellschaft in den letzten Dekaden deutlich zugenommen und wir sind daran gewöhnt, bestimmte Bereiche in professionelle Hände zu geben. Doch in der frühkindlichen Bildung sollte diese Entscheidung gut abgewogen und vor allem durch umfangreiche Erkenntnisse aus der Entwicklungspsychologie und der Neurobiologie abgesichert sein. Zu guter Letzt dürfen wir selbst lernen, wieder mehr auf unser Herz zu hören. Es ist löblich, dass wir uns als Gesellschaft weiterentwickeln wollen, doch bislang ist die Familie der von der Natur vorgesehene perfekte Entwicklungsort für ein Kind – und dabei spielt es keine Rolle, welche Art des Zusammenlebens »Familie« genannt wird. Familie ist der Ort, an dem wir unsere engsten Bindungserfahrungen machen. Wer diese Menschen sind, ist nicht an Blutsverwandtschaft oder Geschlecht geknüpft. Traditionelle Rollen können und müssen wir aufbrechen, doch wir dürfen unseren Kindern nicht aus einem fehlgeleiteten Effizienzgedanken oder mangelnder Aufmerksamkeit jenen Raum verwehren, den sie für ihre Entwicklung so dringend benötigen. All das hat auch damit zu tun, dass Familie nach wie vor einen höchsten ideellen Wert hat. Eine wirkliche, auch monetäre Anerkennung von Sorgearbeit gibt es nicht, was ihr die Wertigkeit nimmt. Dabei sollte doch die optimale Bildung unserer Kinder an erster Stelle stehen – individuell und gesellschaftlich. Wenn wir das zur Prämisse machen, dann müssen wir uns fragen, ob eine frühe außerfamiliäre Betreuung oder die Art und Weise, wie wir diese aktuell organisieren und entlohnen, dieser Prämisse wirklich gerecht wird.

Die Vereinbarkeit von Beruf und Familie ist längst als Lüge entlarvt – gescheitert am mangelnden politischen Willen und dem Widerstand der Arbeitgeber. Über flexible Wochenarbeitszeiten und Familiengeld möchte ich hier nicht nachdenken, obwohl der Arbeitsmarkt längst leer gefegt ist. Immer mehr Menschen äußern sich kritisch über ein Leben, das zu 80 Prozent aus Arbeit besteht, während die eigenen Kinder von anderen betreut werden, die das ebenfalls als Arbeit betrachten. Zeit für die Familie steht auf den Wunschlisten immer ganz oben, doch das Leben ist so herausfordernd und temporeich, dass kaum etwas dafür bleibt. Dabei geht es nicht nur um Karriere und Status, sondern auch um die bittere Entscheidung, ob es wichtiger ist, für materielle Sicherheit zu sorgen und dabei weniger Sorgearbeit zu leisten, oder aber die Fürsorge zum Primat und dabei materiell große Abstriche zu machen. Viele Familien waren längst gezwungen, eine Entscheidung zu treffen – weil beide Eltern arbeiten müssen. Noch viel problematischer sieht es für die Alleinerziehenden aus, die an beiden Rollen nur scheitern können und viel zu wenig Unterstützung erhalten. Wir müssen uns die Frage stellen: Wie würden wir unser Angebot der Fremdbetreuung betrachten, wenn es keine Notwendigkeit dazu gäbe? Ich bin mir sicher, die Bewertung würde ganz anders ausfallen. Dies zeigt zudem, dass Familien aus politischer und beruflicher Perspektive die Wahl haben sollten, ihr Kind erst ab einem Alter von zwei oder drei Jahren in einer Kita betreuen zu lassen und damit die schlimmsten Kita-Katastrophen für die Kinder zu vermeiden. Die Zeit-Geld-Falle ist für Eltern ein systemisches Problem, das sie nicht individuell lösen können, solange die Gesellschaft rund um die Erwerbsarbeit organisiert ist. Solange nur die, die einer Erwerbsarbeit nachgehen, ein Auskommen haben, und die (meist Frauen), die viel Sorgearbeit übernehmen, sich heute wie einst von ihrem Partner abhängig machen, so lange ist es eine Lüge, dass Kinder im Zentrum unserer Fürsorge stehen und Familien wirklich wählen können.

Wenn die Kita die bessere Wahl ist

Die grundlegende Bindung – Sicherheit, Ruhe und Orientierung zu Hause – ist die solide Basis für den nervenaufreibenden Kita-Alltag mit vielen Fachkräften und Kindern, die häufig wechseln. Oft, wenn sie gerade vertraut geworden sind. Dennoch kann es in Kitas auch schön sein. Nämlich dann, wenn in einem respektvollen, einfühlsamen Austausch mit den Eltern der Fokus auf dem Wohlbefinden des Kindes liegt. Der Schwerpunkt guter Elterngespräche sollte dabei nicht sein, auf welche Weise sich das Kind nicht gut verhalten hat, sondern wie Eltern und Kita zusammen daran arbeiten können, das Leben des Kindes auch außerhalb der Familie hoffnungsvoll zu gestalten. In einer Kita ist das Gefühl von Sicherheit von großer Bedeutung, für die Kinder, aber auch für die Eltern. Sie geben ihr Kind täglich vertrauensvoll in die Hände der pädagogischen Fachkräfte. Daher erwarten sie auch, dass ihr Gegenüber vertrauensvoll mit ihnen umgeht. Eltern haben Rechte – genauso wie ihre Kinder. Das sollte im Umgang mit Kindern und deren Eltern stetig berücksichtigt werden. Familien möchten die Erziehung nach den eigenen Vorstellungen, Konzepten und Ideen gestalten. Sie haben ein Recht darauf, und dieses Recht sollte ihnen auch zugestanden werden. Die Autorin Nora Imlau zitiert in ihrem Buch »In guten Händen« [49] Benedict Wells und beschreibt, dass ein Mittel gegen Einsamkeit Menschen sind, mit denen wir uns geborgen fühlen können, und nicht wahllose Personen, bei denen wir unsere Kinder abgeben. Kinder sind in unserer Gesellschaft zwar keine Aufgabe der Gemeinschaft, brauchen diese aber trotzdem, genauso wie Erwachsene. Familien benötigen aus diesem Grund Gesetze, die sie fördern und nicht diskriminieren. Zudem ist es notwendig, Investitionen in eine Infrastruktur zu tätigen, die zu hochwertigen Kindertageseinrichtungen führt. Die Last, die Erziehung eines Menschen ausschließlich auf nur eine Person zu legen, ist eine Zumutung, die wir alleinerziehenden Müttern oder Vätern ersparen sollten.

Ein Kind beim Aufwachsen zu unterstützen, ist eine meist selbst gewählte und äußerst herausfordernde Aufgabe. Sie erfordert hohe emotionale, psychische und physische Anstrengung, besonders für Ein-Eltern-Familien. Aber auch Familien, in denen die Eltern zusammenleben, müssen den Alltag als gemeinsames Problem bewältigen. Liegen in einer Familie Erkrankungen oder körperliche Einschränkungen vor, dann ist die emotionale und zeitliche Belastung häufig noch größer. Psychische Erkrankungen der Eltern sind mit Beeinträchtigungen des Familienlebens verbunden. Die meisten Studien dazu nehmen Familien mit elterlichen Depressionen in den Blick. Leidet ein Elternteil unter Depressionen, funktioniert das Familienleben schlechter, nicht nur im Vergleich zu einer nicht-klinischen Kontrollgruppe, sondern auch im Vergleich zu Familien mit anderen psychischen Störungen der Eltern. Eine Untersuchung bringt dieses schlechtere Funktionieren der Familie mit mehr Konflikten, geringerer Anpassungsfähigkeit und geringerem Zusammenhalt sowie einem desorganisierten Muster der Alltagsplanung und der Aufgabenzuweisung in Verbindung. Eine weitere Studie verdeutlicht einen Zusammenhang zwischen depressiven Symptomen der Eltern und dem Problemverhalten ihrer Kinder im täglichen Leben.[50] Darüber hinaus entdeckten Wissenschaftler bei Familien mit Depressionen eine signifikante familiäre Dysfunktion, die sowohl während der depressiven Episode als auch im nicht-depressiven Intervall anhielt. Eine andere Untersuchung ermittelte einen höheren Prozentsatz dysfunktionaler Familienstrukturen in Familien mit elterlichen Angststörungen, im Vergleich zu psychologisch gesunden Kontrollen oder anderen elterlichen Störungen. Die mütterliche Borderline-Persönlichkeitsstörung wirkt sich ebenfalls auf das Familienleben aus. Das gefühllose Verhalten von Borderline-Müttern erhöht tendenziell den Leidensdruck der Kinder. Eine umfassende wissenschaftliche Analyse zeigt, dass Mütter mit Borderline-Persönlichkeitsstörung im Vergleich zu Müttern ohne dieses Krankheitsbild eher zu maladaptiven Interaktionen mit ihren Kindern neigen; das bedeutet, sie zeigen unsensibles, überfürsorgliches und feindseliges Erziehungsverhalten. Die Ergebnisse deuten darauf hin, dass Mütter ihre Vulnerabilität und ihre Störungen über maladaptive Erziehungsmaßnahmen teilweise an ihre Kinder weitergeben.[51]

In Familien, in denen von psychischen Erkrankungen Betroffene leben oder andere Probleme vorliegen, sind positive Bindungserfahrungen schwierig. Kinder erfahren oft ein starkes Auf und Ab, leben schon früh mit der Sorge um das jeweilige Elternteil und entwickeln Kompensationsstrategien, die ihnen später im Weg stehen. Wenn das Alltagsleben in Familien aus den Fugen gerät, kann die außerfamiliäre Betreuung eine große Chance bedeuten. Allerdings nur dann, wenn die betreuenden Fachkräfte eine angemessene Ausbildung, ausreichend Zeit, genug Freiraum und eine positive Arbeitsatmosphäre haben, in der Raum dafür ist, auf jedes Kind individuell einzugehen. Dann erfüllt die Betreuung in einer Kita ihre vielfach bezeugten guten Auswirkungen.[52] Leider ist das gegenwärtig vielfach nicht der Fall.

Zwischen dysfunktionalen familiären Beziehungsmustern und kindlicher Entwicklung gibt es fatale Wechselwirkungen. Eine Längsschnittstudie über vier Jahre mit rund 200 dreijährigen verhaltensauffälligen Kindern wies nach, dass diese, wenn sie überreagierenden Erziehungspraktiken, mütterlichen Depressionen, Ehekonflikten und einem geringeren Familieneinkommen ausgesetzt waren, drei Jahre später eher zu Symptomen der sogenannten oppositionellen Trotzstörung (ODD) neigten. Kinder werden entweder überbehütet, sodass sie in ihrer Autonomie beschnitten werden, oder emotional vernachlässigt, ihnen fehlt es an Stabilität, es gibt ständige Streitereien, Drogenmissbrauch und andere Probleme.

Bei Kindern, die im Alter von sechs Jahren die Kriterien für eine Aufmerksamkeitsdefizit-/Hyperaktivitätsstörung erfüllten, war die Wahrscheinlichkeit geringer, dass sich die ODD-Symptome verbesserten, und sie waren in den Vorschuljahren häufiger von negativen Erziehungspraktiken, Ehekonflikten und elterlichen Depressionen betroffen. Die Autoren betonen die Bedeutung des frühen Funktionsausfalls der Familie für die Entwicklung von ODD.[53]

Adoptions-Längsschnittstudien mit Kindern schizophrener Mütter zeigen, dass das Risiko der Kinder, eine psychiatrische Störung zu entwickeln, nur dann anstieg, wenn sie in einem dysfunktionalen Familienumfeld aufwuchsen. Anders ausgedrückt: Ein starkes Umfeld kann die destruktiven Einflüsse durch die psychiatrische Erkrankung eines Elternteils abfangen. Zu diesem Umfeld gehört selbstverständlich die Kita. Die genannte Untersuchung enthält allerdings noch einen wichtigen Hinweis: Gemeinhin würden wir Kindern von Familien mit psychisch erkrankten Elternteilen eine schlechtere Prognose ausstellen, wenn es um spätere Verhaltensauffälligkeiten oder psychische Krankheiten geht, als Kindern aus vermeintlich »normalen« Familien, in denen aber dysfunktionale Kommunikations- und Verhaltensmuster vorherrschen. Tatsächlich ist das Gegenteil der Fall. Offensichtlich sind Familien und dabei vor allem die betroffenen Kinder viel besser darin, die Auswirkungen psychischer Erkrankungen eines Elternteils zu kompensieren, wenn das Umfeld stimmt, als man allgemein annehmen möchte. Und: Dysfunktionale Erziehungsmethoden richten viel mehr Schaden an, als so manchen Eltern und Fachkräften bewusst ist. In sicheren Bindungen können Kinder damit gut umgehen. Viel schwieriger wird es, wenn Kinder in unsicheren Bindungssituationen wie in der Kita entsprechende Erfahrungen machen müssen, wie etwa, dass sie zum Essen oder Schlafen gezwungen werden. Mit den fatalen Auswirkungen dieser Art von Betreuung habe ich mich in meinem ersten Buch »Seelenprügel« ausgiebig beschäftigt. [54]

Einerseits gibt es einen Zusammenhang zwischen einer psychischen Erkrankung der Eltern und einem schlechteren Funktionieren der Familie, und zwar unabhängig von der Art der Diagnose und stärker abhängig davon, wie schwer die Erkrankung war. Andererseits wird ein schlechteres Funktionieren der Familie mit Verhaltensauffälligkeiten und psychischen Problemen der Kinder in Verbindung gebracht. Die Ergebnisse legen nahe, dass Kinder psychisch kranker Eltern in funktionierenden Familien weniger psychische Probleme aufweisen als Kinder in dysfunktionalen Familien. Daran wird klar ersichtlich, dass ein gesamtgesellschaftliches Umdenken im Bereich Familie, Kindererziehung und Betreuung dringend notwendig ist, wenn wir verhindern wollen, dass die Art und Weise, wie unsere Kinder aufwachsen (müssen), ihnen oft mehr schadet als nutzt. In diese Aussage schließe ich explizit das Schulsystem mit ein.[55] Doch selbst wenn Kinder in problematischen Zusammenhängen aufwachsen, ist eine frühe außerfamiliäre Betreuung kein Allheilmittel. Machen Kinder schon in ihren Herkunftsfamilien schlechte Bindungserfahrungen, kann die Kita das nur schwer auffangen, obwohl man nach wissenschaftlichen Erkenntnissen genau dort ansetzen sollte. Die Kitas sind nicht mehr in der Lage, irgendwen oder irgendetwas aufzufangen, sie müssen selbst aufgefangen werden.

Sofortmaßnahmen für Kitas

Unbeliebt und unbequem für alle Beteiligten und doch die einzig vertretbare Maßnahme bei extremem Personalmangel – Öffnungszeiten und Kinderzahlen müssen reduziert werden. Wenn es nicht nur um Verwahrung der Kinder gehen soll und wenn die oberste Priorität nicht die ist, dass nur die Aufsichtspflicht irgendwie gewährleistet wird, sehe ich keine andere Möglichkeit. Von politischer Seite kommt kein Signal, dass sich bald etwas für Kinder und Familien verbessern wird, also müssen die Kitas Verbesserungen schaffen, wo es nur geht. Sobald absehbar ist, dass Aufsichtspflicht und Kinderrechte nicht gewährleistet werden können, müssen Träger Verantwortung übernehmen und handeln.

Selbstverständlich sollten Eltern frühzeitig informiert werden, wenn sie ihre Kinder nicht in die Kita bringen können oder sie früher abholen müssen. Und Eltern brauchen Erklärungen, was alles passieren kann und oft passiert, wenn zu wenig Fachkräfte mit zu vielen Kindern arbeiten. Die Nerven liegen blank, allein das bringt Kinder in Gefahr – ich bin mir sicher, das versteht jeder Mensch. Ich bin davon überzeugt, wenn Eltern wissen, dass ihre Kinder bei dauerhafter Überlastung des Personals in Gefahr sind, werden sie handeln, vielleicht drastischer, als es derzeit der Fall ist. Machen Sie den Eltern Mut, sich zu beschweren, sich zu organisieren – vielleicht ändert sich langfristig etwas, wenn Eltern merken, sie sind der größte Teil des Systems. Als Sofortmaßnahme sind Proteste allerdings ungeeignet, denn sie helfen eher langfristig. Den Kindern jetzt ist am besten geholfen, wenn es ihnen in der Kita gut geht – dafür brauchen sie die Einsicht und Rücksicht der Erwachsenen.

Rechtlich können Schließungen und eine reduzierte Kinderzahl problematisch sein, aber pädagogisch, zumindest dann, wenn man noch einen rudimentären Bildungsanspruch hat, sind solche Einschränkungen notwendig. Wenn Aufsichtsbehörden, Träger oder gar Eltern sich gegen die Maßnahme stellen, signalisieren sie glasklar ihre Haltung zum Recht der Kinder auf Bildung. Eltern stehen unter Druck und wissen oft nicht, wohin mit dem Kind, das bekommen Sie in der Kita zu spüren. Gleichzeitig stehen Sie in der Verantwortung, den Bildungsauftrag zu erfüllen und die Aufsichtspflicht zu gewährleisten. Wenn man sich immer wieder gegen sein Personal entscheidet und alles irgendwie möglich macht, verliert die Kita als frühkindliche Bildungsinstitution mehr und mehr ihren Stellenwert und Kinder werden nur noch beaufsichtigt.

Das ist der Punkt, an dem Fachkräfte innerlich kündigen, weil spätestens jetzt klar wird, sie werden nicht als Pädagoginnen gesehen, sondern als Kindermädchen. Nun beginnt der fatale Kreislauf aus Unzufriedenheit, Kündigungen, Personalsuche und dem Leid der Kinder, die keine Wahl haben. Das sind dann die Einrichtungen, die man besser komplett schließen sollte. Liebe Fachkräfte, Ihre Eltern brauchen mehr

Informationen über den Alltag in der Kita, dann werden sie garantiert auch besser verstehen, wenn Sie zu vermeintlich drastischen Maßnahmen greifen. Ich bin mir sicher, kein Elternteil will sein Kind einer Gefahr aussetzen, doch genau das passiert, wenn die Fachkraft-Kind-Relation keine Zuwendung, keine Anregung, kein Gespräch, keinen Trost, kein Lied und kein Lachen mehr zulässt, weil das pädagogische Personal nur noch damit beschäftigt ist aufzupassen, dass niemand stirbt. Klingt dramatisch? Ist es.

Wochenkrippen und Familienzeit

Die Debatte um das richtige Verhältnis von Betreuung in und außerhalb der Familie ist tief in unserem gesellschaftlichen, ideologischen und politischen Diskurs verankert. Noch heute wird in den ehemaligen Ost-Bundesländern auch frühe außerfamiliäre Betreuung der Kinder als selbstverständlich betrachtet, während sich im Westen das Stigma der sogenannten »Rabenmutter« erfolgreich hält. In anderen Ländern – mit anderen Betreuungsformen – sind solche Debatten längst obsolet, wie etwa der Blick nach Frankreich zeigt. Deutschland tut sich schwer – das hat auch mit unserer Geschichte zu tun.

Bei einem Blick in die deutsche Geschichte stoßen wir beispielsweise auf DDR-Begriffe wie »Wochenkinder«. Kinder von null bis drei Jahren wurden in Wochenkrippen betreut, ab dem dritten Lebensjahr in Wochenheimen. Die Kinder wurden am Montag von ihren Eltern abgegeben und am Samstag wieder abgeholt. Als die Fünf-Tage-Woche eingeführt wurde, holten sie ihre Kinder dann bereits freitags ab. Die Kinder waren damit auch über Nacht von den Eltern getrennt. Ab einem Alter von sechs Monaten war vorgesehen, dass die Mutter das Kind abgestillt hatte und abgeben konnte. Allein dieser Sachverhalt zeigt, warum Menschen in Ost und West anders über Betreuung denken. In der Bundesrepublik gab es Säuglingsheime, die ähnlich funktionierten. In den 1970er Jahren wurde erstmals erkannt, dass diese ausgeprägte Langzeitbetreuung außerhalb der Familie bei den Kindern Schäden verursacht hat. Die Schlussfolgerungen daraus waren jedoch lediglich, dass die Kinder zu wenig kindgerechte Anreize erhalten haben und ihnen Härte gezeigt werden müsse. Aus diesem Grund mussten sie sich dann öfter an der frischen Luft aufhalten, Höhensonne genießen oder wurden beispielsweise mit dem Wasserschlauch abgespritzt, um die gesundheitlichen Aspekte zu verbessern, die zuvor an alten Konzepten kritisiert wurden. Die ehemaligen Wochenkinder berichten heute von Bindungsproblemen zwischen ihren Partnern und gegenüber ihren Kindern.[56] Zudem leiden sie darunter, einem stetigen Leistungsdruck zu entsprechen. Sie sind zwar oft erfolgreich und sozial engagiert, aber sie zahlen den hohen Preis, über die Leistung Anerkennung erhalten zu wollen. Dieses Bedürfnis kann niemals gestillt werden und führt zu Frustrationen.

Aber auch heute gibt es 24-Stunden-Kitas, und dieses Konzept wird vielfach diskutiert, obwohl sie mit den historischen DDR-Wochenkrippen nicht mehr viel zu tun haben. Die Option, dass Kinder sich alleingelassen fühlen und besonders in der Nacht Angst haben, wird meines Erachtens dennoch zu häufig übergangen. Kinder werden im Rahmen dieses Konzepts überwiegend nachts sich selbst überlassen, und es wird damit rechtfertigt, dass sie lediglich schlafen. Umfassend erforscht wurden Betreuungshäuser mit langen Betreuungszeiten bisher nur in Israel. Dort sind die Wissenschaftler zu Ergebnissen gekommen, die kein positives Bild von Kinderbetreuungshäusern zeigen.[57] Wenn es um Kinder geht, sollten deren individuelle Bedürfnisse in einem höheren Maß beachtet werden. Ökonomisches Denken, das den Eltern zur Falle, von der Politik aber gefördert wird, widerspricht einem Denken, das Kinder ins Zentrum der Betrachtung setzt. Wer sich intensiver mit dem Spannungsfeld Familie, Beruf und Kinderbetreuung auseinandersetzt, dem fällt sofort auf, dass dieses Themenfeld in den Medien und der Politik nicht wissenschaftlich fundiert, sondern ideologisch diskutiert wird. Zudem wird die Frage der außerhäuslichen Kinderbetreuung nur rein quantitativ behandelt, aber nicht qualitativ – dies zeigen Schlagzeilen auf der Titelseite wie »Für Kleinkinder fehlen noch Betreuungsplätze« oder »Jeder vierte Ort ohne Kleinkindbetreuung«. Bei der Frage der Kinderbetreuung geht es so gut wie nie um die Kinder selbst, um ihr Wohlbefinden. Es wird nicht gefragt, was Kinder entsprechend ihrer Entwicklung brauchen, was die Frühpädagogik, die Bindungsforschung oder die Neurobiologie zu den Entwicklungsbedürfnissen von Kleinkindern sagen kann, sondern es wird fast immer nur gefragt, was die Wirtschaft benötigt. Zunächst wird nach Standortfaktoren gefragt, dann wird gefragt, was berufstätige Frauen benötigen. Zudem wird unterstellt, dass nahezu alle Frauen berufstätig sein wollen und sich deshalb auch alle mehr Kinderbetreuung wünschen, was jedoch häufig nicht der Realität entspricht. In meinen Beratungen erlebe ich, wenn es um die Wahl einer guten Kita geht, viel mehr Mütter, die ihre Kinder am liebsten in den ersten Jahren zu Hause hätten. Wenn Geld keine Rolle spielen würde, würden aus meiner Erfahrung 80 Prozent der Mütter und Väter zwei Jahre Kinderzeit nehmen. Die meisten wollen also nicht unbedingt arbeiten, sondern müssen es aus finanziellen Gründen – das könnten wir ändern, und mit »wir« meine ich uns als Gesellschaft. Eine gute Möglichkeit wäre es also, wenn Politik und Arbeitgeber Mütter, aber auch Väter darin unterstützen würden, in einem flexiblen, gesunden Zeitmaß zu arbeiten.

Es braucht die politisch-gesellschaftliche Reform des Ganzen und eine neue Norm der Familienvollzeit, die sich nicht am Achtstundentag für alle orientiert.[58]

Sofortmaßnahmen für Eltern

Liebe Eltern, ich weiß, wie anstrengend und fordernd das Leben mit Kita-Kindern sein kann. Ich erlebe in meinen Beratungen ausschließlich Eltern, die Kind und Beruf vereinbaren wollen und oft nicht wissen, wie sie all das organisieren sollen. In den Kitas spreche ich mit völlig erschöpften Fachkräften, die sehr darunter leiden, Kinder oft nur noch zu verwahren, weil mehr nicht möglich ist und sie ihren eigenen Ansprüchen nicht mehr gerecht werden. Alle – Eltern und Fachkräfte – sind unglücklich mit Situationen, in denen Kinder nur noch satt und sauber sind, aber emotional hungrig bleiben. Leider ist eine kurzfristige Entspannung nicht in Sicht.

Nun kommt der schwierigste Teil der Sofortmaßnahmen, es geht darum, Prioritäten zu setzen. Es geht um Entscheidungen, die nur Sie als Eltern treffen können. Es geht um Ihr Kind, für das Sie voll und ganz verantwortlich sind. Wenn Sie den Eindruck haben, dass Ihr Kind viele Stunden täglich nur noch verwahrt wird, wenn die Stimmung in der Kita immer angespannter wird, wenn pädagogisches Fehlverhalten alltäglich ist, wenn Sie Ihr Kind nicht in guten Händen wissen oder immer ein schlechtes Gewissen haben, dann ist das gefährlich für Sie, Ihr Kind, Ihre Beziehung zueinander und die Gesundheit der gesamten Familie. Spätestens jetzt ist die Zeit reif für eine Entscheidung. Vermutlich stehen Sie unter dem Druck des Systems und müssen einiges berücksichtigen, organisieren, mit- und vorausdenken. Und doch ist es so, dass letztendlich Sie entscheiden, ob Ihr Kind in eine Kita gehen soll oder nicht. Sie entscheiden, in welchem Alter Ihr Kind wie lange eine Kita besucht, und damit entscheiden Sie letztendlich über alles, was Ihre Familie betrifft – nicht der Staat, nicht Ihr Arbeitgeber, nicht Fachkräfte, nicht Nachbarn, nicht andere Eltern und auch nicht die Gesellschaft.

Es gibt politische Diskurse, Pressemeldungen, runde Tische, Streiks, Forderungen und Aufrufe von Wissenschaftlern. Es wurden Fachverbände gegründet und ja, es wird sich zukünftig viel ändern. Aber das dauert. Ihr Kind steckt jetzt in der Misere. Helfen Sie Ihrem

Kind und sich – suchen Sie eine Lösung, indem Sie die Zeit in der Kita so gering wie möglich halten, sich andere Betreuungsmöglichkeiten, wie beispielsweise Tageseltern, suchen oder kitafrei leben. Das sind harte Worte, ich weiß. Und ich weiß auch, es gibt immer eine Lösung – Sie werden sie finden, vertrauen Sie sich und dem Leben. Zum Wohle Ihres Kindes.

Wenn die Lösung das Problem ist

Wie steht es um das Wohl des Kindes, insbesondere bei Kleinkindern in den ersten drei Lebensjahren? Was leisten Familien und Kindertageseinrichtungen dafür? Wie lassen sich diese Leistungen von Familien und Betreuungseinrichtungen kombinieren und optimieren, damit es den Kindern und den Eltern gut geht? Es ist Eltern schließlich nicht zu verdenken, dass sie arbeiten müssen oder wollen. Sie wollen Zeit mit dem Partner verbringen, spazieren gehen oder ein Buch lesen. Eltern als Menschen haben eigene Bedürfnisse, sie sind nicht nur Eltern. Kann man alles im Leben haben? Wie können Eltern alles unter einen Hut bringen, und wie können Familien optimale Unterstützung durch die Kitas erhalten?

Monika Wertfein ist Diplom-Psychologin, Familientherapeutin und wissenschaftliche Referentin am Institut für Frühpädagogik in München. Sie befasst sich seit acht Jahren mit den Voraussetzungen und Chancen einer kindgerechten Bildung, Erziehung und Betreuung in den ersten drei Lebensjahren innerhalb und außerhalb der Familie. Wertfein legt den Fokus auf die Ansprüche von Kleinkindern und zeigt, dass gleichzeitig auch Ansprüche an die Kinder selbst gestellt werden. Die Ansprüche an Eltern wiederum leiten sehr schnell zum Thema der Vereinbarung von Familie und Beruf – ein Doppelleben. Ein Anspruch an die Kinder ist, dass sie beispielsweise zuerst lernen oder ihr Zimmer aufräumen, dann erst dürfen sie spielen. Ansprüche werden auch an die Kindertagesbetreuung gestellt, die daher darauf abzielt, eine 24-Stundenbetreuung anzubieten.

Wertfein fragt nun nach den Ansprüchen, die Kinder in den ersten drei Lebensjahren an ihre Betreuung haben, sei es in der Familie oder in der Krippe. Sie betont, dass Kinder schon mit Kompetenzen zur Welt kommen. Bildung beginnt spätestens mit der Geburt.[59] Kompetenz beschreibt hier die Möglichkeit, sich selbst als wirksam zu erfahren, zu erkennen, dass wir etwas aus eigener Kraft schaffen können. Die Bedeutung einer beziehungsvollen Pflege verdeutlicht, dass Kinder Forscher und Entdecker sind, die gleichzeitig ein hohes Maß an Zuwendung und Pflege brauchen. Eltern und Fachkräfte wissen auch: Kinder unter drei Jahren triggern uns mit ihren positiven, aber auch negativen Gefühlen. Kinder sind unverdrossene Grenzgänger, sie versuchen immer wieder ihre Grenzen zu überwinden. Sie gehen auf uns zu und konfrontieren uns mit sich selbst – und mit uns selbst, mit dem inneren Kind in uns.

In einer optimalen Welt, in der Betreuung sich an den Bedürfnissen der Kinder ausrichtet, sähe diese wohl so aus: Die Kinder, nicht die Eltern, die sich sorgen, sind das Herzstück der Tagesbetreuung, außerdem der Spaß, den die Betreuer den ganzen Tag trotz der Anstrengungen und intensiven Arbeit mit den Kindern haben. Rund um die Kita existieren zudem weitere Experten-Fachdienste, interdisziplinäre Teams, die unterstützend tätig sein können, indem sie Träger, Fachkräfte und Eltern beraten. Wenn Menschen gemeinsam für das Wohl der Kinder sorgen, eine gelingende Betreuung und Bildung verfolgen, können Kinder sich gut entwickeln und gut lernen.[60] In der nicht optimalen Welt sind die Kinder das schwächste Glied in der Kette, es bleiben Fragen wie diese: Ist eine frühe Betreuung in einer Kita ein Entwicklungsrisiko? Wie viel Einfluss hat die außerfamiliäre Betreuung? Ist es möglich, sehr jungen Kindern in einem Gruppenkontext in der Krippe gerecht zu werden? Monika Wertfein zufolge lernen

Kinder ab der Geburt in Beziehungen, und die Erfahrungen in der Familie haben einen hohen Einfluss auf die Kinder. Die familienergänzende Tagesbetreuung kann eine Chance bilden, wenn sie kindgerecht ist.

Die NICHD-Studie[61] (National Institute of Child Health and Human Development Study of Early Child Care and Youth Development) wurde in den USA durchgeführt und ist eine der umfangreichsten Studien zur frühkindlichen Entwicklung. Sie begann im Jahr 1991 und beobachtete über einen Zeitraum von zehn Jahren mehr als 1.300 Kinder und ihre Familien. Das Ziel war es, die Auswirkungen von frühkindlicher Betreuung und Erziehung auf die kognitive, soziale und emotionale Entwicklung von Kindern zu untersuchen. Beobachtet wurden Kinder aus verschiedenen Gruppen, darunter Kinder, die ausschließlich von ihren Eltern betreut wurden, Kinder, die in einer Kindertagesstätte betreut wurden, und Kinder, die von anderen Familienmitgliedern betreut wurden. Die Kinder wurden in regelmäßigen Abständen auf ihre kognitiven, sprachlichen und sozialen Fähigkeiten sowie auf ihre Verhaltensprobleme und ihre Beziehungen zu ihren Eltern und Betreuern hin untersucht.

Die Ergebnisse der Studie waren: Der Besuch des Kindergartens hatte keine signifikanten Vorteile in Bezug auf die kognitive Entwicklung von Kindern im Vergleich zu Kindern, die zu Hause betreut wurden. Kinder, die in einer Kindertagesstätte betreut wurden, zeigten keine signifikanten Unterschiede in Bezug auf ihre soziale und emotionale Entwicklung im Vergleich zu Kindern, die ausschließlich von ihren Eltern betreut wurden. Und wie alle anderen Studien belegt auch diese: Die Qualität der Kita ist der wichtigste Faktor für die kognitive, soziale und emotionale Entwicklung. Kinder, die in einer qualitativ hochwertigen Betreuung und Erziehung waren, zeigten eine bessere Entwicklung als Kinder, die in einer Betreuung mit niedriger Qualität waren. Nun kann man Studien, die in den USA durchgeführt werden, nicht 1:1 auf Deutschland übertragen, was wir aber wissen, ist, die Qualität in unseren Kitas ist allein durch den unglaublich hohen Personalmangel nicht ausreichend. Leider oft nicht einmal gut genug. Personalmangel ist nur ein Grund, mangelhaftes Personal ein weiterer.

Eine kindgerechte Qualität haben wir kaum, weil das Kita-System vor dem Kollaps steht. Kinder benötigen verlässliche Beziehungen, soziale Zugehörigkeit zu anderen Menschen und damit verbunden Sicherheit und Orientierung im Leben. Kinder erkennen sich selbst und ihre Entwicklungspotenziale an dem, was wir Erwachsene ihnen spiegeln. Deshalb müssen wir den Fokus in dem, was wir sagen, auf das Positive und die Stärken des Kindes legen. Wir stehen vor der Aufgabe, auf unsere Worte zu achten und Kinder nicht mit unseren Wörtern zu demotivieren oder zu diskriminieren. Viele Eltern und Fachkräfte haben selbst Sätze gehört wie »Aus dir wird nie was« oder »Mathe wirst du nie lernen«. Als Erwachsene erinnern sie sich noch an tiefgehende, scharfe Sätze, die ihre Seele verletzt haben. Es ist wichtig, diese negativen Bilder nicht auf Kinder zu übertragen, und das bedarf viel Reflexion und Heilung. Bei Eltern und Fachkräften. Das kostet Zeit und Geld. Ressourcen, die derzeit nicht zur Verfügung stehen. Deshalb müssen wir handeln und uns andere Sofortmaßnahmen überlegen.

Wir müssen auf die Diskrepanz zwischen Anspruch und Wirklichkeit achten, wenn wir Kindern und deren Bedürfnissen gerecht werden wollen. Die Erfahrungen in der Familie haben einen entscheidenden Einfluss, der zwei- bis viermal größer ist als die der außerfamiliären Betreuung.[62] Das ist für Pädagogen entlastend, auch wenn diese oft hoffen, den Kindern etwas fürs Leben mit auf den Weg zu geben. Den größten Einfluss hat die Qualität der familiären Beziehungen und die elterliche Bildung.[63] Deshalb ist es wichtig, dass wir diese bei politischen Entscheidungen wieder mehr in den Fokus nehmen und zum Beispiel über eine deutliche Verlängerung der Familienzeit bis zum dritten Lebensjahr des Kindes nachdenken.

Was also ist die Antwort auf die Frage »Familie oder Fremdbetreuung«? Die vorgelegten Erkenntnisse zeigen, es gibt darauf keine einfache Antwort, sosehr wir uns das vielleicht wünschen. Vielmehr muss es unser Ansporn sein, Kindern das Beste aus beiden Welten zur Verfügung zu stellen, damit sie sich optimal entwickeln können.

Sofortmaßnahmen für Kitas

Die Bedeutung der Bildungs- und Erziehungspartnerschaft in der Kita kann nicht hoch genug eingeschätzt werden. Eine erfolgreiche Partnerschaft zwischen Eltern und pädagogischen Fachkräften setzt dabei eine offene und vertrauensvolle Zusammenarbeit voraus, die auf gegenseitiger Anerkennung und Wertschätzung basiert. Durch aktive Zusammenarbeit können Eltern und pädagogische Fachkräfte gemeinsame Ziele für die Bildung und Erziehung des Kindes festlegen und umsetzen. Hierbei geht es nicht nur um die Vermittlung von Wissen und Fertigkeiten, sondern auch um die Förderung sozialer Kompetenzen und persönlicher Stärken des Kindes. Gleichzeitig können Eltern durch die Zusammenarbeit mit den pädagogischen Fachkräften einen Einblick in den Alltag der Kita gewinnen und erhalten wichtige Informationen zur Unterstützung der Entwicklung ihres Kindes auch zu Hause.

Von besonderer Bedeutung ist die glasklare Information für Eltern, dass kranke Kinder nicht in die Kita gehen sollten. Kinder haben ein noch nicht vollständig ausgebildetes Immunsystem und sind daher anfälliger für Infektionskrankheiten als Erwachsene. Durch den engen Kontakt untereinander in der Kita können sich Krankheiten schnell verbreiten, was nicht nur für die betroffenen Kinder, sondern auch für das Kita-Personal und die Familien zu Hause unangenehm sein kann. Besonders gefährlich können Infektionskrankheiten für Kinder mit Vorerkrankungen oder geschwächtem Immunsystem sein. Außerdem ist es für ein krankes Kind nicht angenehm, in einer Kita zu sein, wo es nicht die Aufmerksamkeit und Betreuung erhält, die es benötigt. Es ist wichtig, dass das kranke Kind zu Hause bleibt, sich ausruht und sich erholt, um schnell wieder gesund zu werden. Gerade in Zeiten von Personalmangel ist es wichtig, das vorhandene Personal nicht zu gefährden. In der Praxis erlebe ich immer wieder, dass viel zu lange gewartet wird, bis Eltern von kranken Kindern angerufen werden, damit sie ihre Kinder abholen. Und ich erlebe auch, dass viel zu viele kranke Kinder in den Einrichtungen sind, die mit Bauchschmerzen und verklebten Nasen weinerlich auf dem Sofa liegen und von einer Fachkraft getröstet werden. Kranke Kinder gehören nach Hause, sie brauchen die Zuwendung ihrer Eltern.

Aus diesem Grund wäre eine Sofortmaßnahme ein aufklärender und empathischer Elternbrief, der vom Träger an alle Eltern geht, sich klar positioniert und auf die Kinderrechte hinweist. Das Recht eines Kindes, krank zu Hause zu bleiben, ist im Artikel 24 der UN-Kinderrechtskonvention verankert, der das Recht auf Gesundheit und Gesundheitsversorgung garantiert. Dies schließt auch das Recht ein, bei Krankheit daheim zu bleiben und angemessene Pflege und Behandlung zu erhalten. Dies bedeutet, dass Eltern und Betreuer die Verantwortung haben, sicherzustellen, dass ein krankes Kind die notwendige Ruhe, Pflege und Behandlung erhält und dass es nicht in eine Umgebung gebracht wird, in der es andere Kinder anstecken könnte. Kinder haben das Recht auf angemessene medizinische Versorgung und elterliche Fürsorge, um ihre Gesundheit zu schützen und zu fördern.

8. Abenteuer Einschulung – Wie der Übergang von der Kita in die Schule gelingt

Bildung bedeutet, kritische Fragen stellen zu können, gemeinsam Antworten zu suchen und dabei ein guter Mensch zu bleiben.

Nach der Kita folgt die Schulzeit. Ein wichtiger Übergang für die ganze Familie, denn spätestens jetzt beginnt er – der oft angedrohte Ernst des Lebens. Viele Eltern sehen diesem Zeitpunkt inzwischen mit mehr Angst als Freude entgegen.[64] Schulisches Scheitern ist in einer leistungsbezogenen Gesellschaft wie der unseren keine Option. Dabei liegt das Versagen oft in den starren und überholten Strukturen von Regelschulen begründet.

Müssen die Aufgaben und der Bildungsauftrag von Kitas neu definiert werden, weil der Übergang zur Schule oft nicht gelingt, weil Kinder oft nicht das können, was Lehrkräfte erwarten? Oder sollten die Grundschulen moderner werden, sich der partizipativen Pädagogik guter Kitas annähern und mehr Vertrauen in selbst organisiertes Lernen[65] haben? Sicher ist, die Kooperation der Bildungssysteme Kita und Schule muss gelingen, damit keine Kinder auf der Strecke bleiben, und dies schließt auch die Kooperation mit Familien ein. Die Kinder dürfen ihres Rechts auf Bildung nicht beraubt werden, nur weil Systeme erstarrt sind und Verantwortliche ihre Hausaufgaben nicht gemacht haben. Bildungsinstitutionen müssen kindgerechte Bildung garantieren, die

Anschlussfähigkeit muss gelingen. Wir leben in einer Zeit, in der Bildung eine andere Bedeutung erhält als früher. Die Welt dreht sich immer schneller. Wir müssen bei der Digitalisierung auf dem Laufenden bleiben, um wirtschaftlich langfristig bestehen zu können. Die neuesten Entwicklungen der Künstlichen Intelligenz lassen erahnen, dass die Welt in ein paar Jahren eine völlig andere sein wird. Aber Kinder sind mehr als nur ein zukünftiges Wirtschaftsobjekt, das sich neben diesen neuen Intelligenzen bewähren muss.

Bei ihrer Einschulung sind Kinder in Deutschland üblicherweise zwischen sechs und sieben Jahren alt. Wer sich schon einmal mit einem Kind in diesem Alter unterhalten hat, wird rasch herausfinden, dass es über einen ganz erstaunlichen Wissensfundus verfügt, auch wenn es noch nie eine Schule besucht hat oder aktiv zum Lernen aufgefordert worden ist.[66] Kinder wissen viel, wenn sie mit der Schule beginnen. Schule sollte an diesen Wissensstand der Kinder andocken. Aber das ist fast unmöglich, wenn eine Lehrkraft mit bis zu 25 Kindern allein ist.

Der Übergang von der Kita in die Schule ist eine sehr große pädagogische Herausforderung. Die Psychologin Luise Hollerer erklärt, dass Bildung der Wachstumsmarkt der Zukunft ist.[67] Pädagogische Fachkräfte haben demnach die Aufgabe, die Kinder zur Teilhabe am Leben zu befähigen. In den Bildungs- und Lehrplänen der Länder ist festgelegt, wie dieses Ziel umgesetzt werden soll.

Aus Förderung wird Forderung

Ein grundlegender Unterschied zwischen Kita und Schule besteht in den Leistungserwartungen. Ob ein Kind schulreif ist, steht eigentlich nicht zur Debatte, weil jedes Kind verpflichtet ist, ab dem sechsten Lebensjahr eine Schule zu besuchen. Die Kinder werden dennoch auf Schulfähigkeit überprüft, die Schulen allerdings nicht auf Kindfähigkeit. Eine solche würde meines Erachtens daran gemessen werden, wie bereit die Einrichtung dafür ist, ein Kind in seiner Individualität anzunehmen, und wie weit sie darin geht.

Der Übergang in die Leistungsorientierung ist ein Übergang sowohl für Kinder, Eltern und Pädagogen, der behutsam umgesetzt werden muss. Zusätzlich zu den neuen Leistungsanforderungen kommt, dass sich das Kind an eine neue Umgebung und an neue Menschen anpassen muss. Genau darauf nimmt unser Schulsystem oft viel zu wenig Rücksicht, und Kitas können Kinder und Familien nur ungenügend auf den Übergang vorbereiten. Im schlimmsten Fall misslingt die Transition, das Kind speichert Schule und Lernen als etwas Negatives ab und verweigert sich. Das geschieht leider aufgrund der skizzierten starren Normen viel häufiger, als man annehmen sollte. Kinder, die den Anforderungen in der Schule nicht gerecht werden können, werden mehr.

Es gibt Vermutungen, dass die Zahl derer, die Anforderungen pathologisch, also in einem krankhaften Ausmaß, vermeiden, angestiegen ist. Pathological Demand Avoidance[68] (PDA) ist ein Begriff, der in Großbritannien geprägt wurde und sich auf ein Phänomen bezieht, bei dem Kinder Schwierigkeiten haben, Anforderungen oder Erwartungen anderer zu erfüllen oder ihnen zu folgen. Diese Schwierigkeiten können zu ernsthaften Verhaltensproblemen führen, wie zum Beispiel Wutausbrüchen, Aggressionen oder Rückzug. Vermutlich ist PDA ein Teil des Autismus-Störungsspektrums. Obwohl es noch keine offizielle Diagnose ist, scheint das Problem zuzunehmen. Kinder mit PDA haben Schwierigkeiten, Erwartungen zu erfüllen, die von anderen Personen stammen, selbst wenn es sich um einfache oder alltägliche Aufgaben handelt. PDA hat sowohl biologische als auch soziale Ursachen. Die Behandlung ist kompliziert, da herkömmliche Ansätze wie Verhaltens- oder kognitive Therapie nicht besonders erfolgreich sind. Kinder mit PDA reagieren im schulischen Bereich positiv, wenn ihnen bei Anforderungen mehr Flexibilität gegeben wird, oder Humor und Spontaneität in den Unterricht eingebaut werden.[69]

Die Systemtheorie, die Stressforschung und die Theorie der kritischen Lebensereignisse befürworten den sogenannten Transitionsansatz.[70] Dieser geht davon aus, dass Übergänge im Kindesalter durch positive Impulse seitens der Eltern, Lehrer und Fachkräfte in Kitas begleitet werden müssen, damit das Kind sie erfolgreich meistern kann. Ein Umzug etwa ist eine Transitionserfahrung, die dadurch erleichtert werden kann, indem für das Kind ein stabiles Umfeld und bekannte Erfahrungen geschaffen werden, die Orientierung bieten. Eltern können etwa den vom alten Wohnort bekannten Tagesablauf auch am neuen weiterführen. Das gilt ebenso für den Übergang von der Kita zur Schule. Transitionen sind individuelle Lebensereignisse, auch wenn sie normativ sind. Doch beim Übergang in die Schule ist individuelles Vorgehen nicht vorgesehen.

Eine Herausforderung beim Übergang von der Kita zur Schule ist die individuelle Entwicklungsorientierung des Kindes. Die Fachkräfte in der Kita müssen eine Einschätzung über die Schulreife abgeben. An der Schule gibt es auch eine Art Vorstellungsgespräch inklusive ärztlicher Untersuchung. Ein solches Erlebnis kann auf ein Kind einschüchternd wirken. Es spürt deutlich, dass es auf den Prüfstand gestellt wird, auch wenn es nicht versteht, was da eigentlich geprüft wird.

Weitere Herausforderungen sind die normorientierte Lernstandsfeststellung und Bildungsstandards. Aus der Perspektive der Entwicklungspsychologie sind Bildungsstandards zwar erwünscht, es wird jedoch kritisiert, dass es keinen Raum für Kinder gibt, sich individuell zu entwickeln. Bei manchen Kindern dauert es bis zum 10. Lebensjahr, bis sie flüssig lesen, schreiben und rechnen können[71] – und es ihnen somit möglich ist, leistungsgerecht am Leben der Schule teilzuhaben. Wenn Kinder die ersten Buchstaben und Wörter zu Sätzen zusammenfügen und beginnen, Geschichten zu schreiben, dann ist dies ein komplexer Prozess, der nicht viel Raum für andere Dinge lässt. Aufgrund der Komplexität müssen einige Tätigkeiten durch das Gehirn automatisiert werden. Diese Automatisierung erfordert jedoch Übung, und um zu üben, brauchen Kinder Interesse. Die Leistungsbereitschaft muss bei ihnen erst geweckt werden. Kitas sind gefordert, sich der Lernbereitschaft der Kinder durch kognitive Lerngeschichten anzunähern. Kinder können auch hier schon dazu angeregt werden, sich zu überlegen, was sie lernen wollen. Im Austausch miteinander können sich die Pädagogen überlegen, über welche Lernzugänge ein Kind verfügt.[72]

Inzwischen existiert ein sehr differenziertes Bild von Entwicklung, das sich nicht auf einen bestimmten Bereich konzentriert. Stattdessen gibt es sehr viele verschiedene Entwicklungslinien, die Kinder nach ihren individuellen Bedürfnissen formen und die durch die eigenen Anlagen beeinflusst werden. Die Frage ist, was das jeweilige Kind mitbringt, wie es mit der Umwelt interagiert, und umgekehrt, wie die eigene Persönlichkeit ist und wie es sich in verschiedenen Systemen zurechtfindet, denn wir alle sind abhängig von der jeweiligen Kultur, in der wir leben. Es gilt daher zu untersuchen, in welchen Settings sich ein Kind bewegt. Identität und Zugehörigkeit sind Erfahrungen, die das Kind nur in seiner erweiterten Familie machen kann, die aber zu entscheidenden Ressourcen für sein späteres Leben werden. Die Möglichkeit, individuell auf die Entwicklung eines Kindes einzuwirken, vor allen in den entscheidenden Jahren von eins bis sieben, findet sich aktuell überwiegend in funktionalen Familien. Nur dort können Vorlieben und Fähigkeiten von Kindern individuell unterstützt werden.[73] Resilienz und eine stabile seelische Gesundheit sind eng mit sicheren Bindungserfahrungen verknüpft, und die machen Kinder überwiegend in ihrer ersten Bildungsinstitution – der Familie, deshalb brauchen Kinder auch die Unterstützung ihrer Familie beim Übergang in die Grundschule.[74]

Sofortmaßnahmen für Eltern

Informieren Sie sich frühzeitig über den Übergang in die Grundschule und klären Sie offene Fragen zur Schulanmeldung oder den schulischen Anforderungen. Nehmen Sie an Informationsveranstaltungen teil und sprechen Sie mit anderen Eltern und Fachleuten. Bereiten Sie Ihr Kind sanft auf die Schule vor, indem Sie beispielsweise das Kennenlernen der Schule und des Schulwegs ermöglichen und regelmäßig mit Ihrem Kind über den Übergang sprechen.

Beschäftigen Sie sich mit Ihrem Kind. Lesen Sie viel vor, schneiden und malen Sie, backen Sie Kuchen, kochen Sie gemeinsam und übertragen Sie Ihrem Kind ein wenig Verantwortung. Vermitteln Sie ihm eine positive Einstellung zur Schule und ermutigen Sie es, sich auf die neuen Erfahrungen und Herausforderungen zu freuen. Sprechen Sie auch über Ihre eigenen Schulerfahrungen, auch wenn sie nicht positiv waren. Bieten Sie Ihrem Kind Unterstützung an, wenn es Fragen oder Probleme rund um den Schulstart hat. Helfen Sie Ihrem Kind bei der Organisation seines Schulmaterials, bei der Zusammenstellung der Schultasche oder bei der Planung von Hausaufgaben. Setzen Sie sich mit den Lehrern in Verbindung, wenn Ihr Kind Schwierigkeiten hat, um gemeinsam Lösungen zu finden. Halten Sie einen regelmäßigen Austausch mit den Lehrern und anderen Eltern aufrecht, um über Ihr Kind informiert zu bleiben und gezielt auf eventuelle Probleme oder Schwierigkeiten reagieren zu können. Machen Sie sich bewusst, dass der Übergang in die Grundschule eine aufregende und herausfordernde Zeit für Ihr Kind und Ihre Familie sein kann. Versuchen Sie, gelassen zu sein, und denken Sie daran – Schule ist nur ein Teil des Lebens und keine Schule ist es wert, dass Kinder daran verzweifeln.

Der Transitionsansatz für den Übergang in die Schule beruht auf bestimmten Grundannahmen und einem spezifischen Bild vom Kind, außerdem bezieht er Schutz- und Risikofaktoren ein. Transitionen werden als komplexe, ineinander übergehende, sichtbare Wandlungsprozesse verstanden, die massive Veränderungen bedeuten. Der Übergang in die Schule ist mit solchen einschneidenden Umstrukturierungen verbunden, beispielsweise in den Tagesabläufen. Der Schulbeginn birgt für die Kinder Zauber und Aufregung, die mit der kindlichen Vorstellung einhergeht, nun auf eine besondere Ebene der Entwicklung zu gelangen. Die Eltern unterstützen dieses Bewusstsein, indem sie dem Kind erklären, dass es nun ein großes Schulkind ist. Das Schulkind-Leben ist mit besonderen Anforderungen verbunden: Beziehungen wandeln sich, alte Freundschaften lösen sich auf, neue Freundschaften entstehen. Die beste Freundin ist vielleicht schnell in der Schule nicht mehr die beste Freundin, weil sie eine andere gefunden hat. Mit Enttäuschungen dieser Art müssen Kinder umgehen lernen. Wenn die Erfahrungen, die vorher mit anderen Transitionen gemacht wurden – beispielsweise von zu Hause in die Krippe und von dort aus in den Kindergarten –, positiv waren, fällt Kindern der Übergang leichter, denn diese Erfahrungen wurden integriert. Kinder haben durch diese früheren Erfahrungen gelernt, wie sie mit Veränderungen umgehen.[75]

Der aktuelle Vergleich zum Bildungsstand bei Grundschülern offenbart für das Jahr 2021, dass die Fähigkeiten und der Kenntnisstand von Grundschülern stark abgenommen haben.[76] Dabei spielt sicher auch die Coronapandemie eine Rolle, doch tatsächlich fordern Lehrerverbände und Experten schon seit Langem, dass formale Bildung nicht erst in der Grundschule beginnen darf, sondern Kitas und Schulen viel enger zusammenarbeiten müssen.[77] Probleme, die zu Beginn des Schulalltags sichtbar werden, liegen vor allem in der Handkoordination. Viele Kinder entwickeln aufgrund feinmotorischer Defizite keine Handschrift. Dann fehlt es an der Möglichkeit, beispielsweise kurze Geschichten zu schreiben. Es kommt zu Folgeproblemen, die eventuell in eine Diagnose münden.[78] Auch im Unterrichtsfach Mathematik besteht dieses Problem, denn viele Kindergärten legen großen Wert auf sprachliche Bildung und vernachlässigen den mathematischen Bereich. Mengenverständnis ermöglicht Zahlenverständnis – allein den Zahlenstrahl bis 20 vorwärts und rückwärts zählen zu können, fällt manchen Kindern in der dritten Klasse noch schwer.

Wie kann das sein? Ich denke, Kinder dürfen zu wenig selbst machen und ausprobieren. Oft wird ihnen nicht einmal erlaubt, ein scharfes Messer zu benutzen, weil es zu gefährlich ist. Dann können sie nicht schneiden. Kinder haben in der Grobmotorik oft Defizite, weil sie sich nicht testen und spüren dürfen. Sie können nicht wissen, wie es sich anfühlt, kopfüber von einer Stange herunterzuhängen oder ein Karussell rasend schnell zu drehen, wenn ihr vermeintlich gefährliches Tun immer sofort unterbrochen wird.[79] Manchmal bremsen Eltern, manchmal pädagogische Fachkräfte und manchmal Lehrkräfte Kinder in ihrem Entdeckerdrang. Sie verbieten zu viel und verlangen zu wenig. Kinder wollen wachsen, sie wollen Erfahrungen machen, besonders Grenzerfahrungen und ganz besonders im zwischenmenschlichen Bereich. Der Umgang mit einem Kind ist eine Kommunikationsfrage. Durch uns lernen Kinder, wie wir andere Menschen wahrnehmen, eigene Grenzen setzen und die Grenzen anderer wertschätzen. All das ist Bildung, die im Alltag gelernt wird, in der Familie, in der Kita, in der Schule und auch bei Transitionen.

Kinder auf die Grundschule vorzubereiten, ist eine gemeinsame Aufgabe der Eltern, des Kindergartens und der Grundschule. Damit diese Aufgabe gemeinsam wahrgenommen werden kann, muss kommuniziert werden, in welchen Bereichen die Kinder im Kindergarten gefördert werden, wie der Bildungsauftrag des Elementarbereichs umgesetzt wird und was Kinder, die kitafrei leben, für einen gelingenden Start in die Schule brauchen.

Die beste Schulvorbereitung ist es, den Kindern alltägliche Tätigkeiten zuzumuten und zuzutrauen. Wenn Kinder Treppen steigen oder Laufrad fahren, trainieren sie ihren Gleichgewichtssinn. Eltern sollten so oft wie möglich mit ihren Kindern sprechen, ihnen vor allem zuhören und sich für ihre Weltsicht interessieren. Sprachentwicklung ist eine wichtige Aufgabe, zunächst die der Eltern, und wenn das Kind in eine Kindertageseinrichtung geht, ist es auch die Aufgabe der Kindertageseinrichtung. Sprache begleitet uns unser ganzes Leben. Sprachliche Bildung erleichtert Kindern den Einstieg in die Schule. Über Sprache bauen wir Kontakte mit anderen Menschen auf und gehen in Beziehungen. Mithilfe von Sprache können wir Gefühle ausdrücken, lernen, mit ihnen umzugehen, und die Gefühle zu verarbeiten. Sprachvermögen fördert die Teilhabe am gesellschaftlichen Leben, und nur wenn Kinder dem Schulunterricht sprachlich folgen können, haben sie eine Chance, in der Schule zu bestehen.

Lebensbegleitendes Lernen lernen

Schulen handhaben den Anmeldetag oft unterschiedlich. Manche stellen zunächst nur eine formale Anmeldung zur Verfügung, aber es gibt auch solche, die Kinder zu einem Spiel oder zu einer Eingangsdiagnostik einladen. Die Schule meldet dem Gesundheitsamt danach alle Kinder, die sich an der Schule angemeldet haben. Das Gesundheitsamt gibt ihnen anschließend in schriftlicher Form einen Termin für eine schulärztliche Untersuchung. Dieser Zeitraum kann sehr lang sein und sich bis zu einem Jahr hinziehen. Wenn die Eltern alle notwendigen Dokumente wie die Geburtsurkunde eingereicht haben, erhält das Kind die Aufnahmebestätigung von der jeweiligen Grundschule. Die meisten Grundschulen bieten vor den Sommerferien einen Elternabend an, an dem die Eltern alle wichtigen Informationen zur Schule, Tipps und Hinweise für einen möglichst gelungenen Schulstart erhalten. Dann kommt endlich der große Tag: die Einschulung.

Sofortmaßnahmen für Kitas und Grundschulen

Ein erfolgreicher Übergang von der Kindertagesstätte in die Schule ist wichtig, um den Kindern eine positive und erfolgreiche Schulzeit zu ermöglichen. Ohne Kooperation zwischen Kita und Schule wird es nicht gelingen, denn sie wird dazu beitragen, dass der Übergang reibungsloser verläuft. Gemeinsame Aktivitäten, regelmäßige Austauschtreffen, spielerische Lernaktivitäten, Kennenlernen von Schule und Lehrern sowie Gespräche mit den Kindern und ihren Eltern helfen. Die gute Zusammenarbeit mit den Eltern ist von größter Bedeutung. Bieten Sie daher Elternabende, Schulbesuche mit den Kindern, Informationsveranstaltungen und Beratungsgespräche[80] an.

Die Förderung der sozialen und emotionalen Kompetenzen der Kinder trägt dazu bei, dass sie besser in der Lage sind, sich in der Schule zurechtzufinden und mit neuen Herausforderungen umzugehen. Durch Rollenspiele, Konfliktlösungsstrategien oder gezielte Förderung der Selbstregulation können Sie Kinder unterstützen, sich dem Alltag in der Schule zu stellen. Von entscheidender Bedeutung für eine erfolgreiche Bildungsbiografie ist das Selbstkonzept. Auch wenn sich der Attributionsstil von Kindern bereits im Kindergarten entwickelt, ist er noch flexibel und variabel.[81] Das bedeutet für Sie: Geben Sie den Kindern regelmäßig positives Feedback und ermutigen Sie sie, ihre Fortschritte und Erfolge zu feiern. Konzentrieren Sie sich auf das, was die Kinder bereits erreicht haben. Versuchen Sie, die individuellen Bedürfnisse und Interessen der Kinder zu berücksichtigen und ihnen die Möglichkeit zu geben, ihr Potenzial auszuschöpfen. Passen Sie Angebote in der Kita und den Unterricht in der Schule möglichst an die Stärken der Kinder an. Schaffen Sie eine offene und unterstützende Atmosphäre, in der die Kinder sich sicher fühlen, ihre Gedanken und Ideen zu teilen. Ermutigen Sie die Kinder, Fragen zu stellen und sich gegenseitig zu unterstützen. Helfen Sie ihnen, Probleme und Herausforderungen zu bewältigen, indem Sie ihre Problemlösungskompetenz fördern. Zeigen Sie ihnen, wie sie Lösungen finden können, indem sie verschiedene Optionen abwägen und Entscheidungen treffen. Lassen

Sie die Kinder in Gruppen arbeiten, um zusammen zu lernen und voneinander zu lernen.

Nach vier Jahren Grundschule wird entschieden, auf welche Schule das Kind gehen wird. Kaum etwas im Leben eines Kindes wird als so wichtig betrachtet wie die Entscheidung, auf welche Schule es gehen wird. Aber ist das wirklich die wichtigste Entscheidung? Wirklich wichtig finde ich die Durchlässigkeit unseres Bildungssystems und die aktuellen gesellschaftlichen Vorzeichen, dass sich Veränderungen nicht mehr aufhalten lassen.

Mehr und mehr fließen Themen wie Nachhaltigkeit in die Bildungsdebatte ein. Die 17 Nachhaltigkeitsziele der UN, die von allen Mitgliedstaaten der Vereinten Nationen im Jahr 2015 verabschiedet wurden, decken ein breites Spektrum an Themen ab, die die sozioökonomische, ökologische und technologische Entwicklung betreffen. Die *Sustainable Development Goals* gelten für alle Länder der Welt und nicht nur für diejenigen, die als Entwicklungs- oder Schwellenländer angesehen werden. Der Fokus liegt über die Grund- und Sekundarschulbildung hinaus auf der tertiären Bildung. Dies gilt als ein wichtiger Schritt, da die Hochschulbildung auf der internationalen Entwicklungsagenda zuvor fehlte.[82] Eines der Ziele der SDG 4 fordert den gleichberechtigten Zugang zur tertiären Bildung, einschließlich der Universität, als Teil der Förderung von Möglichkeiten des lebenslangen Lernens für alle. Den Universitäten kommt noch eine weitere wichtige Rolle in den SDGs zu, nämlich die einer treibenden Kraft für die Erreichung aller Ziele durch ihre Rolle bei der Ausbildung von Menschen, der Wissensproduktion und der Innovation.[83]

Universitäten als Institutionen haben eine lange Geschichte. Sie haben als Bildungseinrichtungen begonnen und übernahmen anschließend die Funktion der Wissensschaffung, also der Forschung. Nun kommt eine dritte Aufgabe hinzu – das Engagement. In den meisten Kontexten waren Universitäten für Eliten bestimmt und bildeten diese für religiöse, berufliche oder administrative Berufe aus. Mit der Ausweitung der Hochschulbildung hat die Universität ein größeres Potenzial, um einen Beitrag zur gesellschaftlichen Entwicklung zu leisten. Ärzte, Lehrer, Ingenieure und andere Berufsgruppen erwerben akademische Bildung auf höherem Niveau, um ihre Berufe auszuüben und die Gesellschaft zu unterstützen. Darüber hinaus betreiben Universitäten neben der Grundlagenforschung angewandte Forschung in den Wissenschaften, um das Verständnis des Lebens zu verbessern.[84] Eine dieser Wissenschaften ist die Erziehungswissenschaft, die sich mit Entwicklung, kindgerechter Pädagogik und Bildung beschäftigt. Eine Bildung, die weit über formale Schulbildung hinausgeht, eine, die Lust auf Lernen macht, eine, die den ganzen Menschen meint, seinen Körper, seine Sinne und seine Seele. Lassen wir Kinder in Bildung baden, zu Hause, in Kitas und in Schulen.

Nachwort

Unsere gemeinsame Bildungsreise ist zu Ende. Wir haben einige Etappen besucht, Sofortmaßnahmen zur Bildungserhaltung eingesetzt, doch am Ziel sind wir noch lange nicht. Einige der vorgeschlagenen kurzfristigen Verbesserungen sind vermutlich schmerzhaft für Eltern und Einrichtungsträger. Damit wenigstens die Aufsichtspflicht und damit die grundsätzliche Sicherheit der Kinder gewährleistet werden kann, kommt es vermutlich noch eine ganze Weile zu Einschränkungen von Öffnungszeiten, Kinderzahlen und zu vorübergehenden Schließungen. Das ist bitter, muss aber sein. Eine schnell umsetzbare, sowohl kurz- als auch langfristige Entlastung der Fachkräfte, damit diese sich den Kindern widmen können, wäre das Einstellen von Küchenhilfen. Um Kita-Leitungen bei Verwaltungsaufgaben zu unterstützen, wäre es wünschenswert, wenn Bürohilfen engagiert würden.

Auf lange Sicht brauchen wir jedoch einen Neustart in der frühen Bildung. Wir brauchen richtungsweisende Gesetze. Langfristig brauchen wir ein Kinder-Bildungs-Qualitätsgesetz, dessen Umsetzung nicht nur für ein paar Jahre, sondern für Jahrzehnte garantiert und finanziert werden muss. Wir haben einen Generationenauftrag. Wir müssen raus aus den Gute-Kita-Gesetzen, hin zu gesetzlich verankerten Kinderrechten und einem Gute-Bildungs-Gesetz, das sowohl Institutionen als auch Familien finanziell und personell unterstützt. Zuvorderst ist in den Kitas für mehr Fachkräfte zu sorgen, damit die wissenschaftlich empfohlene Fachkraft-Kind-Relation auch bei Personalausfall gewährleistet werden kann und jedes Kind mindestens eine zuverlässige Bindungsperson außerhalb seiner Familie hat. Um das zu erreichen, muss die Arbeit von Frühpädagoginnen entsprechend anerkannt und honoriert werden, sowohl monetär als auch durch gesellschaftliche Wertschätzung. Ausbildungsinhalte sollten aktualisiert und Ausbildungskapazitäten deutlich erweitert werden, bei gleichzeitiger Einführung von Eignungstests. Ein rein quantitativer Ausbau ist zu kurz gedacht, weil Fachkräfte nicht nur fachliche Kompetenzen brauchen, sondern zwingend reflexionsbereit, gebildet, liebevoll, resilient, gütig und geduldig sein sollten. Ausbildungen, Studiengänge und Weiterbildungen im Bereich rund um die Kinderbildungsbegleitung sind mindestens kostenfrei zu offerieren, noch besser wäre eine hohe Ausbildungsvergütung geeigneter Personen.

Die Arbeit in Kitas braucht vollkommen neue Rahmenbedingungen. Den Fachkräften fehlt Vor- und Nachbereitungszeit, es fehlen regelmäßige Supervisionen und vor allem fehlen Gesundheitsprogramme. Ohne entsprechende Fort- und Weiterbildungen bezüglich Persönlichkeits- und Teamentwicklung, sowie regelmäßige Maßnahmen zur Burnoutprävention, ist Qualitätspädagogik, die auf aktuellem Wissen über kindliche Entwicklung und Bildung beruht, nicht umsetzbar. All das wird dauern – Monate, Jahre und Jahrzehnte. Ich habe in den vergangenen dreißig Jahren mit mindestens 50.000 Fachkräften, Eltern und Kindern gearbeitet, war deutschlandweit in ungefähr 700 Kitas tätig und bin betreffend Veränderungen und Neuerungen optimistisch. In meinen Beratungen, Weiterbildungen und Begleitungen kann ich deutlich erkennen, die Welt ist im Wandel, Haltungen ändern sich, Verhalten ändert sich. Besonders in der Welt der Kinder und der Kitas ist viel in Bewegung, und wir sind insgesamt auf einem guten Weg.

Viele Veränderungen geschehen zu langsam, und die Personalknappheit und Überforderung in den Kitas führt zum Leid vieler Kinder. Ende 2022 und im Frühjahr 2023 wurden wieder einmal einige Beiträge über Gewalt in Kitas publiziert. Große und kleinere Zeitungen haben über die problematischen Bedingungen in

Kitas berichtet, auch Fernsehbeiträge wurden gesendet. Und das war es auch schon. Ich habe bereits 2019 in meinem Buch »Seelenprügel« über unhaltbare Zustände in Kitas geschrieben. Stellenweise stieg die Sensibilität für gewaltsames Verhalten, einige Träger, Politiker und Fachkräfte waren irritiert und verunsichert. Allein, der große Aufschrei blieb bisher aus, man hörte nur vereinzelt ein bisschen heiseres Gekrächze. Weiter sind wir keinen Schritt gekommen, auch wenn sich einzelne Fachkräfte auf den Weg gemacht haben. Im Gegenteil, die Kinder sind mehr denn je in Gefahr, weil die engagierten Fachkräfte peu à peu die Kitas verlassen. Der Weg aus dem sie überlastenden Beruf heraus, in die Freiheit eines guten Gewissens, weil sie ihren eigenen pädagogischen Ansprüchen nicht mehr genügen, führt zu immer mehr Kündigungen, und die dringend gebrauchten Fachkräfte wandern in andere Berufe und in die Selbstständigkeit ab. Das müssen wir ändern. Jetzt sofort!

Wenn Sie soziale Medien nutzen, und sich für Themen rund um Kinder interessieren, ist Ihnen vielleicht aufgefallen, wie viele Fachkräfte, die noch vor einiger Zeit in Kitas gearbeitet haben, in den letzten drei Jahren in die Coaching- und Fortbildungsszene gewechselt haben. Sollte der aktuelle Trend sich fortsetzen, haben wir bald ein 1:1-Verhältnis von Eltern und Coaches für Einschlaf-, Durchschlaf-, Beziehungs-, Beikost-, Erziehungs-, Bindungs-, Spiel-, Baby-, Kleinkind-, Schulkind-, Still-, Afterbabybody-, Trage-, Eingewöhnungs- und Wutbegleitungsthemen, während in den Kitas zunehmend genau dieses Wissen und die Fachkräfte fehlen, die Eltern direkt vor Ort niedrigschwellig und im Alltag unterstützen könnten.

Mein Ziel ist eine gerechte Bildungslandschaft, in der alle Kinder die bestmöglichen Bildungschancen bekommen. Dafür wünsche ich mir kindgerechte Bildungsumgebungen und Räume, in denen Kinder ständig Neues entdecken können und zur Ruhe kommen können. Ich wünsche mir gut ausgebildete, großherzige, empathische und engagierte Fachkräfte, deren Beruf eine Berufung für sie ist. Ich wünsche Familien die Bezahlung der Carearbeit, damit sie sich frei entscheiden können, ob und wie lange sie ihre Kinder außerfamiliär betreuen lassen. Den Kindern wünsche ich Matsch ohne Matschhosen, Lachen und Abenteuer. Bäume, auf die sie klettern dürfen, und selbst gebackene Kuchen. Ich wünsche ihnen Kinderbücher mit seelenvollen Texten und künstlerischen Illustrationen, Zeit zum Malen und Musizieren, zum Singen und Tanzen. Ich wünsche ihnen viel Wiese und noch mehr Wald. Ich weiß, dieses Kita-Ideal werden wir so schnell nicht erreichen – ein Grund mehr, warum ich mich eindeutig gegen die geforderte Kita-Pflicht positioniere. Wie soll ein so marodes System noch mehr Belastung aushalten? Wir brauchen Reformen und Geld – Ideen sind längst da!

Was ich anbieten kann, ist eine letzte Soforthilfe für Eltern und Fachkräfte: Bildungsmöglichkeiten liegen oft sehr nah und brauchen manchmal nicht viel.

Vor ein paar Tagen war ich, um eine praktische Prüfung abzunehmen, in einem Kindergarten. Ich habe Fachkräfte und Kinder drei Stunden lang in ihrem ganz normalen Alltag beobachtet. Schon zu Beginn der Prüfung fiel mir eine Puppe auf, die nackt auf dem Boden lag. Ich habe nicht mitgezählt, wie oft kleine und große Menschen an ihr vorbeigegangen und über sie drübergestiegen sind. Die Puppe lag da auch noch, als die Prüfung zu Ende war. Niemand hat sich um sie gekümmert. Wenn wir uns wünschen, dass Kinder lernen, Werte zu schätzen und Mitgefühl zu haben, sollten wir ihnen vorleben, wie es geht.

Bildung ist in erster Linie Herzensbildung.

Dr. Anke Elisabeth Ballmann
Im Mai 2023

Danke an die Lernfreude und an …

… Sie, liebe Leser*innen! Um Sie und Ihre Kinder geht es in diesem Buch. Ich hoffe, Sie hatten interessante Stunden bei der Lektüre und setzen sich nun noch mehr für die Bildung aller Kinder ein. Danke, dass Sie die Lobby für Kinder sind.

… Euch, liebe Kinder! Wieder ein Buch über euch, für euch, aber nicht mit euch, obwohl es um euch geht. Das muss sich ändern. Es ist höchste Zeit für neue Kinderbücher – ich habe ein paar Ideen.

… Sie, liebe Karin Stuhldreier! Ihre Begeisterung für das Thema frühe Bildung und Ihre stete Unterstützung haben mir Mut gemacht, wieder einmal ein thematisch heißes Eisen anzufassen.

… Sie, liebe Dr. Daniela Gasteiger! Ihr gewissenhaftes und konstruktives Lektorat gibt mir die Sicherheit, die ich für meine Arbeit in der Öffentlichkeit brauche.

… Dich, lieber Prof. Dr. Dr. Albert Ziegler! Durch Dein Vertrauen in mich und meine intellektuellen Fähigkeiten traue ich mich, Bücher zu schreiben und Fragen zu stellen, auf die es keine einfachen Antworten gibt. Welch ein Bildungsschatz!

… Euch, liebe Herkunftsfamilie! Für eine praktische Alltagsbildung, die ihresgleichen sucht. Euch verdanke ich meine Resilienz, meine Neugier, meine Kraft, meinen Humor, meine Alltagskompetenz und meinen Glauben.

… Dich, mein lieber Carsten! Für Carearbeit, Catering und cura del cuore.

Anhang

Kompetenzen eines durchschnittlich entwickelten einjährigen Kindes

Kognition und Wahrnehmung (Hören, Sehen, Spüren, Denken)

- Reagiert auf Geräusche, erkennt, aus welcher Richtung sie kommen
- Erkundet Dinge mit den Augen, nicht mehr vor allem mit dem Mund
- Hält regelmäßigen Blickkontakt zu seinen Bezugspersonen
- Interessiert sich für einzelne Gegenstände
- Schaut Bilderbücher an
- Zeigt mit dem Finger auf etwas
- Nimmt Gegenstände aus einer Schachtel heraus und legt sie wieder hinein
- Steckt zwei Becher unterschiedlicher Größe ineinander
- Erstes Kritzeln mit einem Stift

Sprache (aktive Sprache und Sprachverständnis)

- Spricht zwei bis drei sinnvolle Worte
- Gebraucht »Mama« und »Papa« nur für Menschen
- Das Kind imitiert Laute, beispielsweise Tierlaute (»wau«, »miau«, »muh« usw.)
- Bildet zwei oder drei Worte in seiner Muttersprache
- Versteht und befolgt einfache Aufforderungen (»Suche deinen Becher«)

Feinmotorik

- Zeigt mit dem Zeigefinger
- Hält Stift in der Faust und kritzelt Punkte und Striche
- Übt den Pinzettengriff (versucht Gegenstände zwischen Daumen und Zeigefinger zu nehmen)
- Nimmt Gegenstände von einer Hand in die andere
- Wirft Gegenstände mit Schwung

Grobmotorik

- Steht einige Sekunden lang frei
- Geht einige Schritte allein oder an der Hand eines Erwachsenen
- Krabbelt sicher und schnell, überwindet dabei auch Hindernisse wie eine Treppe oder eine schräge Ebene

Soziale Entwicklung/Selbstständigkeit

- Befolgt Aufforderung »Komm her!« oder »Gib mir!«
- Ahmt häusliche Tätigkeit nach, z. B. Wischen, Putzen, und imitiert Gesten, z.B. Winke-Winke oder Händeklatschen
- Zeigt Interesse an anderen Kindern, rollt dem Spielpartner einen Ball zu
- Hält einen Becher allein und möchte selbstständig essen
- Zieht sich einen Socken aus

Emotionale Entwicklung/Ich-Entwicklung

- Lehnt Aufforderung durch Protest ab
- Interessiert sich für sein Spiegelbild, betastet es und schaut sich in die Augen
- Kuschelt mit einer Puppe oder einem Stofftier
- Fremdelt möglicherweise

Lern- und Spielverhalten

- Befühlt und untersucht Dinge mit Mund, Händen und Augen
- Findet einen Gegenstand wieder, der unter einem Kissen versteckt wurde, als es zusah (Objektpermanenz)

- Macht gezielte Handlungen: z. B. Deckel auf Dose legen, in Becher greifen, etwas hinlegen
- Beginnt mit funktionellem Spiel, Gegenstände werden ihrer Funktion entsprechend gebraucht: spielt z. B. »Essen«, »Kämmen«, »Schlafen«
- Beginnt mit repräsentativem Spiel, Handlungen werden an Puppen ausgeführt

Kompetenzen eines durchschnittlich entwickelten zweijährigen Kindes

Kognition und Wahrnehmung (Hören, Sehen, Spüren, Denken)

- Steckt drei verschieden große Becher ineinander
- Setzt Quadrate, Dreiecke und Kegel in eine Form-Box ein
- Baut Türme aus vier bis sechs Klötzen
- Schraubt Deckel auf

Sprache (aktive Sprache und Sprachverständnis)

- Der Wortschatz umfasst ca. 50 Wörter
- Spricht Zweiwortsätze
- Versteht auch Äußerungen, die nicht in Bezug zur momentanen Situation stehen
- Versteht Eigenschaften wie »groß«, »schwer« oder »kalt«
- Bittet um Hilfe, wenn es etwas noch nicht kann
- Benennt Körperteile an sich oder einer Puppe

Feinmotorik

- Malt eine Spirale
- Dreht und/oder öffnet den Verschluss eines Fläschchens
- Zieht Spielzeug auf und lässt es fahren
- Baut mit Klötzen und Bechern
- Füllt Gegenstände in unterschiedliche Gefäße ein und um, bildet Reihen

- Hält Stift im Faustgriff
- Fädelt große Perlen zu einer Kette auf
- Zieht Spieluhren auf

Grobmotorik

- Geht drei Stufen im Nachstellschritt (beide Füße je Stufe) hinunter, hält sich mit einer Hand fes
- Kickt einen Ball mit dem Fuß weg
- Kann auf den Zehenspitzen gehen
- Klettert auf Möbel oder Spielgeräte
- Geht in die Hocke, um Gegenstände aufzuheben
- Hüpft mit geschlossenen Beinen
- Wirft im Stehen Bälle

Soziale Entwicklung/Selbstständigkeit

- Beginnt, mit Gleichaltrigen zu spielen
- Ahmt häusliche Arbeiten nach (putzen, bügeln, Rasen mähen etc.)
- Zieht sich eine offene Jacke selbst aus, versucht einen Pullover anzuziehen
- Hilft bei kleinen Arbeiten im Haushalt (Tisch decken, Wäsche falten usw.)

Emotionale Entwicklung/Ich-Entwicklung

- Lernt, dass es einen eigenen Willen hat, sagt »nein«, wird wütend
- Nennt sich beim eigenen Namen und beginnt »Ich« zu sagen
- Sucht Trost, wenn es traurig ist
- Freut sich, wenn ihm etwas gelingt
- Genießt die Gesellschaft anderer Kinder, spielt überwiegend neben ihnen
- Verteidigt seine Spielsachen

Lern- und Spielverhalten

- Löst über Versuch-Irrtum auftretende Probleme: experimentiert gerne

- Interessiert sich für Geschichten im Bilderbuch und zeigt auf Einzelheiten
- Gibt beim Spielen nicht sofort auf und entwickelt dabei erste Problemlösungsstrategien
- Probiert aus, was wo wie passt (Becher, Klötze etc.), erste Handlungsstrategien
- Einfaches Rollenspiel (serviert einer Puppe etwas zu essen)
- Hört gerne Geschichten an und findet Gegenstände auf einem Bild

Kompetenzen eines durchschnittlich entwickelten dreijährigen Kindes

Kognition und Wahrnehmung (Hören, Sehen, Spüren, Denken)

- Unterscheidet »eins« und »viele«
- Löst Puzzles (vier bis sechs Teile)
- Findet zwei Dinge, die vor seinen Augen versteckt wurden
- Sortiert Gegenstände nach Größe, Form oder Farbe
- Benennt zwei verschiedene Farben richtig
- Ordnet drei bis vier Formen richtig in eine Form-Box ein
- Zeigt und benennt Körperteile

Sprache (aktive Sprache und Sprachverständnis)

- Freut sich über Reime und Lieder und spricht mit Puppe/Teddy
- Spricht in Drei- bis Fünfwortsätzen
- Gebraucht die Wörter »Ich« und »Du« sowie »Ja« und »Nein«
- Gebraucht Pronomen (mir, dir etc.)
- Stellt viele Fragen (»Warum?«)
- Folgt einfachen Handlungen in Bilderbüchern
- Verfügt über einen großen passiven Wortschatz
- Versteht einfache Anweisungen und setzt sie um
- Hat Spaß an Liedern und Reimen

Feinmotorik

- Schafft im Verlauf des dritten Lebensjahres den Übergang vom zirkulären Kritzeln (Spirale) zum Zeichnen geschlossener Formen: Beginnt einen Kopffüßler zu zeichnen
- Baut einen Turm aus mindestens 8 Bauklötzen
- Schraubt Deckel (Schraubverschluss) auf und zu
- Rollt mit Knete eine Wurst, zerschneidet sie und walzt sie aus
- Baut mit Konstruktionsmaterial (Lego)
- Isst selbstständig mit Gabel und Löffel
- Reißt Papier mit Gegenbewegung der Hände auseinander
- Schneidet Papier
- Hält einen Stift zwischen zwei Fingern
- Steckt Schienen einer Holzeisenbahn ineinander

Grobmotorik

- Klettert mühelos auf Kinderspielgeräte hoch und runter (Schaukelpferd, Stuhl etc.)
- Geht mit Wechselschritt (ein Fuß pro Stufe) 3 Stufen hoch und runter (hält sich am Geländer fest)
- Steht kurz auf einem Bein, ohne sich festzuhalten
- Hüpft über ein Seil
- Fährt Dreirad mit Treten
- Klettert und rutscht

Soziale Entwicklung/Selbstständigkeit

- Hält sich an die Spielregel: Einmal ich, einmal du
- Öffnet große Knöpfe selbst
- Erkennt seine Kleidung
- Äußert Wünsche, spricht von sich als »Ich« und kann »Nein« sagen
- Spielt mit Kindern im gleichen Alter
- Versteht einfache Spielregeln, hält sie gelegentlich ein
- Zieht sich Schuhe aus und an

Emotionale Entwicklung/Ich-Entwicklung

- Liebt es, Dinge selbst zu tun, nimmt aber Hilfe an, wenn es etwas nicht kann
- Bringt gerne andere zum Lachen und wiederholt Sachen, über die andere gelacht haben
- Es hilft mit Freude bei Hausarbeiten mit, z. B. Staubsaugen, Kochen etc.
- Versucht zu trösten, wenn jemand traurig ist
- Drückt verschiedene Gefühle sprachlich und körperlich aus, auch Wut gehört dazu

Lern- und Spielverhalten

- Nimmt an einfachen Regelspielen teil
- Spielt Symbolspiele mit Puppe, Teddy etc. Vollführt kleine Handlungen:
  (So-tun-als-ob-Spiel): Kochen, zu essen geben, ins Bett legen etc. und ersetzt dabei nicht vorhandene Gegenstände durch ähnliche (z. B. Haarbürste als Mikrofon)
- Interessiert sich für Bilderbücher
- Beteiligt sich an Rollenspielen
- Bastelt und arbeitet auf ein Ergebnis hin

Kompetenzen eines durchschnittlich entwickelten vierjährigen Kindes

Kognition und Wahrnehmung (Hören, Sehen, Spüren, Denken)

- Erfasst Mengen von 1 bis 3
- Beachtet mehrere Merkmale gleichzeitig (Farbe, Größe, Form)
- Benennt die Grundfarben (rot, blau, grün, gelb, weiß, schwarz)
- Zählt bis 5
- Ordnet Gegenstände nach mehreren Kriterien, z. B. Form und Farbe
- Spricht Wörter nach
- Puzzelt mindestens zehn Teile

Sprache (aktive Sprache und Sprachverständnis)

- Kann Bildinhalte erkennen, in einfachen Sätzen beschreiben
- Erzählt kleine Erlebnisse (zeitlich noch nicht immer korrekt)
- Spricht komplexe Sätze (sechs bis acht Wörter)
- Findet zu zwei Eigenschaftswörtern (heiß, hell, sauber) das Gegenteil
- Fragt oft: Warum? Wieso? Woher? Wie denn?
- Verfügt bereits über einen großen passiven Wortschatz (Sprachverständnis), versteht Aufforderungen
- Erkennt Zusammenhänge in Geschichten und gibt diese wieder
- Erzählt Erlebnisse
- Bildet längere Sätze (sechs bis acht Wörter)
- Gebraucht Präpositionen (auf, unter, neben usw.)
- Beherrscht die Lautbildung weitgehend sicher (abgesehen von Zischlauten und schwierigen Konsonantenverbindungen wie »kl« und »dr«)

Feinmotorik

- Schneidet mit der Schere an einer Linie entlang
- Gebraucht Messer und Gabel
- Bewegt die Finger einzeln, macht Fingerspiele
- Stellt mit Knete einfache Figuren selbst her (Mensch mit Bauch, Kopf, Armen und Beinen)
- Geht mit Kleber richtig um (Dosierung)
- Zeichnet Strichmännchen
- Hält den Stift im Dreipunktgriff
- Zeichnet Formen und Linien nach (Dreieck, Kreuz, Quadrat, Kreis)

Grobmotorik

- Klettert, balanciert, hüpft und turnt gerne
- Fängt Ball mit den Händen
- Balanciert auf einem Baumstamm oder Randstein
- Kann rückwärts gehen
- Geht Treppen hoch und runter im Wechselschritt, ohne sich festzuhalten

- Springt über kleine Hindernisse
- Bewegt sich zur Musik, noch nicht im Takt
- Turnt gerne, hüpft, klettert, balanciert, kann einen Purzelbaum

Soziale Entwicklung/Selbstständigkeit

- Stellt sich in einer Schlange hinten an
- Teilt mit anderen Kindern
- Bleibt nach Anfangsphase allein in der Spielgruppe/Kita
- Zieht sich weitgehend selbstständig an und aus
- Geht von sich aus die Hände waschen, zur Toilette usw.
- Schließt lockere Freundschaften
- Hält gelegentlich Regeln und Abläufe ein
- Vertritt seine Meinung

Emotionale Entwicklung/Ich-Entwicklung

- Traut sich, andere Kinder zu besuchen
- Lädt andere Kinder zu sich ein
- Reguliert zunehmend seine Affekte und akzeptiert (meistens) ein »Nein«
- Erkennt sich selbst auf Babyfotos
- Entwickelt Empathie

Lern- und Spielverhalten

- Baut mit kleinen Legosteinen erkennbare Häuser, Tiere, Autos, Flugzeuge etc., mit und ohne Vorlagen (Konstruktionsspiel)
- Bringt sich in Rollenspiele ein, macht Rollen mit anderen Kindern ab
- Folgt vielfach eigenen Interessen (Lustprinzip)
- Beschäftigt sich mindestens 10 Min. allein mit einer Aufgabe, (z. B. Geschichte anhören)
- Spielt gemeinsam mit anderen Kindern
- Spielt erste Regelspiele, hält Regeln aber nicht immer ein

Kompetenzen eines durchschnittlich entwickelten fünfjährigen Kindes

Kognition und Wahrnehmung (Hören, Sehen, Spüren, Denken)

- Baut eine Pyramide aus sechs Klötzen
- Erfasst eine Menge von vier simultan (muss nicht abzählen)
- Zählt Gegenstände ab
- Kennt alle Würfelbilder
- Merkt sich bis zu vier Dinge, die zuvor versteckt wurden
- Erkennt einige Zahlen

Sprache (aktive Sprache und Sprachverständnis)

- Beginnt einfache Verse und Lieder auswendig zu lernen
- Begleitet sein Spiel mit Sprache
- Verwendet keine Babysprache mehr, sondern korrekte Sätze in seiner Familiensprache
- Berichtet Erlebtes in logischer und zeitlicher Abfolge
- Erzählt anschaulich und chronologisch
- Verwendet komplexe Sätze, spricht deutlich
- Beantwortet komplexe Fragen
- Verwendet weitgehend richtige grammatische Strukturen, verwendet beim Erzählen die Vergangenheit

Feinmotorik

- Hält den Stift im Dreipunktgriff
- Schneidet mit der Schere Zick-Zack-Linien, Wellen und Kreise
- Beginnt, Buchstaben und eigenen Namen (ab)zuschreiben
- Zeigt Geschick im Umgang mit Werkzeugen
- Beschäftigt sich mit Steckspielen (»Bügelperlen«)

Grobmotorik

- Hält das Gleichgewicht
- Fängt einen Ball mit beiden Händen
- Geht geschickt mit Rollschuhen und Stelzen um

- Balanciert über einen schmalen Streifen
- Hüpft auf einem Bein
- Bewegt sich schnell und koordiniert
- Fährt mit dem Fahrrad
- Schaukelt

Soziale Entwicklung/Selbstständigkeit
- Beginnt, erste Freundschaften zu schließen
- Teilt mit anderen Kindern
- Hält Regeln bei Gesellschaftsspielen gelegentlich ein
- Macht Knöpfe, Reißverschlüsse selbst auf und zu
- Bleibt allein im Kindergarten
- Interessiert sich für seine eigene Säuglingszeit
- Benennt seine Stimmungen
- Nimmt eigene Bedürfnisse gelegentlich zurück
- Entwickelt Aufgabenbewusstsein

Lern- und Spielverhalten
- Sammelt alles Mögliche
- Akzeptiert Spielregeln bei Gesellschaftsspielen, verlieren fällt noch schwer
- Beginnt eigene Handlungen zu planen
- Setzt Puzzle mit mindestens 20 Teilen allein zusammen
- Trifft im Rollenspiel Absprachen, Rollen werden ausgehandelt
- Frustrationstoleranz beginnt sich zu entwickeln
- Kommuniziert beim Spielen

Kompetenzen eines durchschnittlich entwickelten sechsjährigen Kindes

Kognitive Entwicklung und Wahrnehmung (Denken, Sehen, Spüren, Hören)
- Kennt alle Farben

- Zählt bis 20
- Erfasst Mengen bis 5 simultan
- Vergleicht Mengen miteinander
- Erkennt die Zahlenbilder von 1 bis 10
- Findet sich im Alltag gut zurecht, kennt Wochentage und Jahreszeiten
- Versteht die Regeln eines Spiels

Sprache und Sprachverständnis
- Spricht einen komplexen Satz nach (mindestens 10 Wörter)
- Umschreibt Begriffe
- Benennt Überbegriffe
- Äußert sich gut verständlich und korrekt in seiner Muttersprache
- Erzählt ein Erlebnis verständlich und geordnet

Feinmotorik
- Geht mit Schere, Kleber, Stift geschickt um
- Zeichnet gegenständliche Bilder mit ersten Details
- Beginnt, seinen Namen abzuschreiben
- Malt innerhalb vorgegebener Formen
- Malt bunte und detailreiche Bilder
- Die Händigkeit ist weitestgehend festgelegt

Grobmotorik
- Fährt Fahrrad (ohne Stützräder)
- Bewegt sich geschickt beim Klettern auf Spielplatzgeräten
- Beherrscht den Hampelmann-Sprung
- Hüpft weit und hoch, auch seitlich über ein Seil
- Manches Kind mag Ballspiele

Soziale Entwicklung/Selbstständigkeit
- Bewältigt kurze Wege allein
- Hält sich meist an bekannte Regeln im Alltag und in einer Gruppe
- Geht zunehmend entspannt mit Frustrationen um

- Äußert seine Bedürfnisse verbal
- Kann sich in andere Kinder hineinversetzen

Lern- und Spielverhalten
- Kann sich für mindestens 10 Minuten in ein Spiel vertiefen
- Orientiert sich beim Spielen am eigenen Alltag
- Bleibt an einer spannenden Aufgabe, bis es sie erledigt hat
- Beschäftigt sich mit Wett- und Regelspielen
- Beschafft sich Informationen

Literatur zur Vertiefung

Ballmann, A. E. (2019): Seelenprügel. Was Kindern in Kitas wirklich passiert und was wir dagegen tun können. Kösel.

Ballmann, A. E. (2022): Worte wie Pfeile. Über emotionale Gewalt an Kindern und wie wir sie verhindern. Kösel.

Ballmann, A. E. (2022): Das Faultier-Prinzip. Wie Kinder in ihrem Lebenstempo gelassen und frei ihre Fähigkeiten entwickeln und die Welt für sich entdecken. Goldegg.

El-Mafaalani, A. (2020): Mythos Bildung. Die ungerechte Gesellschaft, ihr Bildungssystem und seine Zukunft. Kiepenheuer & Witsch.

Elschenbroich, D. (2002): Weltwissen der Siebenjährigen: Wie Kinder die Welt entdecken können. Goldmann.

Frey, G. (2022). Das verstaatlichte Kind. Optimiert, reguliert, traumatisiert – wie unsere Gesellschaft ihre Kinder versaut. Börsenmedien AG.

Fuchs, S. (2019): Die Kindheit ist politisch! Kriege, Terror, Extremismus, Diktaturen und Gewalt als Folge destruktiver Kindheitserfahrungen. Mattes.

Grün, A. (2017): Vom Ich zum Du. Für sich und andere sorgen. Kösel.

Happel, B. (2023). Auf Kosten der Mütter. Warum finanzielle Selbstbestimmung für Frauen mit Familie so wichtig ist – mit vielen Tipps zur Geldbiografie. Kösel.

Hüther, G. (2018): Würde. Was uns stark macht – als Einzelne und als Gesellschaft. Knaus.

Imlau, N. (2022): In guten Händen. Wie wir ein starkes Beziehungsnetz für unsere Kinder knüpfen. Ullstein.

Precht, R. D. (2022): Freiheit für alle: Das Ende der Arbeit wie wir sie kannten. Goldmann

Renz-Polster, H. (2016): Menschenkinder. Artgerechte Erziehung – was unser Nachwuchs wirklich braucht. Kösel.

Stern, E., Neubauer, A. (2013): Intelligenz. Große Unterschiede und ihre Folgen. Deutsche Verlags-Anstalt.

Strüber, N. (2019): Risiko Kindheit. Die Entwicklung des Gehirns verstehen und Resilienz fördern. Klett-Cotta.

Ziegler, A. (2018): Hochbegabung. utb.

Quellen

Einleitung

1 Stein, A. (2022). 2023 fehlen in Deutschland rund 384.000 Kita-Plätze, www.bertelsmann-stiftung.de/de/themen/aktuelle-meldungen/2022/oktober/2023-fehlen-in-deutschland-rund-384000-kita-plaetze

2 Fröhlich-Gildhoff, K. (o. J.). Das Kita-System steht vor dem Kollaps – Wissenschaftlerinnen und Wissenschaftler fordern die Politik zum schnellen Handeln auf www.eh-freiburg.de/wp-content/uploads/2022/09/Das_Kita_System_steht_vor_dem_Kollaps-Appell_der_Wissenschaft-31Aug2022.pdf

3 https://www.bmfsfj.de/bmfsfj/aktuelles/alle-meldungen/rechtsanspruch-auf-ganztagsbetreuung-fuer-ab-2026-beschlossen-178826

4 https://www.bertelsmann-stiftung.de/de/themen/aktuelle-meldungen/2022/oktober/2023-fehlen-in-deutschland-rund-384000-kita-plaetze

5 Textor, M. (1993). Die Familie als kindliche Erfahrungsumwelt. In Tietze, W., Roßbach, H.-G. (Hg.). Erfahrungsfelder in der frühen Kindheit. Bestandsaufnahme, Perspektiven. Freiburg: Lambertus, S. 16–34, https://www.kindergartenpaedagogik.de/fachartikel/paedagogik/1453/

6 Trauernicht, M., Besser, N., & Anders, Y. (2022). Burnout in der Kita und der Zusammenhang zu Aspekten der Arbeitszufriedenheit, https://refubium.fu-berlin.de/bitstream/handle/fub188/34767/2191-9186_a000566.pdf?sequence=1&isAllowed=y

7 Knape, A. »Das sind die 20 reichsten Länder der Welt«, in: manager-magazin.de v. 23.06.2022, www.manager-magazin.de/politik/weltwirtschaft/die-reichsten-laender-der-welt-ranking-nach-kaufkraftbereinigtem-bip-a-5edcb98a-c7f2-4e3b-8f9c-a27a1c59ecd9)

TEIL 1 – BILDUNG - (K)EIN KINDERSPIEL

1 Ulrich, F., Petermann, F., Petermann, U., & Gust, N. (2016). Verhaltensauffälligkeiten bei Kindern mit Entwicklungsdefiziten im Vorschulalter. Zeitschrift für Entwicklungspsychologie und Pädagogische Psychologie 48, S. 80–89.

2 Aden-Grossmann, W. (1987). Kindergarten. Eine historisch-systematische Einführung in seine Entwicklung und Pädagogik. Weinheim: Beltz.
3 Heiland, H. (2003). Fröbelforschung heute: Aufsätze 1990–2002. Würzburg: Könighausen & Neumann.
4 Konrad, F.-M. (2012). Der Kindergarten: Seine Geschichte von den Anfängen bis in die Gegenwart. Freiburg im Breisgau: Lambertus.
5 Liegle, L. (2006). Bildung und Erziehung in früher Kindheit. Stuttgart: Kohlhammer, S. 112.
6 Neumann, R., Förster, J., & Strack, F. (2010). Motor Compatibility: The Bidirectional Link between Behavior and Evaluation (S. 371–391). In Musch, J., & Klauer, K.-C. (Hg.). The Psychology of Evaluation: Affective Processes in Cognition and Emotion. Mahwah, NJ: Lawrence Erlbaum Associates Publisher.
7 Retter, H. (2003). Einführung in die Pädagogik des Spiels, https://www.tu-braunschweig.de/Medien-DB/hispaed/spiel98-03.pdf
8 Aden-Grossmann, W. (1987). Kindergarten. Eine historisch-systematische Einführung in seine Entwicklung und Pädagogik. Weinheim: Beltz.
9 https://www.bildungsserver.de/bildungsplaene-fuer-kitas-2027-de.html
10 Aden-Grossmann, W. (1987). Kindergarten. Eine historisch-systematische Einführung in seine Entwicklung und Pädagogik. Weinheim: Beltz.
11 Pomnitz, P., & Siegmüller, J. (2014). Kinderbetreuung als wesentlicher Einflussfaktor auf den frühen Lexikonerwerb. Logos 22 (2), S. 136–140.
12 Hemmerling, A. (2007). Der Kindergarten als Bildungsinstitution – Hintergründe und Perspektiven. Wiesbaden: VS Verlag für Sozialwissenschaften.
13 Roßbach, H.-G. (2008). Was und wie sollen Kinder im Kindergarten lernen? In Otto, H.-U. & Rauschenbach, T. (Hg.). Die andere Seite der Bildung. Zum Verhältnis von formellen und informellen Bildungsprozessen (S. 123–131). Wiesbaden: VS.
14 Sojka, E. (2009). 8. Offenes Forum Familie: Familie im Wandel – Ganztagsbetreuung und Ganztagsbildung und ihre Wirkungen. Teil 1: Auswirkungen der Ganztagsbildung und -betreuung auf das System Familie, http://bff2-nbg.de/cms/uploads/media/ v1_Sojka-bt.pdf
15 Kammermeyer, G., Roux, S., & Stuck, A. (2011). »Was wirkt wie?« – Evaluation von Sprachfördermaßnahmen in Rheinland-Pfalz. 2. Zwischenbericht (Juli 2011). Landau: Universität. Kindergarten. Weinheim: Beltz, S. 47–60.
16 Roux, S. (2002). Wie sehen Kinder ihren Kindergarten? Theoretische und empirische Befunde zur Qualität von Kindertagesstätten. Weinheim: Juventa.
17 Martschinke, S., Frank, A., Munser-Kiefer, M., & Kopp, B. (2012). Anschlussfähige Bildungsprozesse im Persönlichkeitsbereich: Bedeutung

und Effekte einer gezielten Intervention an der Schnittstelle Kindergarten-Grundschule. Zeitschrift für Grundschulforschung 5 (1), S. 34–46.
18 Griebel, W., & Niesel, R. (2011). Übergänge verstehen und begleiten. Transitionen in der Bildungslaufbahn von Kindern. Berlin: Cornelsen Scriptor.
19 Ullrich, H., & Graßhoff, G. (2014). Partizipation von Eltern im Übergang vom Kindergarten in die Grundschule. Der pädagogische Blick 22 (2), S. 85–100.
20 Ebd.
21 Boudon, R. (1974). Education, Opportunity, and Social Inequality – Changing Prospects in Western Society. New York: Wiley & Sons.
22 Spitzer, M. (2007). Lernen. Gehirnforschung und die Schule des Lebens. 3. Aufl. Heidelberg: Spektrum.
23 https://www.edutopia.org/article/new-research-ignites-debate-30-million-word-gap/
24 https://www.spektrum.de/lexikon/neurowissenschaft/matthaeus-effekt/7457
25 https://www.youtube.com/watch?v=6HN9ydNktAc
26 https://www.tag-der-bildung.de/wp-content/uploads/2022/11/forsa-Ergebnisbericht_Tag_der_Bildung_2022.pdf
27 https://www.spiegel.de/lebenundlernen/schule/deutschland-das-leere-versprechen-vom-aufstieg-durch-bildung-a-1234211.html
28 Magnusson, D., & Stattin, H. (1998). Person-context Interaction Theories. In W. Damon (Serien-Hg.) & R. M. Lerner (Band-Hg.), Handbook of Child Psychology: Vol. 1. Theoretical Models of Human Development (S. 685–759). 5. Aufl. New York: Wiley.
29 Schäfer, G. E. (2011). Was ist frühkindliche Bildung? Weinheim: Juventa.
30 Fthenakis, W. E. (2009): Bildung neu definieren und hohe Bildungsqualität von Anfang an sichern. Ein Plädoyer für die Stärkung von prozessualer Qualität, Teil 2. BetrifftKINDER 03/2009, S. 6–10.
31 Spitzer, M. (2006). Lernen: Gehirnforschung und die Schule des Lebens. Spektrum Akademischer Verlag.
32 Ginsburg, K. R. (2007). The Importance of Play in Promoting Healthy Child Development and Maintaining Strong Parent-Child Bonds. Pediatrics 119 (1), S. 182–191.
33 Schiller, F. (2012). Briefe zur ästhetischen Erziehung. Stuttgart: Philipp Reclam jun.
34 Spitzer, M. – Geist & Gehirn – Spielen: Von Schiller zum Neuronenwachstum, https://www.youtube.com/watch?v=fBSFNaL8ExE
35 Churchill, W. (2011). Churchill by Himself: The Definitive Collection of Quotations. Edited by Richard M. Langworth. RosettaBooks.

36 Diamond, A. (2013). Executive Functions. Annual Review of Psychology 64, S. 135–168.
37 Brown, S., & Vaughan, C. (2009). Play: How it Shapes the Brain, Opens the Imagination, and Invigorates the Soul. New York, NY: Avery.
38 Bales, D. W., Falen, K., Butler, T., Marshall, L. E., Searle, L., & Semple, P. (2012). Better Brains for Babies Trainer's Guide. 2. Aufl.
39 Zimpel, A. F. (2017). Die Kraft des Spiels: Wie Spielen uns fördert und warum es uns glücklich macht. Stuttgart: Klett-Cotta.
40 Mischel, W., Shoda, Y., & Peake, P. K. (1988). The Nature of Adolescent Competencies Predicted by Preschool Delay of Gratification. Journal of Personality and Social Psychology 54 (4), S. 687–696.
41 https://www.spektrum.de/news/marshmallow-test-auf-die-art-der-belohnung-kommt-es-an/2047281
42 Watts, T. W., Duncan, G. J., & Clements, D. H. (2018). Early Childhood Self-Regulation and Math Achievement. Child Development 89 (1), S. 109–125.
43 Casey, B. J., Somerville, L. H., Gotlib, I. H., Ayduk, O., Franklin, N. T., Askren, M. K., … & Shoda, Y. (2011). Behavioral and Neural Correlates of Delay of Gratification 40 Years later. Proceedings of the National Academy of Sciences 108 (36), S. 14998–15003.
44 Zimpel, A. F. (2018). Warum das Spielen nicht nur für Kinder wichtig ist. https://www.youtube.com/watch?v=ueNLcmrwVL0&t=282s
45 Parten, M. B. (1932). Social Participation among Preschool Children. The Journal of Abnormal and Social Psychology 27 (3), S. 243–269.
46 Kriegel-Schmidt, V. (2010). Das Spiel und seine Phasen. Verlag Herder.
47 Burdette, H. L., & Whitaker, R. C. (2005). Resurrecting Free Play in Young Children: Looking beyond Fitness and Fatness to Attention, Affiliation, and Affect. Archives of Pediatrics & Adolescent Medicine 159 (1), S. 46–50.
48 Lieberman, J. N. (2013). Play and the Socialization of Children. International Journal of Play 2 (2), S. 109–120.
49 Wiese-Bjornstal, D. M., Kent, A., & Hertel, J. (2015). Handbook of Sport Psychology. New York: John Wiley & Sons.
50 Hwang, J., & Hughes, C. (2010). The Effects of Pretend Play on Creativity in Preschool Children. Early Child Development and Care 180 (9), S. 129–142.
51 Zimpel, A. F. (2016): André Frank Zimpel: Spielen macht schlau. https://www.youtube.com/watch?v=0Bmr7pYTw4I
52 Ebd.
53 Spitzer, M. – Geist & Gehirn – Spielen: Von Schiller zum Neuronenwachstum https://www.youtube.com/watch?v=fBSFNaL8ExE

54 Kolb, B., Pellis, S. M., & Robinson, T. E. (2004). Plasticity and Functions of the Orbital Frontal Cortex. Brain and Cognition 55, S. 104–115.
55 Sauce, B., Liebherr, M., Judd, N. et al. (2022). The Impact of Digital Media on Children's Intelligence while Controlling for Genetic Differences in Cognition and Socioeconomic Background. Sci Rep 12, S. 7720.
56 Bathina, S. (2015). Brain-derived Neurotrophic Factor and its Clinical Implications. Arch Med Sci. 11 (6), S. 1164–78.
57 Bandura, A. (1979). Sozial-kognitive Lerntheorie. Stuttgart: Klett-Cotta.
58 Spitzer, M. – Geist & Gehirn – Spielen: Von Schiller zum Neuronenwachstum. https://www.youtube.com/watch?v=fBSFNaL8ExE
59 Interview mit André Stern: Warum manche Kinder so schön und lange spielen können. https://www.youtube.com/watch?v=UXeV_pzdQ78
60 Ebd.
61 Lourenco, O. (2016). Jean Piaget and Bärbel Inhelder: From Construction to Formal Operations. In Key Thinkers in Childhood Studies (S. 60–65). Bloomsbury Publishing.
62 Ebd.
63 Stern. André (2022): Reise in das unbekannte Land des Vertrauens. Elisabeth Sandmann Verlag
64 Zimpel, A.F. (2013): Lasst unsere Kinder spielen. Der Schlüssel zum Erfolg. Vandenhoeck & Ruprecht
65 Hüther, G.: Spielerisch Lernen im 21. Jahrhundert, https://www.youtube.com/watch?v=gk9U1-Zs99g
66 Ebd.
67 Raniyah, Q., & Syamsudin, A. (2019): Centered Concentration For Adhd Children Via Educational Game. In International Conference On Special And Inclusive Education (Icsie 2018) (S. 422–426). Atlantis Press.
68 Cameron, K. S., & Quinn, R. E. (2011). Diagnosing and Changing Organizational Culture: Based on the Competing Values Framework. New York: John Wiley & Sons.
69 Riggio, R. E., & Reichard, R. J. (2008). Listening and Empathy in the Workplace. In The Social Psychology of Interpersonal Communication (S. 305–322). Psychology Press.
70 Ebd.
71 Raniyah, Q., & Syamsudin, A. (2019): Centered Concentration For Adhd Children Via Educational Game. In International Conference On Special And Inclusive Education (Icsie 2018). Antlantis Press, S. 422–426.
72 Ebd.
73 Ebd.
74 Vossenkuhl, W. (1992): Von Wittgenstein lernen. Berlin: Aufbau.

TEIL 2 – BILDUNG - LERNEN UND AUFBLÜHEN

1 Gräsel, C., & Mandl, H. (1999). Problemorientiertes Lernen in der Methodenausbildung des Pädagogikstudiums. Empirische Pädagogik 13 (4), S. 371–391.

2 Brumlik, M. (2007). Vom Missbrauch der Disziplin. Antworten der Wissenschaft auf Bernhard Bueb. Weinheim/Basel: Beltz.

3 Guerra, N. G., & Bradshaw, C. P. (2008). Aversive School Discipline and Urban Middle School Student's Behavior Problems: A Longitudinal Study. Journal of School Psychology 46 (3), S. 331–355.

4 Weisberg, S. K., Deyssenroth, M. A., & Ducharme, J. M. (2013). Why Do Parents Make Children scream? Examining the Role of Children's negative emotions in the relationship between parental yelling and child maladjustment. Parenting: Science and Practice 13 (1), S. 1–14.

5 Gershoff, E. T., & Grogan-Kaylor, A. (2016). Spanking and Child Outcomes: Old Controversies and New Meta-analyses. Journal of Family Psychology 30 (4), S. 453–469.

6 Hurrelmann, K. (2006). Einführung in die Sozialisationstheorie. 9. Aufl. Weinheim: Beltz.

7 Watson, J. B., & Rayner, R. (1920). Conditioned Emotional Reactions. Journal of Experimental Psychology 3 (1), S. 1–14.

8 Sternberg, R.J., & Sternberg, K. (2016). Cognitive Psychology. 7. Aufl. Boston, MA: Cengage Learning.

9 Scheerer, E. (1983). Die Verhaltensanalyse. Berlin: Springer.

10 Niegemann, H. M., Domagk, S., Hessel, S., Hein, A., Hupfer, M., & Zobel, A: (2008). Kompendium multimediales Lernen. Heidelberg: Springer.

11 Arnold, P., Kilian, L., Thillosen, A., & Zimmer, G. (Hg.) (2004). E-Learning – Handbuch für Hochschulen und Bildungszentren: Didaktik, Organisation, Qualität. Nürnberg: BW Bildung und Wissen.

12 Martzog, P. (2015). Feinmotorische Fertigkeiten und Kognitive Fähigkeiten bei Vorschulkindern. Marburg: Tectum.

13 Hurrelmann, K. (2006). Einführung in die Sozialisationstheorie. 9. Aufl. Weinheim: Beltz.

14 Bandura, A. (1979). Social Learning Theory. Englewood Cliffs, NJ: Prentice Hall.

15 Bandura, A. (1977). Self-Efficacy: Toward a Unifying Theory of Behavioral Change. Psychological Review 84 (2), S. 191–215.

16 Abels, H., & König, A. (2010). Sozialisation. Soziologische Antworten auf die Frage, wie wir werden, was wir sind, wie gesellschaftliche Ordnung möglich ist und wie Theorien der Gesellschaft und der Identität ineinanderspielen. Wiesbaden: VS.

17 Lamb, M. E. (1976). The Role of the Father – An Overview. In Lamb, M.E. (Hg.). The Role of the Father in Child Development. New York, NY: Wiley, S. 1–63.
18 Montada, L. (1998). Fragen, Konzepte, Perspektiven. In: Oerter, R., & Montada, L. (Hg.) Entwicklungspsychologie. 4. Aufl. Weinheim: Beltz PVU.
19 Erikson, E. H. (1950). Childhood and Society. New York: W. W. Norton & Company.
20 Kinder wollen wichtig sein und gebraucht werden; https://www.studocu.com/de/document/heidelberg-international-school/sozialwissenschaften/erik-h-erikson/12157274
21 https://www.stiftungnetz.ch/entwicklung-des-kindes
22 Badr Goetz, N. (2007). Das dialogische Lernmodell: Grundlagen und Erfahrungen zur Einführung einer komplexen didaktischen Innovation im gymnasialen Unterricht. München: Meidenbauer.
23 Etnier, J. L., Salazar, W., Landers, D. M., Petruzzello, S. J., Han, M., & Nowell, P. (1997). The Influence of Physical Fitness and Exercise upon Cognitive Functioning: a Meta-analysis. Journal of Sport & Exercise Psychology 19, S. 249–277.
24 Bös, K. (2006). Motorische Leistungsfähigkeit von Kindern und Jugendlichen. In Schmidt, W., Hartmann-Tews, I., & Brettschneider, W.-D. (Hg.). Erster Deutscher Kinder- und Jugendsportbericht (S. 85–107). Schorndorf: Hofmann.
25 Mattingly, D. J., Lahr, M., Armitage, S., Barton, H., Dore, J., Drake, N., Foley, R., Merlo, S., Salem, M., Stock, J., & White, K. (2008). Desert Migrations: People, Environment, and Culture in the Libyan Sahara. Libyan Studies 38, S. 115–56.
26 Reinmann-Rothmeier, G., & Mandl, H. (2001). Unterrichten und Lernumgebung gestalten. In Krapp, A., & Weidenmann, B. (Hrsg.). Pädagogische Psychologie – Ein Lehrbuch. 4. Aufl. Weinheim: Beltz PVU, S. 601–646.
27 Wygotski, L. S. (1987). Ausgewählte Schriften. Bd. 2: Arbeiten zur psychischen Entwicklung der Persönlichkeit. Köln: Pahl-Rugenstein.
28 Crowther, I. (2005). Im Kindergarten kreativ und effektiv lernen – auf die Umgebung kommt es an. Weinheim: Beltz.
29 Utzschneider, V. (2011). »Eine andere Brille aufsetzen« – Konstruktivistische Didaktik als erster Schritt in eine kompetenzorientierte Lernkultur, http://www.rpz-heilsbronn.de/fileadmin/user_upload/daten/praxis/paedagogik_und_didaktik/utzschneider_eine-andere-brille-aufsetzen.pdf
30 Frick, U., Ohne Krabbeln keine Rechtschreibung? https://www.wissenschaft.de/allgemein/ohne-krabbeln-keine-rechtschreibung/

31 Plomin, R., & Spinath, F. M. (2004). Intelligence: Genetics, Genes, and Genomics. Journal of Personality and Social Psychology 86, S. 112–129.
32 Bakermans-Kranenburg, M. J. & van Ijzendoorn, M. H. (2011). Differential Susceptibility to Rearing Environment Depending on Dopamine-related Genes: New Evidence and a Meta-analysis. Development and Psychopathology 23, S. 39–52.
33 Caspi, A., McClay, J., Moffitt, T. E., Mill, J., Martin, J., Craig, I. W., Taylor, A., & Poulton, R. (2002). Role of Genotype in the Cycle of Violence in Maltreated Children. Science 297, S. 851–854.
34 Scarr, S., & Weinberg, R.A. (1983). The Minnesota Adoption Studies: Genetic Differences and Malleability. Child Development 54, S. 260–267.
35 Baumrind, D. (1991). The Influence of Parenting Style on Adolescent Competence and Substance Use. The Journal of Early Adolescence, 11 (1), S. 56–95.
36 Roth & Strüber (2014). Pränatale Entwicklung und neurobiologische Grundlagen der psychischen Entwicklung. In Cierpka, M. (Hrsg.). Frühe Kindheit 0–3 Jahre: Beratung und Psychotherapie für Eltern mit Säuglingen und Kleinkindern. 2. Aufl. Heidelberg: Springer, S. 3–20.
37 Schlaggar, B. L., & McCandliss, B. D. (2007). Development of Neural Systems for Reading. Annual Review of Neuroscience 30, S. 475–503.
38 Bakermans-Kranenburg, M. J., & van Ijzendoorn, M. H. (2011). Differential Susceptibility to Rearing Environment Depending on Dopamine-related Genes: New Evidence and a Meta-analysis. Development and Psychopathology 23, S. 39–52.
39 Lerner, R. M. (2006). Developmental Science, Developmental Systems, and Contemporary Theories of Human development. In R. M. Lerner (Hg.). Theoretical Models of Human Development: Vol. 1. Handbook of child psychology. 6. Aufl. Hoboken, NJ: Wiley, S. 1–17.
40 Morris, A. S., Silk, J., Steinberg, L., Myers, S., & Robinson, L. (2007). The Role of the Family Context in the Development of Emotion regulation. Social Development 16, S. 361–388.
41 Collins, Maccoby, Steinberg, Hetherington & Bornstein (2000). Contemporary Research on Parenting. The Case for Nature and Nurture. American Psychologist 55 (2), S. 218–232.
42 Evans, G. W., Gonnella, C., Marcynszyn, L.A., Gentile, L., & Salpekar, N. (2005). The Role of Chaos in Poverty and Children's Socioemotional Adjustment. Psychol Sci. 7, S. 560–565.
43 Brown, R. P., & Gerbarg, P. L. (2005). Sudarshan Kriya Yogic Breathing in the Treatment of Stress, Anxiety, and Depression: Part I-neurophysio-

logic Model. The Journal of Alternative and Complementary Medicine 11 (1), S. 189–201.

44 Jerath, R., Edry, J.W., Barnes, V.A., & Jerath, V. (2006). Physiology of long Pranayamic Breathing: Neural Respiratory Elements May Provide a Mechanism that Explains how Slow Deep Breathing Shifts the Autonomic Nervous System. Medical Hypotheses 67 (3), S. 566–571.

45 Freud, S. (1998). Gesammelte Werke. Bd. 11: Vorlesungen zur Einführung in die Psychoanalyse, 9. Aufl. Frankfurt am Main: Fischer.

46 Rutter, M., & O'Connor, T. G. (2004). Are there Biological Programming Effects for Psychological Development? Findings from a Study of Romanian Adoptees. Developmental Psychology 40, S. 81–94.

47 Silbereisen, R. K., & Hasselhorn, M. (Hrsg.). (2008). Entwicklungspsychologie des Jugendalters. Enzyklopädie für Psychologie, Themenbereich C: Theorie und Forschung, Serie V: Entwicklungspsychologie (Bd. 5). Göttingen: Hogrefe.

48 Bolger, K. E., Patterson, C. J., Thompson, W. W., & Kupersmidt, J. B. (1995). Psychosocial Adjustment among Children Experiencing Persistent and Intermittent Family Economic Hardship. Child Development 66, S. 1107–1129.

49 Carstensen, L. L., Fung, H., & Charles, S. (2003). Socioemotional selectivity theory and the regulation of emotion in the second half of life. Motivation and Emotion, 27, 103-123.

50 Bradley, R. H., & Corwyn, R. F. (2005). Caring for Children around the World: A View from HOME. International Journal of Behavioral Development 29 (6), S. 468–478.

51 Ebd.

52 Bayard, S., Malti, T., & Buchmann, M. (2014). Prosoziales Verhalten in Kindheit und Adoleszenz. Die Rolle von inner- und außerfamiliären Beziehungen. Zeitschrift für Entwicklungspsychologie und Pädagogische Psychologie 46 (3), S. 145–154.

53 Amato, P.R., & Sobelewski, J. M. (2004). The Effects of Divorce on Fathers and Children: Nonresidential Fathers and Stepfathers. In Lamb, M. E. (Hg.). The Role of the Father in Child Development. 4. Aufl. New York: Wiley, S. 341–367.

54 Collins, Maccoby, Steinberg, Hetherington & Bornstein (2000). Contemporary Research on Parenting. The Case for Nature and Nurture. American Psychologist 55 (2), S. 218–232.

55 Autoritative Erziehung zeichnet sich durch ein hohes Maß an Wärme und Sensibilität sowie angemessene Grenzen und Erwartungen aus. Maßgeblich ist zudem die Vorbildfunktion der Erwachsenen / Ballmann, A. E. (2022): Worte wie Pfeile. Kösel. S. 42

56 Trommsdorff, G., & Volland, C. (2003). Mütterliche Feinfühligkeit und die Entwicklung von mitfühlend-prosozialem Verhalten bei Vorschulkindern: Eine Beobachtungsstudie. Zeitschrift für Entwicklungspsychologie und Pädagogische Psychologie 35, S. 2–11.
57 Lohaus, A., & Vierhaus, M. (2014). Parent-child Discrepancies in the Assessment of Internalizing/Externalizing Behavior. Associations with Grade, Sex, and Parenting. Zeitschrift für Entwicklungspsychologie und Pädagogische Psychologie 46 (1), S. 1–10.
58 Leventhal, T., & Brooks-Gunn, J. (2003). The Early Impacts of Moving to Opportunity on Children and Youth in New York City. Choosing a Better Life: Evaluating the Moving to Opportunity Social Experiment. Edited by John Goering and Judith Feins. Washington, DC: The Urban Institute Press.
59 Carstensen, L. L., Fung, H., & Charles, S. (2003). Socioemotional Selectivity Theory and the Regulation of Emotion in the Second Half of Life. Motivation and Emotion 27, S. 103–123.
60 Benson, P.L., Leffert, N., Scales, P.C., & Blyth, D.A. (1998). Beyond the ›village‹ rhetoric: Creating healthy communities for children and adolescents. Applied Developmental Science, Vol. 2, No. 3, pp: 138-159.
61 Ericsson, K. A., Prietula, M. J., & Cokely, E. T. (2007). The Making of an Expert. Harvard Business Review 85 (7–8), S. 114.
62 Plomin, R., & Deary, I. J. (2015). Genetics and Intelligence Differences: Five Special Findings. Molecular Psychiatry 20 (1), S. 98–108.
63 McCallum, R. S., & Piper, E. S. (1990). The Normal Distribution: Characterizations with Applications. CBMS-NSF Regional Conference Series in Applied Mathematics.
64 Cattell, R. B. (1971). Abilities: Their Structure, Growth, and Action. Houghton Mifflin.
65 Kaufman, S. B., & Lichtenberger, E. O. (2006). Assessing Adolescent and Adult Intelligence. New York: John Wiley & Sons.
66 Gardner, H. (2011). Frames of Mind: The Theory of Multiple Intelligences. 3. Aufl. New York: Basic Books.
67 Gardner, H. (2018). A Multiplicity of Intelligences. Educational Researcher 47 (5), S. 271–282.
68 Hambrick, D. Z., Macnamara, B. N., & Oswald, F. L. (2014). Deliberate Practice: Is that all it Takes to Become an Expert? Intelligence 45, S. 34–45.
69 Lubinski, D. (2010). Spatial Ability and STEM: A Sleeping Giant for Talent Identification and Development. Personality and Individual Differences 49 (4), S. 344–351.
70 Ebd.
71 Bourdieu, P. (2012). Ökonomisches Kapital, kulturelles Kapital, soziales Kapital. In Bauer, U., Bittlingmayer, U. H., & Scherr, A. (Hg.). Handbuch

Bildungs- und Erziehungssoziologie. Wiesbaden: Springer VS, S. 229–242 [dt. Erstveröffentlichung in: Kreckel, R. (Hg.) (1983). Soziale Ungleichheiten, Soziale Welt. Sonderband 2. Göttingen: Otto Schwartz & Co., S. 183–198].

72 Ebd.

73 Bourdieu, P. (2001). Wie die Kultur zum Bauern kommt. Über Bildung, Politik und Schule. Hamburg: VSA-Verlag.

74 Bourdieu, P. (2012). Ökonomisches Kapital, kulturelles Kapital, soziales Kapital, in: Bauer, U., Bittlingmayer, U. H. & Scherr, A. (Hg.). Handbuch Bildungs- und Erziehungssoziologie. Wiesbaden: Springer VS, S. 229–242 [dt. Erstveröffentlichung in: Kreckel, R. (Hg.) (1983). Soziale Ungleichheiten, Soziale Welt. Sonderband 2. Göttingen: Otto Schwartz & Co., S. 183–198].

75 Ziegler, A., & Murat, A. (2011). Bildungskapital. Eine ergänzende Perspektive auf die Entwicklung von Leistungsexzellenz. News & Science 28, S. 25–27.

76 Ziegler, A., Reutlinger, M., & Hering, E. M. (2012). Soziotope als konstitutive Rahmenbedingungen der MINT-Förderung von Mädchen und Frauen. In Stöger, H., Ziegler, A., & Heilemann, M. (Hg.). Mädchen und Frauen in MINT. Bedingungen von Geschlechtsunterschieden und Interventionsmöglichkeiten. Münster: LIT Verlag, S. 229–247.

77 Statistisches Bundesamt (2021). Kindertageseinrichtungen, Fachserie 11, Reihe 1.2.1, Wiesbaden, https://www.destatis.de/DE/Themen/Gesellschaft-Umwelt/Soziales/Kindertagesbetreuung/_inhalt.html

78 Ziegler, A., & Murat, A. (2011). Bildungskapital. Eine ergänzende Perspektive auf die Entwicklung von Leistungsexzellenz. News & Science 28, S. 25–27.

79 Ziegler, A., Reutlinger, M. & Hering, E. M. (2012). Soziotope als konstitutive Rahmenbedingungen der MINT-Förderung von Mädchen und Frauen. In Stöger, H., Ziegler, A. & Heilemann, M. (Hg.). Mädchen und Frauen in MINT. Bedingungen von Geschlechtsunterschieden und Interventionsmöglichkeiten. Münster: LIT Verlag, S. 229–247.

80 Martin, C. L., Kazyak, E., Greene, B. A., & Uhrig, R. E. (2016). Gender-typed Behaviors, Achievement, and Aspirations in Mathematics and Science: A Longitudinal Investigation. Developmental Psychology 52 (2), S. 217–231.

81 Charlotte-Bühler-Institut für praxisorientierte Kleinkindforschung (2011). Qualitätsprogramm für (Hoch-)Begabtenförderung und (Hoch-)Begabungsforschung am Beispiel elementarer Bildungseinrichtungen. Wien: Charlotte-Bühler-Institut für Kleinkindforschung.

82 Terman, L. M., & Oden, M. (1959). The Gifted Groups at Midlife: A thirty-five Years Follow-up of the Superior Child. Stanford, CA: University Press.

83 Reutlinger, M. (2013). Attentatives Kapital bei Mädchen in MINT. journal für begabtenförderung – für eine begabungsfreundliche Lernkultur 2, S. 24–29.
84 Perleth, C., Schatz, T., Mönks, F. J., & Jäger, R. S. (2000). Differentielle Psychologie der Hochbegabung. Göttingen: Hogrefe.

TEIL 3 – BILDUNG - DIE BASIS FÜR EIN GUTES LEBEN

1 Becker-Textor, I. (2000). Maria Montessori. In Fthenakis, W.E., & Textor, M. R. (2000). Pädagogische Ansätze im Kindergarten. Weinheim: Beltz, S. 29–39.
2 Ebd.
3 Retter, H. (2003). Einführung in die Pädagogik des Spiels, https://www.tu-braunschweig.de/Medien-DB/hispaed/spiel98-03.pdf
4 Hedderich, I. (2001). Einführung in die Montessori-Pädagogik. Theoretische Grundlagen und praktische Anwendung. München: Reinhardt.
5 Raapke, H.-D. (2001). Montessori heute: Eine moderne Pädagogik für Familie, Kindergarten und Schule. Reinbek bei Hamburg: Rowohlt.
6 Hüther, G. (2014). Jedes Kind ist hoch begabt: Die angeborenen Talente unserer Kinder und was wir aus ihnen machen. München: Piper.
7 Lillard, A. S., & Else-Quest, N. (2006). The Early Years: Evaluating Montessori Education. Science 313 (5795), S. 1893–1894.
8 https://www.nifbe.de/component/themensammlung?view=item&id=799:zur-geschichte-und-theorie-des-waldorfkindergartens&catid=37
9 Internationale Vereinigung der Waldorfkindergärten e. V., 2000, S. 53.
10 Goldberg, D. (2018). The ABCs of Waldorf Education: Understanding the Basics of Steiner Education. New York: Michaelmas Press.
11 Lerner, J. S., Li, Y., Valdesolo, P., & Kassam, K. S. (2015). Emotion and Decision Making. Annual Review of Psychology 66, S. 799–823.
12 Kállai, J., & Dóra, K. (2018). The Pikler Approach: A Dynamic and Holistic Approach to Infant Care and Education. Journal of Early Childhood Research 16 (4), S. 313–325.
13 Pikler, E. (1994). Friedliche Babys – zufriedene Mütter: Die Arbeit von Emmi Pikler. Donauwörth: Ludwig Auer Verlag.
14 Biemiller, A., & Meichenbaum, D. (2011). Nurturing Independent Learners. Educational Psychology Review 23 (2), S. 155–192.
15 Stelter, R., & Drury, D. W. (2014). Cooperative Learning: Effects of Task Complexity and Reward Structure on Social and Academic Outcomes. Journal of Experimental Education 82 (1), S. 63–84.
16 Kiepenheuer, B., & Winkler, R. (2015). Naturerlebnisse mit Kindern. Verlag an der Ruhr.

17 Klewin, G. (2011). Naturpädagogik: Praxisbuch für Kita und Grundschule. Verlag Herder.
18 https://www.bildungsserver.de/kitagesetze-der-bundeslaender-1899-de.html
19 Malaguzzi, L. (1993). The Hundred Languages of Children: The Reggio Emilia Approach-Advanced Reflections. Ablex Publishing.
20 Richter, A. (2015). Offene Arbeit in der Kita: Ein Praxisleitfaden für Erzieherinnen. Verlag an der Ruhr.
21 Röthlein, D. (2011). Wie pädagogische Fachkräfte offene Arbeit in der Kita gestalten: Eine qualitative Studie. Springer Verlag.
22 Eickhorst, A., Kühnle, C., & Kuhn, M. (2013). Offene Arbeit in Kindertageseinrichtungen. Ein Praxisbuch. Stuttgart: Kohlhammer Verlag.
23 Harms, T. (2014). Offene Arbeit mit Kindern unter drei Jahren. Verlag Julius Klinkhardt.
24 Ansari, A., & Crosnoe, R. (2021). Socialization in Early Care and Education: A Systematic Review of Early Child Care and Early Education Research. Educational Researcher 50 (2), S. 88–100.
25 Böhm, R., Die dunkle Seite der Kindheit. FAZ v. 4.4.12, https://www.fachportal-bildung-und-seelische-gesundheit.de/faz-artikel-4-april-2012/
26 https://www.focus.de/familie/eltern/karl-heinz-brisch-im-interview-bindungsforscher-so-wichtig-sind-vaeter-fuer-die-entwicklung-ihrer-kinder_id_13424829.html
27 Hardin, Harry T. (2008). Weinen, Mama, weinen! Außerfamiliäre mütterliche Betreuung und Verlusterfahrungen. Psyche 62 (2), S. 136–153.
28 Sroufe, L. A. (2005). Attachment and Development: A Prospective, Longitudinal Study from Birth to Adulthood. Attachment & Human Development 7 (4), S. 349–367.
29 Duschinsky, R., Solomon, J., & Fearon, R. M. (2018). Pathways from Infant Attachment to Educational Attainment. Attachment & Human Development 20 (5), S. 449–466; Dozier, M., Peloso, E., Lewis, E., Laurenceau, J. P., & Levine, S. (2008). Effects of an Attachment-based Intervention on the Cortisol Production of Infants and Toddlers in Foster Care. Development and Psychopathology 20 (3), S. 845–859; Bernier, A., & Carlson, S. M. (2017). Associations between Secure Attachment and Executive Functioning from Early Childhood to Adulthood: A Meta-analysis. Developmental Psychology 53 (2), S. 195–214.
30 https://www.mtdialog.de/artikel/fuersorge-beeinflusst-oxytocin-entwicklung-beim-kind; dort auch der Link zur Studie.
31 Krol, K., Moulder, Robert G., Lillard, Travis S., Grossmann, T., & Connelly, J. (2019). »Epigenetic Dynamics in Infancy and the Impact of Maternal Engagement. Science Advances.

32 Barraza, J. A., & Zak, P. J. (2020). Empathy toward Strangers Triggers Oxytocin Release and Subsequent Generosity. Annals of the New York Academy of Sciences 1470 (1), S. 175–190.

33 Brisch, K. H. (2013). Kinderkrippen als sicherer Hafen. Stuttgart: Thieme; Rass, E.: Mit 1 Jahr in die Kita? Die Risiken der frühkindlichen Fremdbetreuung: https://www.youtube.com/watch?v=4W_-Y9ePtxQ

34 Cramer, C. et al (2011). Association between Attendance of Day Care Centres and Increased Prevalence of Eczema in the German Birth Cohort Study LISAplus. Allergy 66.

35 Crittenden, P. M., Attachment and Risk for Psychopathology: The Early Years. JDBP 16 (3).

36 Gasteiger-Klicpera, B., Klicpera, C., & Schreibmaier, C. (2018). Auswirkungen von Krippenbetreuung auf die kindliche Entwicklung. Zeitschrift für Familienforschung/Journal of Family Research 30 (1), S. 77–96.

37 »Es geht oft nur noch darum, Kinder so früh und so lange wie möglich weg zu organisieren«: Eine Kita-Erzieherin berichtet: https://www.news4teachers.de/2022/10/es-geht-oft-nur-noch-darum-kinder-so-frueh-und-so-lange-wie-moeglich-wegzuorganisieren-eine-kita-erzieherin-berichtet/

38 Resch, J. (2008). Werden Krippenkinder schlauer? Familienarbeit heute 2/2008. Niemand spricht von Krippenprämie, Fh 1/2010.

39 McEwen, B. S. (2012). Brain on stress: How the social environment gets under the skin. Proceedings of the National Academy of Sciences, 109(Supplement 2), 17180–17185; Shonkoff, J. P., Garner, A. S., Siegel, B. S., Dobbins, M. I., Earls, M. F., McGuinn, L., ... & Wood, D. L. (2012). The Lifelong Effects of Early Childhood Adversity and Toxic Stress. Pediatrics 129 (1), e232–e246.

40 Rass, E., & Theodorakis, Y. (2017). The Role of Self-regulation in Health, Social and Educational Outcomes: A Review. International Journal of Psychology and Behavioral Sciences 7 (6), S. 202–208.

41 Biddulph, S. (2005). Raising Babies – Should under 3s go to nursery? London: Harper Thorsons, London 2005; Deutsch: Biddulph, S. (2007). Das Geheimnis glücklicher Babys. München: Heyne-Verlag, 2007 und Manne, A. (2005). Motherhood. How Should we Care for our Children? Sydney: Allen & Unwin. NICHD, Langzeitstudie der USA zu frühkindlicher Fremdbetreuung: Findings for children up to Age 4.5 year.

42 Huttunen, J., & Kalland, M. (2019). The Effect of Full-time Day Care on Child Development. Nordic Journal of Social Research 10 (1),S. 3–17.

43 Ebd.

44 Ballmann, A. E. (2022). Worte wie Pfeile: Über emotionale Gewalt an unseren Kindern und wie wir sie verhindern. München: Kösel.

45 Bonelli, R. (2022). Bauchgefühle: Wie sie entstehen. Was sie uns sagen. Wie wir sie nützen. Wien: Edition a.
46 Bauer, J. (2019). Wie wir werden, wer wir sind. München: Blessing.
47 Bonelli, R. (2022). Bauchgefühle: Wie sie entstehen. Was sie uns sagen. Wie wir sie nützen. Wien: Edition a.
48 Ebd.
49 Imlau, N. (2022). In guten Händen. Wie wir ein starkes Bindungsnetz für unsere Kinder knüpfen. Berlin: Ullstein.
50 Wiegand-Grefe, S., Sell, M., Filter, B., & Plass-Christl, A. (2019). Family Functioning and Psychological Health of Children with Mentally Ill Parents. International Journal of Environmental Research and Public Health 16 (7), S. 1278.
51 Ebd.
52 Ebd.
53 Ebd.
54 Ballmann, A. E. (2019). Seelenprügel: Was Kindern in Kitas wirklich passiert. Und was wir dagegen tun können. München: Kösel.
55 Ballmann, A. E. (2022). Das Faultier-Prinzip. Wie Kinder in ihrem Lebenstempo gelassen und frei ihre Fähigkeiten entwickeln und die Welt für sich entdecken. Kinder stärken und unterstützen – ganz ohne Leistungsdruck! München: Goldegg.
56 Stary, U. (2020). Frühkindliche Erfahrungen in Wocheneinrichtungen, http://wochenkinder.de/wp-content/uploads/2020/08/Ute-Stary-Fr%C3%BChkindliche-Erfahrungen-in-Wocheneinrichtungen-2020.pdf
57 Liebisch, H. (2022). Gemeinsam EINSAM – Fremdbetreuung hat ihren Preis! Heike Liebsch im Interview – #Kitahelden, https://www.youtube.com/watch?v=t7E8SPt3rVI
58 Happel, B. (2023). Auf Kosten der Mütter: Warum finanzielle Selbstbestimmung für Frauen mit Familie so wichtig ist – Mit vielen Tipps zur Geldbiografie. München: Kösel 2023.
59 Monika Wertfein: Kinderbetreuung: Was brauchen Kinder?, https://www.youtube.com/watch?v=y6MutTnY_-w&t=306s
60 Ebd.
61 NICHD Early Child Care Research Network (2004). Does Amount of Time Spent in Child Care Predict Socioemotional Adjustment During the Transition to Kindergarten? Child Development 75 (4), S. 976–1005.
62 Vandell, D. L., Burchinal, M., & McCartney, K. (2009). Early Child Care: The Known and the Unknown. Merrill-Palmer Quarterly 55 (3), S. 387–403.
63 Kim, M., & Sheridan, S. M. (2019). Parental Involvement and Children's Socioemotional Development in Early Childhood: A Longitudinal Analysis. Child Development Perspectives 13 (1), S. 50–55.

64 Killus, D., Tillmann, K.-T. (Hrsg.) in Kooperation mit TNS Emnid Eltern (2014). Zwischen Erwartungen, Kritik und Engagement. Ein Trendbericht zu Schule und Bildungspolitik in Deutschland. Jakoo Bildungsstudie.

65 Ziegler, A., & Stoeger, H. (2008). Self-regulated Learning and Academic Achievement: An Overview. Zeitschrift für Pädagogische Psychologie 22 (3–4), S. 199–209.

66 Elschenbroich, D. (2002). Weltwissen der Siebenjährigen: Wie Kinder die Welt entdecken können. München: Goldmann.

67 Hollerer, L. (2015). Übergang Kindergarten - Schule: Eine pädagogische Herausforderung, https://www.youtube.com/watch?v=VybpAc44Imc&t=825s

68 O'Nions, E., Christie, P., Gould, J., Viding, E., & Happé, F. (2014). Development of the »Extreme Demand Avoidance Questionnaire« (EDA-Q): Preliminary Observations on a Trait Measure for Pathological Demand Avoidance. Journal of Child Psychology and Psychiatry 55 (7), S. 758–768.

69 http://weltausbausteinen.de/die-hauptmerkmale-von-pda-pathological-demand-avoidance/

70 Niesel, R., & Griebel, W. (2011). Übergänge verstehen und begleiten: Transitionen in der Bildungslaufbahn von Kindern. 6., aktualisierte Aufl. München: Cornelsen.

71 Bartnitzky, H. (2006). Lesekompetenz – was ist das und wie fördert man sie? In Bartnitzky, Horst (Hg). Lesekompetenz. Ein Lese- und Arbeitsbuch des Grundschulverbandes. Frankfurt am Main: Grundschulverband – Arbeitskreis Grundschule e. V., S. 14–31.

72 Hollerer, L. (2015). Übergang Kindergarten – Schule: Eine pädagogische Herausforderung, https://www.youtube.com/watch?v=VybpAc44Imc&t=825s

73 Greubel, S. (2016). Ein großer Schritt für das Kind. Vom Übergang in die Schule, https://www.youtube.com/watch?v=_ofgNkoR86M&t=190s

74 Winston, R., & Chicot, R. (2016). The Importance of Early Bonding on the Long-term Mental Health and Resilience of Children. J Prim Care 8 (1), S. 12–14.

75 Besler, E. (2021). Der Transitionsansatz, https://www.youtube.com/watch?v=W0shcMIuCV4

76 Stanat, P., Schipolowski, S., Schneider, R., Sachse, A. K., Weirich, K., & Henschel, S. (Hg.). IQB-Bildungstrend 2021. Kompetenzen in den Fächern Deutsch und Mathematik am Ende der 4. Jahrgangsstufe im dritten Ländervergleich. Waxmann.

77 Anders, Y. (2022). Frühkindliche Bildung, https://deutsches-schulportal.de/bildungswesen/fruehkindliche-bildung-yvonne-anders-bildung-in-kita-und-grundschule-staerker-zusammen-denken/

78 Lechner, I. M. (2019). Übergang-vom-kindergarten-in-die-grundschule, https://www.youtube.com/watch?v=o8nBj1sVvo4

79 Ebd.

80 Röhner, C., & Schöler, H. (2017). Übergang von der Kita in die Schule. Stuttgart: Kohlhammer.

81 Marsh, H. W. (2010). Self-Concept Theory, Measurement and Research into Practice: The Role of Self-Concept in Educational Psychology. Leicester: British Psychological Society.

82 Chankseliani, M., & McCowan, T. (2021). Higher Education and the Sustainable Development Goals. High Educ 81, S. 1–8.

83 Ebd.

84 Ebd.